Schooling Corporate Citizens
How Accountability Reform has Damaged Civic Education and Undermined Democracy

学校教育
责任制改革对公民教育和民主管理的伤害

[美]罗纳德·W. 埃文斯 著

张伟平 译

Ronald W. Evans

SCHOOLING CORPORATE CITIZENS: HOW ACCOUNTABILITY REFORM HAS DAMAGED CIVIC EDUCATION AND UNDERMINED DEMOCRACY

Copyright © 2014, Taylor & Francis. All rights reserved

Authorized translation from English language edition published by Routledge, an imprint of Taylor & Francis Group LLC.

Copies of this book sold without a Taylor & Francis sticker on the cover are unauthorized and illegal.

本书中文简体翻译版授权由商务印书馆有限公司独家出版并限在中国大陆地区销售。未经出版者书面许可，不得以任何方式复制或发行本书的任何部分。

本书封面贴有Taylor & Francis公司防伪标签，无此防伪标签者不得销售。

献给我的学生们

内容简介

本书描述了美国责任制改革的发展历史,这场改革始于20世纪70和80年代,一直延续到21世纪出现的"共同核心"倡议。通过大量的档案资料研究,本书探究了责任制改革的起源和发展,其中标志着改革发展进程的是一系列由政府和商业主导的报告的发布——从《国家风险报告》到《不让一个孩子掉队法案》,再到《力争上游》。本书从社会学科和公民教育的视角来解释责任制改革对学校的具体影响。埃文斯描述了教育者如何以一种极端的方式将商业管理原则应用于学校,造成公民教育被破坏、民主教学被削弱的后果。

本书是首部完整描述责任制改革及其对社会学科和公民教育影响的作品,它针对不断发展的美国学校改革过程提出了很多重要见解,分析了改革的困境和可能性,有助于对改革的进一步发展进行有益的思考。

目　录

致谢 ·· 1

导论 ·· 1
　　框架性问题 ·· 4
　　当前时代背景 ·· 5
　　对本书文献引用来源及其他问题的说明 ···················· 7

第一章　责任制改革的起源 ·· 11
　　不同视角 ··· 14
　　思想起源 ··· 16
　　政治解读 ··· 27
　　机构视角的解释 ··· 31
　　经济解读 ··· 32
　　结论 ·· 35

第二章　国家深陷危机？ ·· 40
　　委员会 ··· 44
　　报告 ·· 46
　　一系列报告涌现 ··· 50
　　批评者 ··· 53
　　商业和政府 ·· 59
　　"右翼极端主义分子" ··· 64
　　结论 ·· 70

第三章 社会学科课程的抗争 ········ 78
- 20 世纪 80 年代的对话 ········ 79
- 社会学科随波逐流 ········ 88
- 传统历史复兴运动 ········ 92
- 解释保守主义复兴 ········ 103

第四章 商业接手改革 ········ 112
- 夏洛茨维尔峰会 ········ 114
- 鲍威尔备忘录和商业圆桌组织 ········ 126
- 系统改革 ········ 134
- 关于社会学科的辩论 ········ 142
- 结论 ········ 145

第五章 标准之战 ········ 165
- 克林顿和基于标准的教育 ········ 166
- 保守派的强烈反对 ········ 173
- 克林顿的第二个执政期 ········ 184
- 与日俱增的企业影响 ········ 189
- 关于标准和考试的辩论 ········ 195
- 改革的状态 ········ 198
- 结论 ········ 202

第六章 不让一个孩子掉队 ········ 213
- 2000 年竞选活动 ········ 213
- 不让一个孩子掉队 ········ 215
- 商业影响 ········ 222
- "日益高涨的反对浪潮" ········ 228
- 陷入困境的社会学科 ········ 235
- 课堂遭到的破坏 ········ 242

　　　　结论 ································· 247

第七章　徒劳之争 ································· 260
　　　　奥巴马计划 ································· 262
　　　　豁免计划 ································· 269
　　　　共同核心的起源 ································· 272
　　　　社会学科战争再起 ································· 280
　　　　希望的事业？ ································· 293

结论：社会学科落后了 ································· 305
　　　　概述 ································· 308
　　　　对改革的看法 ································· 312
　　　　教育和民主 ································· 314

缩略词表 ································· 319

致谢

在本书付印之际，谨此对以各种方式对本书提供帮助的所有人表示感谢。没有众多档案管理员提供的有益帮助和各种书籍材料，本书不可能完成。特别感谢马里兰州马里兰大学帕克分校民用记录部的艾伦·沃克（Alan Walker）等人，加州西米谷市罗纳德·里根总统图书馆的雷·威尔逊（Ray Wilson）及其他档案管理员，得克萨斯州卡城乔治·布什总统图书馆的蕾切尔·阿特曼（Rachael Altman）等人，加利福尼亚州斯坦福胡佛研究所档案馆的卡罗尔·利敦汉姆（Carol Leadenham）和其他档案管理员，得克萨斯州奥斯丁市多尔夫·布里斯科美国历史中心的萨拉·特劳格特（Sarah Traugott），以及得克萨斯州奥斯丁市林登·贝恩斯·约翰逊图书馆的布莱恩·麦克纳尼（Brian McNerney）的慷慨帮助。

在购买本书中的图片的过程中，我也得到了档案管理员和其他人的大量帮助，感谢乔治·布什图书馆的邦妮·波尔博（Bonnie Burlbaw），胡佛研究所档案馆的斯蒂芬妮·斯图尔特（Stephanie Stewart）和蕾切尔·鲍尔（Rachel Bauer），罗切斯特大学拉修里斯图书馆特殊收藏部门的梅丽莎·米德（Melissa Mead）和梅琳达·惠灵特伦（Marian Olivas），以及科罗拉多州狄龙市突破教学的威廉姆·G. 斯帕蒂（William G. Spady）对我购买照片提供的帮助。

同时，感谢在 2013 和 2014 年会议上对我就本书的展示提出意见、问题和深刻见解的人士，这些会议包括课程历史研究协会的年度会议、社会学科全国委员会的大学和学院教职员工会议，以及美国教育研究协会的会议。特别感谢格雷格·乔根森（Gregg Jorgensen）、已故的威廉·沃特金斯（William Watkins）、威廉·乌拉格（William Wraga）、威廉·舒伯特

（William Schubert）向我提出的意见、问题和建议。

我在圣地亚哥州立大学的同事们多年来一直对我的研究给予很大的支持。他们给了我持续且珍贵的支持，包括给我用于研究的时间、向我提供用于出差获取档案资料的小额补助，以及给我足够时间用于写作的学术休假。同时，感谢圣地亚哥州立大学校长艾利奥特·赫希曼（Elliot Hirschman）向我提供的"责任制改革的起源与发展"项目总统领导力基金，这一资助使我得以出差开展档案资料研究，并促成了本书的成形。

我还要深深感谢圣地亚哥第一一位论普救派教堂的兄弟团契。我特别要感谢我的兄弟们不厌其烦地听我讲关于这本书的事情，感谢他们的友谊和支持。最后，我想感谢我的妻子米卡，我的孩子凯蒂、米拉和凯，我的女婿詹姆斯·汉弗莱，我的父母休·埃文斯和多萝西·埃文斯，我已故的姐姐琳达·埃文斯，感谢在这段生命旅程中他们给予我的爱和支持。最后，我想感谢劳特利奇出版社的编辑凯瑟琳·伯纳德（Catherine Bernard），感谢她对本书付出的努力和提供的帮助，也感谢劳特利奇出版社的其他人对最终完成本书提供的帮助。

罗纳德·W. 埃文斯
于加利福尼亚州圣地亚哥

导论

对社会学科来说，一直萦绕其课堂教学的一个问题是，社会学科本该是什么样子的。尽管对理想教学实践有各种美好的想象，但现实中充斥的却是低水平、以教材为中心的课堂教学。到20世纪70年代早期，人们越来越意识到课程改革所面临的重重困难。尽管教学内容在变化，不同课程、教材及教学指导中涵盖的科目和主题，以及实际教学涉及的科目和主题也都在发生改变，但教育过程却更加抗拒变化。早在1973年，弗兰克·雷恩（Frank Ryan）就在《社会教育》（Social Education）上发表的一篇文章中提到了这种困境。他认为，到20世纪70年代早期，基于探究的"新"社会学科改革运动的教材"在很多学校已经大量涌现"，"但并没有人'对这些教材进行实质性的推动'"。雷恩认为新教材的广泛使用面临的最大障碍是他所称的"隐藏的课程"。之前曾将奉行政治及文化的社会化的传统称为隐藏的课程，雷恩所称的隐藏的课程与此不同，指的是教师在日常的课堂互动中所采用的"既有习惯、程序以及与学生沟通的方式"，即：

所提出的问题是何种类型的？对学生作答的要求是什么？教师该如何回应学生的回答？由哪些学生来回答问题？不回答问题的学生此时在做什么？

他这样描述传统的社会学科课堂模式：

学生们一排排整齐地坐在排列整齐的桌椅旁，面向教室前方……（学生们）拿出自己的社会学科课本，整堂课的主要部分是挑选一部分学生……依次向全班同学大声朗读。一整天的朗读之后,是简短的讨论环节,这时候教师会提几个问题,问题通常通过回忆就可以作答。老师的作用是让学生通过一天的阅读达到对事实的掌握[1]。

学生们从这种教学模式中能学到什么?不过是"对社会学科来说,事实是最重要的;理解课程并得到老师称赞的最佳方法是'专注';记住事实的主要目的是为了回答老师的提问",而社会学科是"各种信息的乏味组合",只需要"不加怀疑地接受"。

"当然,"雷恩写道,"如此学习的结果完全背离更新的社会学科计划的意图。"他认为,只有建立起一套新的教师行为准则,才有可能达到为实现"新社会学科蓬勃发展"所需要的学习精神。他所列出的教师行为准则包括:

- 使用"更高级的问题",要求学生"仔细考虑"所研究的话题;
- "让学生表达各种各样的、不同的想法";
- 学生有机会"表达自己的想法",并"对其他人的想法做出回应";
- 要求学生探寻答案背后的推理过程;
- 教师离开"中心讲台";
- 学生是提出问题的人,由学生来总结知识、进行推论并检查自己理解的是否充分。

最终,雷恩给出理性的提醒,这些"新的"教学方法的实施"并非轻易可以达到",特别是,这需要"削弱""教材——朗读——背诵教学环境"下所采用典型的教学方法的力量。[2] 新的教师行为准则为课堂教学带来更高风险和更大的不确定性,其部分原因是,在更为关注探究和讨论的课堂环境下,学生的行为会更难掌控。

一定程度上,因为高利害考试(high-stakes testing)环境的要求,如今的课堂更像雷恩所说的传统社会学科课堂,受到标准化及高利害考试所带来的负面影响。公民教育学者梅拉·莱文森（Meira Levinson）这样描述她自己的创造性的课堂教学方法，以及迫于教育环境所做的改变：

> 1999年夏天，我开始准备八年级学生的美国历史课……我开始意识到一个问题：八年级历史课程共包含30个不同的主题……我快速算了一下，一个学年是36周，我需要每周教完一个主题。
>
> 我决定做一些合理的删减……尽管我也为不得不删掉一些课程感到遗憾，但还是对自己的计划感到满意。这方面，校长对学生标准化考试不屑的态度也让我受益。
>
> 因此，我和学生们开始深究美利坚合众国的建立。我们就个人自由与政府掌控之间的关系展开了热烈的讨论。
>
> 之后，我们就开始加快进度，最后证明，想要无视标准化考试说起来容易做起来难。在1999—2000学年期间，我那些八年级的学生全学年里有23天需要参加标准化考试……学生们在学校里14%的时间都用来应对标准化考试——这还不包括老师组织的考试……对八年级学生花在标准考试上的时间更准确的估计是接近20%。
>
> 在接下来的几年里……我的领导们越来越强调要重视（考试），要求学生取得良好成绩，所以在2001—2002学年间，我去掉了所有我预测不会考到的课程内容，不管那些内容多有意思或多重要……当我在（全州）考试前两周告诉我丈夫（他是大学教授），我打算先放下美国内战修正案，要带学生们回顾中国古代历史时，他反应很强烈，"这太荒唐了"，他生气地跟我说，"连研究生的综合性考试都不会考到这么多内容！"自然他是对的，但我还是感觉自己有责任在（全州）考试之前帮学生们尽量做好准备，尽管这样做对我的教学并没有什么积极影响。[3]

所以，教授一门包含这么多需要学习的主题的课程，变成了一场疯狂的教材学习竞赛，最终要取得的结果是为学生们的全州强制性标准考试做好准备。"热烈的讨论"、学生项目、头脑风暴、决策，以及评估各种选择和可能性变得越来越少，也不再那么重视甚至很少关注那些令社会学科如此有趣且重要的有争议的观点。这些舍弃是为了有更多时间用于应试内容的学习，并帮学生们做好州考试准备。在这一考试体系中，每个人都有责任。莱文森的经历也是成千上万其他老师的经历，放大来看，你就会明白标准和考试对社会学科课堂中最常见教学方法的影响。因此，虽然弗兰克·雷恩在1973年所描述的传统的社会学科课堂教学模式，以及对低水平事实内容的过分关注已得到改变，但同时，因为学校责任制改革运动所带来的现实压力，教学改革依然面临重重困难。这一情形是如何产生的？是否有应对方法？是否有希望得以改变？

框架性问题

本书中，我的目的相对很简单。我尝试回答了以下几个重要问题：美国的公民教育出了什么问题？为何如此急于在学校实施责任制改革？教学从业者和相关人员该如何应对变革？

当然，这些问题还附带很多其他问题，例如：学校体系中的责任制运动起源于什么？运动是从何时开始的？主要改革参与方是谁，其主要思想是什么？改革背后的利益集团是谁？谁在促成相关的讨论？运动是如何以及为何植根于教育策略中的？运动对社会学科领域以及学校的课堂教学有什么影响？

为了尝试理解对责任制改革起源及发展造成影响的因素，我考察了过去一个世纪里的几个背景，包括美国社会历史发展的几大趋势、教育发展史，以及学校的社会学科发展史。本研究的基本框架是围绕一个论点展开的，即几大主要利益体一直在就学校教育及公民教育争夺控制权，这一争夺导致了关于社会学课程的一段很长时间的冲突及斗争。在这个过程中，采用不同课程方法的优秀的社会学教学实践不断呈现，但与此同时，恒久不变的课堂教学、对背诵的坚持以及低水平的练习这些严峻事实依然存在。

当前时代背景

美国文化中的资本主义以及顽固的个人主义传统由来已久,学校受到这些传统的影响也并不为奇。但是,最近十几年情况开始改变。商业对学校教育以及其他一些美国机构的主导达到了新的、前所未有的水平。从20世纪70年代开始,商业开始组织并寻找新的方式来施加影响。《鲍威尔备忘录》要求商业社会与自由主义群体和劳动者展开斗争,对政治施加更大的影响,由此促成了商业圆桌组织(BRT)、美国传统基金会、美国立法交流委员会(ALEC)等组织的建立。这些组织的成立部分是为了回应20世纪60年代对商业社会的批判以及商业社会极低的公众形象和政策地位,部分是为了回应学校教学中出现的新人文主义以及学校对当权者的反抗。商业以及军事—工业—学术共同体受到了很大的冲击,很多新涌现的批判思潮认为,学校的运营是为了资本主义的利益,是为了实现资本主义对社会的控制,并为资本主义机器培养劳动者。

20世纪70年代保守主义在学校和社会重新得以发展,保守派、新保守派以及新右派更好地组织起来,并且学会了如何更好地对政策及美国机构施加更大的影响。他们反对20世纪60年代的反主流文化运动,这些思潮的高潮是罗纳德·里根总统的当选,大量财富及权利向权贵阶层转移,并促成了学校改革和提升计划的形成,这一计划的关注点是提高基本技能教育、实现卓越,并最终通过责任制和其他商业原则在学校教育中的应用来达成变革。商业领袖们认为学校没有尽到对绝大部分学生进行基本技能教育的责任,是商业承担了本应由学校承担的技能培训的成本,来弥补学生技能上的不足。他们甚至认为,将自由市场竞争应用于教育领域将会提高学校的表现。这些观点源自之前几十年所播下的种子,并随着20世纪80年代一系列商业与政府教育峰会的召开达到顶峰,学校改革似乎突然被大幅推进。

与此同时,工作环境也在发生变化,工人越来越需要高效学习,他们的工作任务是计时的,工人被当成机器对待。在这样的工作环境下,老板持续关注的是如何实现更高效率、裁减员工、提升利润,而很少关注超越底线以后人力所能承受的后果[4]。同样的，因为有标准和一步一步的指南的约束，还有考试来区分学生的成绩表现，以学校为工作场所的老师们也不得不顺从以效率为导向的大趋势。老师的工作需要服从上层的管理，这一现象达到了前所未有的水平。同时，我们生活的社会越来越由社交网络和科技联系起来，但讽刺的是，越来越多的人正在经历社交孤立（social isolation），伴随这一现象出现的是一种建立于顽固的个人主义思潮基础上的民族气质。最近的一项研究发现，声称找不到人聊重要的事的美国人群比例从1985年的10%增长到2004年的25%。[5]

我在本书中的观点是：学校责任制改革的起源可以从商业、政府、保守主义和新保守主义政治家和教育者，以及宗教右翼的思想汇集中找到端倪。这些团体共同促进了一股支持改革的思想的发展，并进一步得到一些天真的关于学校实践及提高的想法的推动。在改革的推动者中，包括一系列总统层面的支持：里根当政时期，就受到了一系列思潮的影响，包括商业－教育提倡者，例如丹尼斯·多伊尔（Denis Doyle）和大卫·卡恩斯（David Kearns）；新保守主义派威廉姆·班尼特（William Bennett）、黛安·拉维奇和切斯特·芬；系统改革专家，例如詹妮弗·欧戴（Jennifer O'Day）和马歇尔·史密斯（Marshall Smith）；结果导向教育提倡者（outcome-based）威廉姆·斯帕蒂（William G. Spady），以及最近的共同核心（Common Core）提倡者，包括商业圆桌组织、非营利组织达成公司（Achieve）、各州教育改革委员会（CCSSO）、国际督导与课程开发协会（ASCD）等团体。

到20世纪90年代中期，商界接手了始于20世纪80年代的卓越运动（Excellent Movement），他们强调内容标准、考试和责任制。随着《不让一个孩子掉队法案》（No Child Left Behind Act）的颁布，责任制运动发展到一个极端阶段。随后出现的是关于共同标准的倡议，这一倡议旨在寻求更大的自由度，关注更有意义的学习方法。虽然学校教育运动一直贯穿着一套相对核心的思想，但其关注点在几年时间内已经发生了事实上的变化。然而，尽管如此，改革者强调的核心依然是学校教育为人力资本市场服务这个一维的理念，这也是改革运动的最典型特点。

这一核心点，以及商业原则在学校教学中的应用，总体上造成了对基本技能学习和低水平的认知实践的重视，这不利于学校的反思式或基于探究的教学实践。改革的主要焦点是社会化，而很少关注民主所必然导致的反社会化或者批判性思维。最近几年，社会研究中有价值的讨论以及反思性思维出现的频率似乎跌入了前所未有的低谷。作为老师、学者，以及学龄儿童的家长，我很困惑的问题是这些将对未来的民主发展产生怎样的影响。我担心这是不健康的发展趋势，并将对未来民主社会的发展造成不利影响。在我写这本书的时候，责任制改革刚刚出现了《美国共同教育大纲》（Common Core State Standard）这一转变，这算是好消息，但其影响还不好评估。《美国共同教育大纲》是基于探究的，给老师们提供了很大的灵活度，但是它是在系统改革的上层建筑范围内实施的。现在判断《美国共同教育大纲》和新的"更智能"的考试将在学校内如何实施还为时过早。

尽管有以上发展，最近的研究表明，在社会学科范畴内，卓越及责任制改革已经导致了社会学科课程范围变窄，高中学习对课程的数量和能力要求提高，对低水平认知的关注更为具象，而且越来越注重考试准备。改革导致了注重内容的、以教师为中心的更为传统的教学方式。研究表明责任制为学校教育带来了新的文法规则，这一规则虽然跟旧规则大致相同，但是由于考试对教学及教师课程制定和课程选择的影响，新规则更抗拒变化。[6]

关于民主教育的文献大部分是充满希望并着眼未来的，希望提升公民教育的学者们似乎永远都是乐观的。但是，最近这些年，随着考试和责任制成为热门，一些有力证据表明社会研究课程的话语权在下降，这呼应了社会资本和社区意识的下降，民主社会所面临的风险也越来越大。[7]

对本书文献引用来源及其他问题的说明

在进入正题之前，我认为有必要先就本书的写作做一些说明。在本书的每一部分，我都整理了资料的来源，不管是档案文件、报告、媒体故事还是其他学者的著作。我还到位于马里兰大学帕克分校的国家档案馆分馆，以及其他一些总统图书馆和其他文库进行资料收集。在写作过程中，我有意识地尽可能使用一手资料，尽管因为时间滞后性，2000年以后的档案资料并不多。除了公开文件，乔治·华盛顿图书馆的其他资料还不可用，奥巴马图书馆的资料更是接触不到。当然，公开资料都可用。另外，我要感谢几个二手资料来源，它们对本书的概念架构和写作都助益匪浅，这其中包括拉里·库班（Larry Cuban）、帕特里克·麦克奎因（Patrick McGuinn）、黛安·拉维奇（Diane Ravitch）和威廉姆·海斯（William Hayes）的作品。

本书第一章是整本书的开篇，对本书的主题和论点做了介绍，包括对学校责任制改革产生影响的组织、机构和利益团体，从而提出了看待学校责任制改革产生原因的几个角度。第二章以及第四章到第七章总体上是按年代展开的，按照总统就任时间排序。每一章在阐述卓越和责任制改革运动的产生及其对学校的影响的同时，分别讲述了政策转换、主要趋势以及关键人物。第三章记录了新保守主义对社会学科的影响，描述了历史及地理学科的复兴。结论部分，我简要考察了卓越和责任制改革对社会学科课程体系、课程形式及教学实践趋势的影响，并将这些趋势关联到未来民主发展的问题。

另外，我还想说明一下我个人对责任制改革发表过的一些看法。我曾经在20世纪90年代中期写过一篇论文，论文的标题是"关于奔跑中的火车转向的思考：对标准化运动的批判"[8]，论文发表于2000年，其中简要表述了我的想法。我从一开始就对标准化和责任制运动持怀疑态度。但是，在本书中，在描述其起源历史及发展时，我尽量以平和的心态来分析问题。在研究和写作过程中，我经常需要对自己粗浅的认知和有限的知识进行重新评估，并一遍又一遍地查看证据。自始至终，我一直尽力让每个人物和角色以自己的视角去阐述其行为、观点，从自己的角度进行陈述，即使是他们本人也会觉得本书所说并没有很大偏颇。

在《社会学科之战》（The Social Studies Wars）中，我说过我的关于社会研究领域历史的作品糅合了各种文体元素："西部小说元素，包括英雄和平民在内的各色人物，神话和传奇故事"；一些"推理，特别是就一些关键问题展开的推理"；以及一定的"悲剧"色彩。在那本书的介绍部分，我写道："我对这段历史的描述基本是按照内战故事来展开的，在战场上不同的美国教育者们组成的军队就课程开发展开激烈战斗，他们的意见打破了铁毡一块的传统教学实践。"⁹在我描述的各阵营中，有传统历史学家、探究式社会科学倡导者、社会向善论者、社会重建主义论者，以及那些或支持达成共识或支持兼收并蓄的人。尽管现在这些群体依然存在，新的不和谐的影响因素也在不断涌现。

在本书的叙述中，还包括新的、多少有些令人不适的文体。我对责任制改革的描述部分算得上是恐怖故事，特别是对老师和学生来说，因为改革的触手已经深入到课堂中。这其中包括科幻小说的某些特点：这个勇敢新世界越来越受到一种侵入式的监督，电脑被赋予新的角色，并且被不加批判地接受；对老师和学生的行为有了新的控制方式，而很少考虑这种控制会造成什么损失。在责任制改革的新时代，社会效率和科学管理是主导范式，重新规范着已经形成的一切。

另外，故事还包括工业科幻小说的某些元素，类似霍雷肖·阿尔杰（Horatio Alger）的故事，但是结局并不美满。如威廉姆·斯帕蒂所言，责任制改革导致了更为极端的工业时代背景下的学校教育，将学生和老师们置于一个更强有力、更小、更紧、更具束缚性的"盒子"中。另外，这场变革基本上是对社会阶层从文化方面的固化，尽管其表面说辞看来是平等的，比如"不让一个孩子掉队"的倡导，以及在一定程度上所关注的缩小成绩差距。最后，如朱尔斯·亨利（Jules Henry）在1963年所说，学校教育依然为社会化进程所主导，而孩子们就在这种文化定位中接受着训练。¹⁰

注释：

1. Frank L. Ryan, "Implementing the Hidden Curriculum of the Social Studies," *SE* 37, no. 7 (November 1973): 679–680.
2. Ibid., 680–681.
3. Meira Levinson, *No Citizen Left Behind* (Cambridge, MA: Harvard University Press, 2012), 250–253.
4. Alana Semuels, "How the Relationship Between Employers and Workers Has

Changed," *LAT*, April 7, 2013.
5. Geoffrey Mohan, "Social Isolation Increases Risk of Early Death, Study Finds," *LAT*, March 26, 2013; Robert D. Putnam, "Bowling Alone: America's Declining Social Capital," *JD* 6, no. 1 (1995): 65–78.
6. Levinson, *No Citizen*, 250–252.
7. Jeffrey Gates, *Democracy at Risk: Rescuing Main Street from Wall Street* (Cambridge, MA: Perseus, 2000).
8. Ronald W. Ewans, "Thoughts on Redirecting a Runaway Train: A Critique of the Standards Movement", *TRSE* 29, no. 2 (2001): 330–339.
9. Ronald W. Ewans, *The Social Studies Wars: What Should We Teach the Children* (New York: Teachers College, 2004), 4.
10. Jules Henry, *Culture Against Man* (New York: Random House, 1963), 283.

第一章　责任制改革的起源

在过去的三分之一个世纪里，最晚从 20 世纪 70 年代中期开始，由于对责任制的关注日益增长，教育产业经历了巨大变化。仅从表面来看，这一变化源于一种理念，该理念强调标准化和考试的系统不仅会对学校大有裨益，而且会提高所有相关方的表现，包括老师、管理人员，甚至学生。这一学校改革方法认为改革将提高社会产出，培训出工作能力更强的雇员，并进一步提高公民的整体教育水平。在很长一段时间内，商业社会是要求并鼓励改革的主导群体之一，尽管并非唯一有影响力的群体。另外，有关改革实施及管理的整体方法和很多关键策略也来自商业社会，他们将商业原则应用到学校中。商业介入教育政策制定由来已久，至少可以追溯到 19 世纪中期，其思想根源是教育有重要的经济价值，能对一个国家的经济和社会健康发挥重要的贡献作用，同时，学校还可以带来个人利益和集体利益。到 20 世纪后期，学校能够解决一个国家的社会和经济问题的想法，以及学校是个人经济成功的关键因素的信念结合起来，成为驱动学校改革的商业方法形成的有力思想体系。

大部分关于责任制改革的文献，不管是描述、纪实、为改革加油或批判改革，都言之凿凿地将商业领袖视为改革的核心。商业团体在改革中发挥了关键作用，包括要求提高劳动者工作能力，通过 20 世纪 70 年代和 80 年代与学校和各区的合作推动学校改革；领导 20 世纪 80 年代和 90 年代出现的系统改革运动，以及在游说推动建立有助于责任制改革实施的特定政策、项目及法律中发挥关键作用。商业被认为是推动学校责任制改革的主导力量也许是无可厚非的。历史学家拉里·库班对这场变革的逻辑做过描述，其主要设想包括：

- 强有力的经济增长、高生产率和长期繁荣……依赖于高技能劳动人才；
- 公立学校有责任为学生们具备信息化背景下的工作场合所需要的知识和技能做好准备；
- 所有公立学校在帮助高中毕业生升大学或者开始工作的准备方面做得很差，城市里的学校做得尤其差；
- 学校就如同商场，商业领域成功的原则也可以适用于学校，如此才能以标准化测试为衡量标准，提高学业成绩，形成结构性变化；
- 在学校的考试成绩越高就意味着在随后的大学或工作中会有更良好的表现。[1]

库班指出，以上这些想法不完全来自企业领袖，推选出来的在职行政官、父母、教育者大都有这个共识，只是发展不均衡，有时候这些想法是被明确表达出来的，但大部分时候它们是隐含在问题的形成和解决中的。从以上这些设想中衍生出以下对学校进行改进的特定程序：

- 对每个人都设定清楚的组织目标和高标准；
- 重新构建经营方式，让提供服务的管理人员和雇员决定自己该做什么；
- 奖励达到或超额完成目标的人，羞辱或者惩罚未完成目标的人；
- 扩大产品和服务的竞争和选择。[2]

20世纪90年代，对所谓的"系统改革"的信仰延伸到了政党层面，在美国各州扎根，并随着2002年《不让一个孩子掉队法案》的通过而上升为实质的国家政策。20世纪70年代由于经济低迷以及具备必要技能的劳动力的缺乏，商业参与到学校教育中赢得了更多赞同的声音。商界人士转向学校寻找解决国家问题的方法，20世纪最初十年和50年代也出现过这种现象。在商业和大众精英中也逐渐形成了一种一致意见，即国家应该借助提高学校的学生成绩来提升经济，这一想法得到很多教育界领袖的认同。

商业的影响不仅限于宽泛的政策层面，在学校的日常工作中也开始发挥一定的影响：学校负责人成为"首席执行官"，他们的副手成为"首席运营官"和"首席学术官"；学校运用"标尺"设置标准并评估学生表现；学校将服务"外包"给私人公司；将表现条款列入合同中，并借助"奖金"和惩罚机制进行奖励和惩罚。未达到"能力"要求可能会导致学校解散或者更坏的结果。在很多地区，要求老师对每天的工作张贴标准，且需要遵守"进度指南"。所有这些创新都与"科学管理"的原则相一致。

虽然商业的主导作用不可否认，但在追溯责任制改革的起源时，我们经常不可避免地受到其他力量的影响。在20世纪80年代之前，商业的作用虽然也很重要，但还没有达到后来的主导力量的地步。本书中，我将阐述其他几个对学校改革造成影响的力量。虽然商业的影响，包括其以标准、评估和基于结果的问责为中心的人力资本导向和商业改革模式，已经成为教育政策的主导并且已经对学校教学实践造成了深远影响，但在探寻改革的起源时，仍有必要考察其他一些重要因素和趋势。

学校责任制改革运动起源于20世纪50年代甚至更早时期的几个主要影响力量，他们随着时代变迁不断发展，其中有一些起源于19世纪。20世纪40年代和50年代，保守主义运动在美国发端，到20世纪70年代，保守主义对学校和社会施加的影响越来越大。他们与宗教右派一起，对教育政策的影响日益增长。与此同时，商业对教育政策的影响也迅速发展。对保守主义的复兴日益壮大的支持至少部分始于"回归本源（back-to-basis）"运动，这一运动开始于20世纪70年代，和战后出现的进步主义"危机"论调一致。20世纪50年代期间，评论家们批评学校力量太弱，并将其归咎于杜威（Dewey）、基尔帕特里克（Kilpatrick）、康茨（Counts）和拉格（Rugg）这些进步主义教育学家，认为他们的教学实践消极、教育策略左倾。整个20世纪，特别是70年代出现的另外一个趋势是效率和责任制在学校影响的日益壮大。以上这些趋势与教育中长时间以来践行的考试和评估相结合，与一些以新的、更激进的方式进行考试的教育心理学家和"高效学校（effective schools）"研究者形成统一阵线。组织化趋势同样也为日益发展的责任制提供了支持，同时他们还提供了体制机制来实施新的责任制措施。而 20 世纪 50 年代后期，随着联邦和州在教育政策和管理上的地位越来越高，其作用也更加凸显。从 20 世纪 70 年代开始，社会学科课程开始呈现逐步但意义重大的转向。20 世纪 80 年代，随着历史学科在学校的复兴，历史和地理被重视起来，而对社会科学、探究和社会问题的关注越来越少，这导致了对教育目的的重新建构，教育学和课程内容重点都有了调整。这一转变真实反映了这场更倾向传统教育、偏离进步主义教学实践的运动。[3]

不同视角

责任制改革发源于针对学校及学校课程持续不断的斗争。持不同观点的学校改革的倡导者们一直在争夺对学校的控制权。[4] 在教学发展史上，关于学校教育改革、抵抗改革及意识形态的斗争、谁的观念会成为未来的主导观念的斗争出现过各种各样的问题。其中，社会学科教育受到意识形态冲突的影响尤其明显。[5] 社会学科课程及教材就像一个引雷针，长期以来吸引了大量关于教育本质以及目的的评价和批评，并反映了他们对理想社会的不同设想，似乎课程就是一个屏幕，各派别的批评者将其对理想中的未来的想象投射到屏幕上，从而引发激烈的、色彩斑斓同时又富有戏剧性的言论。关于课程的斗争，不管是过去的还是当下的，实际上是对课程控制权的争夺，即对谁的关于"美国道路"的想法应该在学校教育中实践的控制权的争夺。所以，这些斗争可以看作是有关价值观、对未来的愿景以及理想社会的斗争。

更进一步，教育上的不一致看法反映了一个国家的文化对立：红色州对绿色州、共和党对民主党、保守派和文化原教旨主义对自由派和文化派。这些对立反映了一种长期的趋势，对立者之间横贯了一道难以逾越的鸿沟，并且很难轻易地达成和解。你会站在哪一边呢？[6]

有关社会学科教育的课程经历了一段历时长久的斗争：20 世纪 40 年代的拉格和内文斯（Nevins）之争；20 世纪 50 年代关于进步主义教育的争论；20 世纪 60 年代对"新社会学科"的抵制以及由此带来的大量有关

学术自由的案例。以现在的视角回头来看,以上每个过程都可以看作针对进步主义社会学科教育,甚至进步主义教育的长期斗争中的一步。在探求责任制改革的起源时,这些斗争不可忽视,他们很好地展示了针对教育目的持续不断的冲突。例如,拉格之争中作为争论焦点的哈罗德·拉格(Horold Rugg)的先锋派社会学科教材,被指责是"非美国"的,因此被学校所摒弃;内文斯之争中有一位获奖的历史学家,他批评学校不再教授美国历史和爱国主义这些战争时代所需要的内容了。基于探究的新的社会学科遭到以《人类研究课程》为代表的批评和争议,导致对社会学科改革的资助终断。

20世纪60年代和70年代的论战意义重大,因为论战促成了责任制改革的成形。20世纪60年代课程改革的批评家们基本上都是以进步主义或探究为导向的,包括在20世纪70年代取得较大发展势头的保守主义和极端保守主义群体,其中包括约翰·伯熙社团(John Birch Society)、美国传统基金会、沃纳里·麦格劳博士(Dr. Onalee McGraw)、教科书审核人梅尔(Mel)和诺尔玛·加布勒(Norma Gabler)、保守主义专栏作家詹姆斯·J. 基尔帕特里克(James J. Kilpatrick)、美国党(the American Party),以及基础教育委员会(Council for Basic Education)。讽刺的是,基础教育委员会正是"新社会学科"改革的早期拥护者之一。[7]

一股日益强大的保守主义力量将其信息通过时事通讯、新闻稿、建议书、专题论文、书籍、志愿者孜孜不倦的努力、捐赠、补助、慈善家的资金等方式传达给公众及政策制定者。保守主义群体创新性地使用了新媒体,包括直邮、电台、基督教广播、原教旨主义派教堂及基督教书店。[8]

对进步主义教育形式的批评,以及对基本技能指导和不断提升的责任制改革的呼吁长期以来一直存在。尽管这些关于学校的斗争大都只限于学校老师和学生的日常生活之外的言论和知识层面的交流,但他们也确实获得了大众的同情,有时甚至满足了大众的想象。

以上这些知识层面的斗争究竟能在何种程度上解释责任制改革的起源呢?尽管他们都不是责任制体系得以建立的特定缘起事件,但确实是代表反对进步主义创新的一股趋势,对改革运动朝着受控,以及更加传统和保守的教育形式的发展起到了促进作用。保守主义批评家所宣扬的很多主题都在近代的学校改革运动中不断出现，并得到知识界领袖们的重视，这其中就包括黛安·拉维奇、切斯特·芬、威廉姆·班尼特和 E. D. 赫希。不仅如此，他们还表达了对进步主义教育的怀疑甚至敌意，以及对回归本源运动和"高效学校"研究的支持，因此，他们跟新兴的保守主义运动有很深的渊源。

思想起源

有一种解释责任制改革起源的角度关注的是更大范围的社会政治学和文化背景，以及其对教育言论的影响。从 20 世纪 70 年代中期到 80 年代中期，以及之后一段时间，社会学科，特别是进步主义以问题为中心的方法经历了一次衰落过程，与此同时，保守主义在政治、学校和美国文化中复兴。学校和全社会保守主义的复兴是对 20 世纪 60 年代遗留下来的思想的反击，源自于 70 年代在实验和混乱的背景下对标准地位下降问题的关注。之后大众对人类的完美性以及科学在帮助我们理解社会和生活的作用上都趋于保守，对政府在各种课程改革中应发挥的合理作用有了态度上的转变。这一时期的主要事件包括回归本源运动、文化危机（literacy crisis）、卓越运动以及历史学科的复兴。

尽管 20 世纪 60 年代的很多趋势到 70 年代早期到中期已开始减弱，但是到里根总统当选之前甚至当选之后，这些趋势都一直遭受着直接攻击。到 20 世纪 80 年代早期，关于学校教育的自由主义共识开始瓦解，两种相互关联但形式不同的教育保守主义开始得到拥护，其中一个是以新右翼的形式出现的，由传统基金会领导。这是一个总部位于华盛顿的智库，由几位保守主义学者组成，其中包括沃纳里·麦格劳、艾琳·加德纳（Eileen Gardner）、拉塞尔·柯克（Russell Kirk）、E. G. 韦斯特（E. G. West）、大卫·阿莫尔（David Armor）、托马斯·索尔（Thomas Sowell）以及乔治·吉尔德（George Gilder）。新右翼运动其他一些重要的声音来自参议员奥林·哈奇（Orrin Hatch）和杰西·黑尔梅斯（Jesse Helmes）、原教旨主义牧师杰里·福尔韦尔（Jerry Falwell）和蒂姆·莱希（Tim LaHaye）、教科书评论家梅尔和诺尔玛·加布勒，以及供给侧经济学家阿瑟·拉弗（Arthur Laffer）。新右翼呼吁削弱联邦政府在教育中的角色，秉持对现世人文主义（认为有理性的人是拯救他自己的力量所在）的极端反对态度，提倡积极的审查制度以及上帝创世说。一个由新保守派教育家、政治家和商界人士组成的更大但凝聚力不强的群体，也就是所谓的"中间派保守主义者（centrist conservatives）"，呼吁将联邦政府的政策由平等转向倡导卓越。尽管这两个群体在很多问题上观点类似，但是他们对学校教育的使命以及政府在教育上角色的认知有本质差异。[9]

新右翼认为，很讽刺的是，学校的大部分问题都可以关联到由联邦力量的增强所导致的过分集中的决策过程。为反抗主流观点，新右翼支持教育的自由选择和多样性。很多新右翼倡导者认为既得利益在努力实现统一的全国课程，而这是基于现实人文主义原则的。新右翼通过关联机构、智库和政治行动委员会的覆盖广泛的邮寄清单、全国流通的杂志、小报和实时通讯，以及一座由将近40家电视台和上千家电台组成的"电子教堂"来实施其计划，并对抗现世人文主义在学校以及整个社会的蔓延，其计划包括各州实施"规范"立法、在学校倡导祈祷和宣传创世说、审查、结束工会主义、鼓励基督教学校的发展、削减赋税、"培养保守主义思想"、同"现世人文主义"开战、"引导"企业资金流向倡导"自由企业"的学校。[10]

新右翼运动的领导者们在宣传的使用上很讲究技巧性，让全国教育协会（NEA）、公立学校系统，以及"现世人文主义"、美国教育办公室（USOE）和教科书编写者成为其替罪羊。另外，他们选择了一个绝佳时机展开其攻击，当时公立教育因为受到通货膨胀、学生入学率不断下降、成本增加、公众信任逐渐降低等的影响，处于低潮期。很多批评家指责学校教育是完全失败的，因为其缺乏纪律和严肃的研究、教师对教学内容准备不充分、自动升级（"social promotion"，是指依据年龄而不是学业成绩将学生从一个年级提升到下一个年级的做法）、主观的评分体系，以及教学上"太多跟风"。[11]

新右翼借助以下三种方法来实现自己的目标：借助对现世人文主义的攻击，找出并破坏学校中倡导自由探究的因素；通过审查限制并控制课堂教学和学校图书馆的学习材料；在课堂教学中加入基督教圣经的精髓，将上帝创世说作为主要工具。其中，第一个方法对社会学科的教学产生了直接后果。"现世人文主义"这一说法被新右翼当作一个暗语，用以区分不同意见的人，旨在将相关的人或做法从学校根除。对忠实的基督教原教旨主义者而言，人文主义是一个恶魔，以至于人类的大部分恶行其核心都与这一恶魔的邪恶有关。

在得克萨斯州沃思堡市举办的"维护家庭论坛"上，新右翼对人文主义的批判在其制作的名为"人文主义在亵渎你的孩子吗？"的小册子中有过清晰的表述。这本小册子批判人文主义"不承认上帝的神性、圣经的启示和耶稣的神圣……认为可以通过美国财富的平等分配来减少贫困……学校在向学生灌输人文主义思想"。人文主义被认为是"破坏国家、破坏家庭、破坏个人的"。

在一份由一个与"道德多数派"（美国团体）相关的团体发行的小册子中，对学生提出如下要求：

- 不要进行价值争论……
- 不要相信老师，特别是社会学、社会学科或英语老师……
- 不要学习"社会学科"或"未来学"。对历史、地理、公民学、法语、英语等学科进行定义……
- 不要在社会心理剧中扮演角色或参演社会心理剧……
- 不要听一开始就问你以下问题的课：
   如果……，你会怎么样？
   如果……，我们是否应该……？
   你推测……是什么吗？你认为……是什么吗？[12]

新右翼批评家们还参与了一场禁止、删除，甚至烧毁学生用的教学材料的运动，这场运动范围广泛。审查工作主要涉及书籍、杂志、参考书和涂色书。审查者的工作目标通常是"不干净用语"，但是也会包括不同于其所倡导的家庭生活、改革、民族关系、宗教、政治、爱国主义、自由企业、共产主义，或其他一些被不公正对待的话题。审查者们公开声明他们是基督教徒、爱国的美国人，其中最著名的代表是梅尔、诺尔玛·加布勒和菲利斯·施拉弗利（Phyllis Schlafly）的鹰派论坛，当然还包括其他很多人。[13]

新右翼的整体计划包括在教育中融入基督教和新教，包括大量圣经的内容；传达维多利亚教育观、自由企业和军国主义等正确观念；尽量减少学生的探究或分析；将教育理论和实践与实验和创新分开。新右翼的最终目标是通过创办与公立教育相竞争的基督教学校，来榨取公共教育的财务、学生、教师及社区支持，从而削弱甚至最终消除公立教育体系。[14]

另一方面，中间派新保守主义者是一个更多样化且深思熟虑的群体，尽管他们的活动为保守主义事业提供了依据和支持。其主要精神领袖们是一些与美国企业研究所，以及《公共利益》和《评论》期刊有关系的个人，包括南森·格莱泽（Nathan Glazer）、詹姆斯·威尔逊（James Q. Wilson）、切斯特·芬（Chester E. Finn）、丹尼尔·莫伊尼汉（Daniel P. Moynihan）、詹姆斯·科尔曼（James Coleman）、约瑟夫·德尔森（Joseph Adelson）、黛安·拉维奇（Diane Ravitch）以及专栏作家 F. 威尔。新保守主义派认为导致 20 世纪 80 年代教育问题的根本原因是 20 世纪 60 年代和 70 年代的社会实验，社会实验以改革的名义向学校提出了过多要求，而联邦政府为了实现教育平等也实施了过多干预。

新保守主义派为学校设想了三个首要任务，分别是促进国家的经济发展、保护大众文化，以及通过不区别肤色及提高质量来实现教育平等。他们基本同意强化教育标准、建立起联邦政府更加受限和有选择性管理的角色、增加课外作业、减少非学术性选修课、废除自动升级、强化入学和毕业要求等的必要性。他们还认为有必要恢复传统课堂的纪律要求，提高教师质量，提升商业与教育的合作。[15]

20 世纪 80 年代和 90 年代，新保守主义中间派哲学为大部分教学计划提供支撑，同时，这一哲学也是当时很多关于教育改革的报告的驱动力量。这一保守主义运动很大程度上是对 20 世纪 60 年代遗留的政治遗毒的反击，或者说是对其认为的教育标准降低的反对。这背后，是从 1942 年弗里德里希·海耶克（Friedrich Hayek）的《通往奴役之路》（The Road to Serfdom）就开始酝酿的一场保守主义思想运动。

回归本源

责任制改革的另一个起源是20世纪70年代的回归本源运动，回归本源运动一方面是20世纪50年代发生的对进步主义教育批判思潮的重现，一方面是对20世纪60年代基于探究的课程改革的反抗。新保守主义运动通过与新右翼的结合，表现为回归本源运动。20世纪60年代的很多改革运动，包括新社会学科和更新的社会学科，因为传统思维对秩序和内容涵盖面的需求得以飞速发展。这一新兴的观点以及对将开放教育视为"时尚"的反对，在1974年全国的各个学区得到广泛传播。1975年，大学委员会（College Board）透露，学业能力倾向测试（SAT）成绩从1964年以来持续下滑。公众对于考试成绩的下滑、对标准放松的不满，以及对学生们的阅读和写作时间越来越少的控诉，引起了人们对基本能力教育的呼吁，包括阅读、写作和算术。到1977年，回应于这一需求，38个州的立法部门通过了针对基本技能要求进行考试的法律。[16] 大部分情况下，这一运动着眼于一个单一目标，即提升三个"R"。但是有时候这一目标也会扩展到包含一系列目标，包括爱国主义和清教徒信仰。基础教育委员会（CBE）虽然只是名义上的先锋，但相比其他后来的很多运动支持者，其领导人物对"本源"有更宽泛的定义。[17]

倡导"回归本源"的人士想得到什么？因为他们没有单一的组织、发言人、平台，也没有什么原则声明，我们最多只能推测出一系列想法。20世纪70年代一位教育作家倡导回归本源运动采取以下策略，当然也包含很多因时因地的变化：

1. 小学各年级要强调阅读、写作和算术。学校大部分时间都应该用来学习这些技能。阅读指导中倡导自然拼读方法。

2. 中学各年级一天中大部分时间要用于英语、科学、数学、历史、这些科目的教科书需要"干净",不能带有有悖于传统家庭和社会价值的观念。

3. 在所有教学中,老师都要承担主导性角色,"不能有学生主导活动这种无意义的事情"。

4. 学习方法要包括训练、背诵、每日家庭作业和频繁的考试。

5. 成绩单要包含传统的分数(A、B、C)或者分值(100、80、75),并应经常下发成绩。

6. 纪律要严格,可以使用体罚加强对学生的控制。着装要求要规范学生的仪表和发型。

7. 只有通过考试证明学生掌握了所要求的技能和知识以后,才能升入更好年级和高中毕业。不能单纯根据课程学习时间即获得自动升级或从学校毕业。

8. 去掉没有用的课程,对此,保守杂志《国家评论》(The National Review)是这样说的,"陶器制作、编织、做玩具娃娃、练习吹长笛、排球、性教育、斥责种族主义,以及其他重要的事情应该在课余时间做。"

9. 去除选修课程,增加必修课程的数量。

10. 禁止创新(那简直是灾难!)新数学、新科学、语言学、被电子仪器指挥、强调概念而不是事实——所有这些都应该去掉(包括新社会学科)。

11. 去除学校的"社会服务",因为它们占用了基础课程的时间。"社会服务"可能包括性教育、驾驶技术训练、指导、毒品教育和体育。

12. 让爱国主义教育重新回归学校,并教育学生爱自己的国家,爱上帝。[18]

新的回归本源方法最极端的倡导者们想要净化学校的一切不纯净。虽然大部分人并不支持以上所有的条条框框,但其中几个关键思想还是得到了一致认可,其他一些想法得到一些保守主义者的公开支持或默认。

各个保守主义群体快速发展的背后是一系列因素，其中最重要的是 20 世纪 60 年代和 70 年代的保守主义牧师群体的壮大，他们通过广播和电视宣讲、在教堂散发宣传资料，以及覆盖广泛的基督教书店得以快速发展。[19] 他们通过分布广泛的网络所开展的大部分活动，以及网络本身的壮大受到当时特定问题的唆使。就像反战运动和民权运动启发了针对一系列相关问题的自由和激进活动，保守主义一方也有类似情形，特别是 20 世纪 60 年代的女性解放运动，该运动改变了越来越多美国人的日常生活。那些或愤怒或害怕的人创建了自己的运动和组织，来反对强制乘车上学、抗议堕胎、消除性教育、反对女权主义、倡导传统且保守的美国爱国主义，并扮演起学校看门人的角色，保证所有有损于其价值观和观点的资料都遭到抵制。他们在这些问题上付出了持续努力，也取得了成功。

反对者至少有两派或三派，包括新右翼派的极端保守主义的福音派基督教派；传统的保守主义派，其中教育领域最有代表性的当属基础教育委员会；还有一派是智库和保守主义基金会〔传统基金会、美国企业研究所（AEI），等等〕。这些派别的力量不断壮大，为新兴的保守主义提供了强大的经济和政治基础。它们共同形成了一股强有力的政治力量，而教育事业将会很快因为这股力量而改观。

教育从业者们对此的反应不一。因为回归本源运动包含了一系列想法，很多教育从业者只是接受其中的部分想法，并非全部。有的人声称学校从未放松对本源的关注，也有的人选择扩大本源的范围，将教学生如何思考和分析问题纳入进来，还有的人将回归本源运动视为"对复杂的教育问题的简单解决方案"，极有可能会"让我们倒退 100 年"。在很多人看来，对"本源"到底应该包含什么有各种各样不同的想法。[20]

整体上来看，学校以建立一个新的教育三要素来回应以上要求，这三个要素包括：最低能力要求、熟练性考试，以及基于成绩的课程设置。这里涉及一场运动，该运动旨在建立起一个体系，在该体系的基础上，学生只有用考试成绩证明其掌握了所要求的最低限度的技能和信息，才能升入下一个年级的学习或者从高中毕业。以上三要素是体系建立的初始阶段。大部分学校管理人员和学校委员会通过更加强调阅读、写作和算术来支持回归本源观点，虽然也有极小部分地区调整了政策表述，或者是对教学大纲进行了较大的调整。更为常见的是一系列表面动作和新提出的倡议，均旨在满足强化本源的要求，对本源的强调是各个改革阶段大多数学校课堂都会沿用的传统方法。各州立法者和教育部门大部分都积极响应了回归本源和最低能力要求运动。

一些著名的教育研究者也以"高效学校"研究为关注点加入到运动中来。他们挑选了一些低收入、以少数种族为主导群体的学校，这些学校通常学生标准考试成绩较高。他们从中提炼出一些关键原则：对学业目标的表述清楚；校长有教学上的主导权；关注基本学业技能；学校安全且有秩序；对学业成绩进行常规监控；以及将学习和考试内容结合起来。罗恩·埃德蒙兹（Ron Edmonds）——高效学校的倡导者——提出了四个关键原则，分别是：所有孩子都能通过学习取得反映其个人能力而非家庭背景的成绩；自上而下的决策加上基于科学方法获得的专业技能可以促进学校提升；用可衡量的结果说话；学校是改革的基本单位。[21] 这些原则随后得到学校改革者们的拥戴。20世纪70年代强调能力、效率和基本技能的这些趋势成为后来得到充分发展的责任制改革的先驱。

这个阶段的其他一些史实也支持这些反潮流。安格斯（Angus）和米雷尔（Mirel）认为，课程差异化仍然是高中的主要特点，尽管课程分轨和其他形式的能力分组受到乔纳森·科佐尔（Jonathan Kozol）等当时新兴的批评家的严厉批评，不再被认为是政治正确的。为证明这一点，他们援引了与20世纪70年代教育行业兴起的人文主义趋势同时出现，但并没有引起大部分学者和媒体的关注的所谓"新效能（neo-efficiency）或责任制"运动作为证据。"在责任制的大伞下"，他们这样写道，"是新旧改革思想的大融合：程式化的指导、个人化的指导、被加以区别的雇员、行为或表现目标设定、基于能力的指导、教学机器、指导体系、由计算机加以管理的指导、团队教学、行为修正、绩效表现合同化和职业教育。"讽刺的是，如他们指出的，与学校新出现的改革论相悖的这其中大部分创新，根源于前一个时代由管理进步论（administrative progressives）者所倡导的"为提高社会效率实施教育"。[22] 到20世纪70年代末期，全国三分之二的州已经对教育强制要求了毕业所需要达到的最低限度的能力要求。[23]

尽管公众对新效能运动的支持热情空前高涨，很多教育者仍担心随着考试的普及化，各州在学校权力过分增大。"最让我担心的是，"20世纪70年代的一位课程主管这样说道，"我们竟然要求老师开展应试教学，并且纵容这种行为。"很多教育者最大的担忧是，学校有可能会朝着产生一代"最平庸人才"的方向发展，在这样的趋势下，学生只会生硬地掌握一些沟通和计算的机械技巧，而忽视批判性思维、社会批评和创造力的发展。[24]

在回归本源运动背后，是国家政策的间歇性左右摇摆，从自由主义到保守主义，又回到自由主义，在这期间，伴随着公众对责任制的强烈兴趣、高离婚率以及家庭的瓦解、对纪律的要求、对过分放任的抑制。很多批评家认为，以上是包含一系列原因的，这些原因包括斯波克博士（Dr. Spock）以及电视的消极影响，甚至温和社会主义。当然还有很多更为直接的起因。父母在学校事务中的角色越来越重要，他们频繁尝试对政策和课程进行改造。很多非裔美国人和拉丁裔美国人认为他们的孩子受到的基本技能教育不够，因此成为基本技能教育的倡导者。有很多年，教师被要求更为关注创造力和培养独立思考者，但不太清楚这是在基本技能教育基础上的补充还是取代基本技能教育。老板们一直抱怨高中毕业生读不懂说明书且缺乏基本的计算能力。对"约翰尼不会读书"的说法［出自鲁道夫·弗莱施（Rudolf Flesch）于1955年所著的《为什么约翰尼不能读书》（Why Johnny can't read）］，工业家们进一步补充说，"他也不会工作"。很多大学教授也一直抱怨对学生的要求越来越低。大众也认为如果学校能强化一下标准，将会大大受益。1975年的盖洛普民意测验调查了一些家长心目中导致学生成绩下降的可能原因，很多受访者说，"因为课程太过简单；且对基础重视不够。"这一切都与金融危机期间的情形相吻合，在此期间，纳税人需要的是简单、学费低的学校课程。[25]

在一定程度上，回归本源运动是媒体创造出来的一个概念。不计其数的国际级刊物上刊登文章，高度赞扬"学校的回归本源运动"。其中典型的是1975年发表的一篇文章，文章中称"不管愿不愿意承认，美国教育体系都在制造一代半文盲。"[26] 1974年10月，《新闻周刊》有报道称，"全国范围内，父母、教育委员会，有时候还包括学生自己，都要求学校停止探索，回到基本技能——包括阅读、写作、算术，以及行为准则的引导。"公开课程、"相关"主题和教学材料、松散的纪律、宽松的标准的引入占用了原本应花在传统课程作业上的时间，这些传统课程包括英文作文、历史、自然科学和外语。专业的教育家被认为应该对此负责。《新闻周刊》总结说，"对回归本源日渐强烈的呼声看起来是一个健康的信号，代表了越来越多的美国人不再愿意接受教育领域奉行的宝典，这一宝典是经由一些用心良苦，但通常是被误导的创新人士传承下来的。"[27]

社会学科是这场运动的目标之一，因为批评家们不满于中等教育者们一直强调社会科学"有趣且有意义"，认为这导致了学生们"虽然对本地、本国和国际问题都熟悉，但让他们用英语写三个连续的句子都很困难。"社会学科教育者们对此基本上是如此答复的：强调基本技能和内容的教学已经占到课程中的绝大部分，对阅读和写作技能的明显强调将有助于改善学生的学习。[28]

到 20 世纪 80 年代，社会学科全国委员会（NCSS）与其他一些领先的教育机构联合，对教育的一些基本要素提出支持，他们承认，"公众对教育领域基本知识和技能的关注是正当的，"但同时认为，社会应该避免限制三个"R"的基本要素。社会学科全国委员会认为教师们应该抵制仅注重"易教且易考的知识"的要求。尽管有这些限制，社会学科全国委员会的一篇题为"社会学科的基本要素"的声明中揭露了当时保守主义复兴对这个领域的深刻影响，在描述社会学科内容知识时，该声明认为学术性科目是应该给予优先考虑的，并暗示应采取更为传统的重视学科内容的方法，并且在这个过程中应该注重民主信仰的灌输。现在看来，这是一篇很严谨的文件，其中融合了对回归本源运动以及社会效率、批判性思维技能的态度。在一定意义上，它反映了日渐兴起的保守主义对社会学科的接纳。[29]

对该运动批评的声音也同样存在，卫斯理安大学的一位英语教授理查德·奥赫曼（Richard Ohman）是其中一位著名的反对者，他认为，读写能力危机"就算不能算是个骗局，至少也是虚假不实的"。奥赫曼认为，"现有事实并没有反映出年轻美国人是否比 20 世纪 30 年代或 60 年代的年轻人在读写能力上更差。"其他对阅读考试结果的调查发现,"并没有明确证据证明阅读能力在下降",并总结说,"我们现在确信,那些说他们认为读写能力在下降的人……说好听点儿,是学术性不够;说不好听点儿,是不诚实。"奥赫曼甚至认为,读写能力危机是"媒体创造出来的事件"。他认为,考试成绩的下降源于其他一些因素,比如英语课程上课人数的减少,辍学率的下降导致参加标准化测试学生人数的增加,以及女性参加考试的百分比的增加。因此,所谓的"读写能力危机"部分是日益显现的社会公平导致的结果。

如果对回归本源运动做更宽泛的解释,可以发现,美国教育体系每次快速扩张并纳入更多之前被排除在外的群体时,就会出现各种各样批判标准在下降的声音。在当前的情况下,很大一部分不同的声音来自于文化教育领域的精英们,他们重点关注大学生这个精英群体的"文法的、风格的以及构思的能力"。另外,这个阶段保守主义的倾向已经十分明显,包括20世纪60年代教育行业内外出现的指责回归本源运动的趋势。[30] 在接下来的几年里,读写能力"危机"以及对学校日渐衰败的不满将成为责任制改革的潜在及主要前提。

这一段历史体现了保守的政治及教育运动的兴起,这场运动在不断变化的政治环境中的牵引力和影响力与日俱增。这一不断增长的影响力还因为新兴的宗教原教旨主义得到协助、支持和强化。更深层次的原因可能是被某历史学家称为"噩梦十年(nightmare decade)"的时期内出现的令人困惑的发展。"水门事件、不断变化的价值观、越战、通货膨胀,以及社会秩序中出现的其他一些令人困扰的趋势……造成了一种环境,在这种环境下,人们感到挫败、困扰、生气和恐惧。在这样的条件下……人类会体现出一种用简单的方法解决复杂问题的欲望,对变革表现出敌意,同时对权力……缺乏信任……(学校和)教科书成为替罪羊",而回归本源成为一句战斗口号。[31] 从整体来看,保守主义运动的发展以及宗教右翼的兴起表明一个强大且专注的群体的快速发展,他们致力于将时间倒回到20世纪60年代学校和社会领域的革命运动,试图重建秩序。尽管以上这些有助于我们理解推动责任制改革运动成长起来的学校改革的大环境背景,但是对我们更深层次地理解政府在教育方面的角色并没有很大的指导意义。

政治解读

第二种看待学校责任制改革发展的方式是审视州和联邦政府在对待曾经为某一区域性问题上所扮演的角色。如泰克（Tyack）所指出的，公共义务教育的明确政治立场一直是不言而喻的，是与国家的脉波相关的。现代国家教育体系的存在实际上是为了制造公民，并使国家的权利合法化。来自分属不同的小群体的家庭将他们的孩子送到公立学校去学习共同的语言，学习与同学们相处，学习接受命令，了解国家的历史和特性。虽然这些对每个学生的效果并非完全相同，但这一制度化的流程一定程度上是为了创造"公民工人（citizen workers）"。同样的，大学和研究生院的高等教育可以视为是为了将精英合法化。总的来说，教育机构帮助促进了国家权力的制度化。[32]

历史事实可以说明这一点，很多开国者都支持以上意见。在美国独立战争之后的一段时间内，很多思想家，特别是托马斯·杰弗逊（Thomas Jefferson）、本杰明·拉什（Benjamin Rush）和诺亚·韦伯斯特（Noah Webster）均认为学校应该致力于转变立场，要支持新国家。拉什致力于保护一个将孩子们培养成"共和国机器"的全国教学体系。杰弗逊要求创建国立小学，以培养忠实的公民。[33]同时，利用学校来发展民族主义情绪是超越国界和时间的，普鲁士系统（the Prussian system）就将对国家的忠诚作为核心目标。[34]

在美国，教育的政治解读与州和联邦政府在教育方面日益增长的角色相吻合。尽管联邦政府在学校教育方面一直在发挥着作用，但从20世纪中期，其所发挥的作用得到快速加强，州和联邦之间在教育政策领域的相互关系也越来越复杂。尽管如此，要注意的尤为重要的一点是，联邦政府对教育的支持从建国之时就已存在。18世纪晚期，《西北地域法令》（Northwest Ordinances）将分配给西部城镇的土地的三十六分之一预留给学校。[35]内战期间，议会通过了1862年《莫里尔赠地法》（Morrill Land Grand Act），扩大了拨给高等教育的用地范围。战后，政府投入大量资源用于支持自由民局（Freedmen's Bureau），进一步提供了更多教育机会。

"一战"期间，对劳动力的需求促成了《史密斯－休斯法》（Smith-Hughes Act）的通过，这一法案支持职业教育、技术教育，并提供工作培训。不久之后，政府又为残疾人提供了教育机会。在大萧条期间，残疾和贫困学生均受到关注。尽管这些为教育提供一般性支持的法案受到批判，因为批判者们认为教育应该是州的责任，但是到20世纪30年代，议会还是创建了全国青年总署（National Youth Administration）和公共事业振兴署（Works Progress Administration），这两家机构都开展了工作培训项目。另外，《农业调整法案》（Agricultural Adjustment Act）授权农业部为学校午餐项目采购额外的食物。到1946年，已经有几部法律合并到《全国学校午餐法案》（National School Lunch Act）中，为低收入家庭的孩子提供免费午餐。[36]

在大萧条和"二战"期间，联邦政府对教育的支持又一次得到强化，《兰哈姆法案》（Lanham Act）为政府工作人员的子女提供教育资助，而1944年的《G.I.权利法案》，也就是《军人复员法案》（The Servicemen's Readjustment Act），为退伍军人的教育提供经济资助。尽管联邦对教育的干涉越来越深入，战后的政治环境还是发生了改变，对"联邦控制"的恐惧重新出现，因此几次尝试通过的一般性支持法案均未成功，反对者称联邦政府对教育的介入就像"共产主义"幽灵。1949年，德怀特·戴维·艾森豪威尔（Dwight D. Eisenhower）任哥伦比亚大学校长期间曾写道，"除非我们足够谨慎，否则即使是我们国家教育行业的一些显著且必要的发展，都会帮助家长式统治的拥簇者们在中央政府中攫取更多权利，更不用说彻底的共产主义者们。"[37]

现在看来，艾森豪威尔的言论听起来尤其讽刺，因为在他任职期间，联邦政府对教育的支持经历了历史上最为迅猛的一次发展，这一期间建立起了新的内阁级别的卫生、教育及福利部；布朗案判决以后，联邦政府在反对种族歧视方面的角色也日益突出；同时在小石城发生了引人瞩目的国家危机；继苏联人造卫星发射之后，美国《国防教育法》（National Defense Education Act）的通过开启了一场前所未有的提升教育的联邦资助。接下来几十年联邦政府对学校课程提升的资助大多数还是自发的，老师们有接受或拒绝新的教材和方法的自由，那些选择无视改革活动的老师也无需承担什么责任。[38]

肯尼迪和约翰逊在任时期，对贫困学生的需求更为关注，体现在大城市学校理事会（Council of Great City Schools）、1964年《民权法案》的通过，以及1965年的《中小学教育法案》（Elementary and Secondary Education Act）的通过。[39] 该法案的标题一主要关注贫穷和弱势学生的需求，允许资金花费到教学上，包括课本、辅助材料、老师和技术。该标题下提到的补偿教育方案受到激烈批判，被认为阻碍了民族融合和平等。1966年，詹姆斯·科尔曼（James Coleman）以及其他几个人受美国教育委员会委员哈罗德·豪（Harold Howe）指派，负责审查影响贫困和少数民族学生存在的问题。科尔曼的研究报告《平等教育机会》（Equality of Education Opportunities）（1966）总结说，不管是民族融合还是补偿教育均与学业成绩没有很强的关联性，学业成绩与家庭背景和社会经济地位的关联性更强。科尔曼、克里斯多夫·詹克斯（Christopher Jencks）和其他一些研究者的研究成果认为，提高学业成绩最好的方法是提高家庭收入。尽管如此，政策主要关注的仍是学校为基础的改革。[40]

在尼克松任职期间，对联邦计划"有效性"的研究，例如上述标题一，引起对更深入的测评和责任制的新呼吁，在此基础上，建立起国家教育研究院（NIE）和全国教育进步评估（NAEP），借此对旧城区以及全国的学生学习情况进行跟踪，其目的与在需要的地区收集健康数据类似。[41] 对特殊教育的支持在20世纪70年代得到快速发展，特别是福特总统就任期间通过的《残障儿童普及教育法》（Education for All Handicapped Children Act）（公法94—142）。[42]

20世纪70年代后期见证了更多联邦政府为了保证学校担负起责任所采取的措施，为了兑现竞选承诺，吉米·卡特总统促成了《教育部门组织条例》（Department of Education organization Act）（1979）的通过，这一法案将教育的地位提升到内阁级别，虽然特殊教育、法院判令的校车、学校财务改革、更宽泛的学校责任问题、联邦项目的效率等问题上还存在争议。议会还授权建立了教育研究和改进办公室（Office of Educational Research and Improvement），其目的是关于学校效率的研究。对经济紧张时期学生成绩不理想的关注引发了对标准化考试的依赖以及纳税人对效率的呼吁。对学生成绩的关注部分源于媒体对学业能力倾向测试（SAT）成绩下降的大肆宣传，这导致了越来越多的加强"基本技能和能力"领域工作的呼声。到 1978 年，几个州开始实施强制的基本技能教学和考试，希望借此评估整体有效性，并让老师和管理者担负起相应的责任，其他一些州，比如马萨诸塞州和纽约州，早已经开始实施类似的责任制措施。到 20 世纪 80 年代，所有 50 个州均已建立起某一类型的最低能力测试项目。在新的"责任制"趋势背后，是商业领袖们对学校改革逐渐增强的干预，这部分源于联邦政府颁布的支持商业 – 学校合作的政策。[43]

正如我们所看到的，责任制的政治解读与迅速扩大的联邦和州政府在学校政策中的作用被直接联系起来。而且，这一切发生的背景是一个财富、收入和权力被不平等地分享的国家，这使得改革更加复杂化，同时也遭受破坏。[44] 虽然政治视角反映了政府规模和权力的快速增长，但它也可能会忽略其他影响教育的重要因素。种族、阶级、性别和残疾，这其中每一项都对学校教育造成了影响。因此，经过修改的、强调民族文化政治的政治模式可能会提供更多的见解，并帮助进一步完善教育的政治架构。[45] 在学校责任制改革中，对城市青年，特别是非裔美国人和拉丁裔青年进行教育的呼吁发挥了关键作用。同样，政治媒体化对各个领域关于教育政策的辩论也带来了深刻的影响，其所产生的影响类似于我们生活的其他方面的话语权和决策权所受的影响。媒体对 20 世纪 70 年代 SAT 分数下降的报道激发了公众对发起新的责任制改革形势的想法。近些年来，主流媒体对学校表现、国际化对比以及商业引导的对严格标准和考试的关注，正引导公众接受学校很失败的观念，而很多学者和教师的抗议销声匿迹，由此造成了支持责任制改革的局面。[46] 虽然大多数州以及联邦政府层面已经出现政策中心的转向，但日常决策仍然由当地机构制定和实施。这一事实使我们不得不从机构的视角再做一番审视。

机构视角的解释

机构视角认为学校责任制之所以发展起来，部分原因是在现代社会中，创建规则并承担越来越大的责任是官僚机构的本质。[47]在20世纪和21世纪之交，学校的管理在经历一场强势运动后转变成为公司形式的管理。之前乱作一团的多元政治决策转由管理者来做出。20世纪前几十年的机构性改革导致了选举出的教育委员会集中式的掌控以及管理者"科学"的管理。通过合并很多乡村学校，并强化统一的教育标准，城市和州教育部门的规模和影响均有所增长。这些改革的倡导者们认为最佳的教育决策制定者应该是专家。由于决策转为由学校监督者做出，因此导致专家和管理者人数大量增加。学校系统的规模扩大，增加了新的员工梯队，并划分出新的部门：小学、初中和高中；职业教育计划；残疾人教育；顾问服务；研究和考试管理部门，以及其他部门，不计其数。19世纪90年代之后，又发展出一种被称为"教育科学"的观点，帮助教育者收集和处理信息，并希望借此更好地进行决策。

管理进步论者对20世纪综合性高中的成长与发展产生了深远的影响。社会效率论教育者信奉"科学管理"原则，他们在效率专家的想法基础上创办了学校。课程专家如富兰克林·博比特（Franklin Bobbitt）、W.W.查特（W. W. Charter）、大卫·斯内登（David Snedden），以及管理进步论者，如埃尔伍德·P.克伯莱（Elwood P. Cubberley）呼吁直截了当地将泰勒主义（Taylorism）应用到学校，这导致了出现一个观察者所描述的"效率狂欢"，在此基础上形成一个巨大的"分拣机"，将学生分为不同级别并区分对待。[48]在过分拥挤的城市学校，行政人员制订好计划，确保充分有效地使用设施，学生轮班上课，每栋楼、每个操场的每个角落都被充分利用。课程方面，按照博比特的设想，最终目标是"将原材料依据其最优用途加工成最终产品。对教育来说，这意味着因材施教"。[49]因此，他们认为，有些人更适合手工劳动，而有些人更适合做管理或学术研究。雷蒙德·卡拉汉（Raymond Callahan）等人已经阐述过教育管理者们在有意识地从企业模式中借鉴管理方法。[50]

整个20世纪期间，学校几乎各个方面都受到"科学管理"的影响，从实物的绿植、出勤办公室，到学校课程。教材不再简单地由创作者和出版商完成，而是由一套成形可用的流程及可读性公式来规范，并需要由市民专家组成的委员会进行审查，这被称为"伟大的教科书机器"。[51] 考试是提升学校效率运动的助手和主要工具。[52] 考试被大多数美国人认为是具有权威性和科学性的。而且，正如我们所看到的，到 20 世纪 70 年代，新效率运动已经在发挥着强大的影响力，由此导致了最低限度的能力测试和其他各种趋势的出现。[53] 总之，责任制运动必然被看作是随着时间推移由效率这一趋势的拓展所导致的合理结果。

机构视角的解释提醒我们注意到一个事实：具有商业属性的大规模机构对大部分美国人的生活所产生的深远的影响长达至少一个世纪。在历史长河中，学校改革一直朝着通过行政控制对老师和学生实施更严厉的监管和监控的方向发展，而学校的责任制改革这一阶段是其中最新出现的。各组织已经制定了各种问责措施和执行手段，并对课程的优先性做了设置，比如教材优先于辅助材料；识字、数学和科学优先于社会研究和其他课程；传统形式教育优先于进步的教育。机构的视角也提醒我们注意将权力集中于金字塔的顶端，这一趋势在责任制时代已经获得越来越大的影响力。

虽然机构视角的解释提供了与教育机构的本质相关的重要见解，但也并非没有缺陷。将官僚化趋势概括为一场不断强化的控制运动并没有依据。"效率"和"标准"这样的术语具体所对应的内容从未以某些绝对的词汇体现出来。应用到某一州或具体的环境中的时候，情况往往会有不同。而且，虽然责任制运动已经波及全国各州的学校，在不同地区的具体形式又各有不同。以下我们所做的经济解读的一个优点是，他们对处在机构中的人们的兴趣和动机进行了有力的解释。

经济解读

有两种主要的经济理论可用于解释学校责任制及其起源。第一个理论是人力资本理论，这一概念认为在学校教育和高等教育方面上的投资可以带来投资经济发展所必需的人力资本回报，不管是对个人还是社会而言。

人力资本理论一直以来都被主流和保守思想家推崇为推动学校进步的理由，是最近学校责任制运动的主要内在基础。第二个相关经济理论将对社会和教育进行批判性的或新马克思主义分析作为出发点，强调学校教育所出现的维持并复制财富、收入和权力不平等的趋势。根据这一解释理论，学校体现了资本主义社会的特征，其功能在很大程度上是一个巨大的分拣机。

人力资本理论

在第二次世界大战后的几年里，对经济增长感兴趣的经济学家开始了分析人力资本对经济发展的影响，他们发现教育产生了相当大的影响。关于投资人力资本的学术研究包括知识对经济贡献的一般性研究，但更多地转向关注教育对个人的经济回报。经济学家已经开发出越来越复杂的方法来测评教育上的投资回报比率，包括个人教育的成本和收益。尽管对具体情况进行了一系列估算，大多数分析师一致认为学校教育对个人收入增长有明显助益。

关于教育能为社会带来经济效益的观点自公立学校创办以来一直存在。马萨诸塞州教育委员会秘书长贺拉斯·曼（Horace Mann）在1842年发表的《第五次年度报告》中说的正是这一主题。贺拉斯·曼提出上学具有经济上的正当理由，认为教育不仅能培养良好的性格并传授知识，而且"也是带来物质财富的最有效的方法"。[54] 他声称花在初中教育上的费用带来的总社会回报率约可达50%，并认为它能使人们通过"更好地理解一连串事件的联系，从开始就预测到后果"，从而更好地做出决策。[55] 此外，他认为，学校教育培养了工人准时、勤勉、节俭的品格，并且清楚地知道不应该为其雇主制造麻烦。贺拉斯·曼的报告虽然偏见严重且缺乏学术严谨性，但却被用作支持学校改革的子弹：在纽约，立法机构下令印刷和发行18 000份该报告；在波士顿，商人们为他欢呼的同时还补充说，公立学校不仅是"灵魂的培育地，也是一座财富之矿山"。[56] 多年来，商人们都倾向于认同这一观点，即上学提高了工人的生产力和可靠性，因此强烈支持职业教育。在20世纪下半叶，美国人开始越来越认同这样的观念，认为教育与成功相关，且学校有助于学生确定其最终的职业角色。到了20世纪70年代，盖洛普的一项民意调查显示，受访者认为教育对于"未来的成功"是"极其重要的"。[57] 从那时起直到现在，责任制改革的倡导者一直在引用人力资本理论的各种变化形式来游说学校进行改革。

马克思主义分析

另一种关于学校教育和责任制改革的经济观点否定了可以用"个人选择"模式来理解大众教育机构的兴起。鲍尔斯（Bowles）和金蒂斯（Gintis）在1975年这样写道：

> 这个模型没有错——个人和其家庭确实在做出选择，甚至也可能大致按照人力资本理论家的描述做出教育选择。我们不接受个人选择理论是因为它太过于表面，对于我们理解为什么有各种各样的学校以及受教育多少并没有实质的相关性。[58]

他们继续解释说，个人选择模式和人力资本理论对于与教育的功能相关的基本问题并未提供很多有用的见解，这里所说的教育是复制了资本主义的阶级结构的教育。财富和收入的明显不平等所代表的社会的永续性并非源于个人选择的累积，而是来自学校教育复制资本经济的等级社会结构所产生的影响。他们不是把社会看作是亚当·斯密的"看不见的手"的指导下的、个人在其中寻求发挥最大潜力的市场，而是认为在美国社会，决定的做出往往取决于其阶级结构，以及财富和权力的有限性和不平等。实质上，鲍尔斯和金蒂斯强调说，美国的教育体系的发展虽然看起来是由个人的"投资"决定并由当地学校董事会进行协调的结果，但实际上，该体系是"由控制经济的最具活力领域的资产阶级的利益和特权追求所主导"的生产（工业化，信息和服务经济）的改变所造成的结果。因此，资本家阶级建立了规则游戏和在他们可接受范围内的选择，以加强其地位。[59] 他们进一步强调，学校改革很大程度上是由控制了经济主导部门的人策划的，比如一些企业领导人,他们在20世纪之交,曾寻求"稳定和合理化经济并支持社会机构"。[60]最近的批评理论家进一步夯实了这种解释并将其应用于最新的改革中。[61]

在最近的责任制改革中,可以看到人力资本理论经常被提及,顺带也会经常被强调的是区分功能。从幼儿园到研究生院,学校已经变成一个竞争日益激烈的系统。学生通常会被贴以"及格""熟练""优秀""不及格",或者类似的标签,并按他们的表现进行区分。那些尝试消除按能力分组的运动收效甚微。尽管改革中出现了这些措辞,并提出了让所有人都成功的观念,但大多数学校并未停止在一个根据社会阶层和居住环境构建的系统中对学生贴标签并跟踪学生的表现。[62]

关于学校教育的批判性观点提供了对改革中的动机和教育现实情况的有力的解释,他们将商业在教育史上的参与同不断增强的由公司领导的学校改革联系起来,其起源于20世纪70年代,经历20世纪80年代后期的"系统改革",直至目前已经建立起来的责任制系统。尽管最近的改革的逻辑植根于商业模式,商业并没有亲自建立学校责任制度,而是他们与在政府、学校行政人员、保守主义的积极分子及"高效学校"的研究人员都有很深的渊源。

结论

那么,我们能从用不同的方式解释学校责任制改革的起源中了解到什么?为什么起源的问题如此重要?通过考察责任制改革的起源,我们可以看到,尽管改革的逻辑是以商业思想为中心,由商业驱动改革并产生重大影响的条件实际上已经具备。正如我们所看到的,这场运动到20世纪70年代中期已经如火如荼,对基本技能、最低能力测试的强调以及关于学校效率的研究越来越得到重视。保守主义在学校和社会上的重新得势意味着学校及其管理将发生重大变化。到了20世纪80年代,对学校批评的声音越来越大,具体体现在学校在"堕落"的观念,这一观念逐渐被作为一种信仰所接受,并带来一系列提升学校责任的行动。从20世纪90年代中期到21世纪的第一个十年,改革随着大繁荣和经济扩张的出现,获得更大的牵引力。最终,保守主义在学校和整个社会的复兴顺理成章地引发了责任制运动,教育为经济发展服务的目的被置于一切之上,教育主要产出的是为工作做好准备的工人,而教育对社会及审美层面的价值则被大大忽略。

注释:

1. Larry Cuban, *The Blackboard and the Bottom Line: Why Schools Can't Be Businesses* (Cambridge, MA: Harvard University Press, 2004), 27.
2. 同上书,第30页。
3. 同上。
4. Herbert M. Kliebard, *Struggle for the American Curriculum, 1893–1958* (London: Routledge and Keegan Paul, 1986); Jonathan Zimmerman, *Whose America? Culture Wars in the Public Schools* (Cambridge, MA: Harvard University Press, 2002).
5. Ronald W. Evans, *The Social Studies Wars: What Should We Teach the Children?* (New York: Teachers College, 2004).
6. 同上。
7. William W. Goetz, "The Rise and Fall of MACOS: A Blip on the Historical Screen?," *TRSE* 22, no. 4 (Fall 1994): 519.
8. Richard A. Viguerie and David Franke, *America's Right Turn: How Conservatives Used New and Alternative Media to Take Power* (Chicago: Bonus Books, 2004).
9. Fred L. Pincus, "From Equity to Excellence: The Rebirth of Educational Conservatism," *SP* 14, no. 3 (Winter 1984): 50–56.
10. Ben Brodinsky, "The New Right: The Movement and Its Impact," *PDK* 64, no. 2 (October 1982): 87–94.
11. Connaught C. Marshner, *Blackboard Tyranny* (New Rochelle, NY: Arlington House, 1978); Sally D. Reed, *NEA: Propaganda Front of the Radical Left* (Washington, DC: National Council for Better Education, 1984).
12. Brodinsky, "New Right," 90.
13. 同上书,第91—92页;Fred L. Pincus, "Book Banning and the New Right: Censorship in the Public Schools," *EF* 49, no. 1 (Fall 1984): 7–21.
14. Brodinsky, "New Right," 94.
15. Pincus, "From Equity to Excellence," 52–53.
16. *Report of the Advisory Panel on the Scholastic Aptitude Test Score Decline: On Further Examination* (New York: College Entrance Examination Board, 1977), 27.
17. Ben Brodinsky, "Back to the Basics: The Movement and Its Meaning," *PDK* 58, no. 7

(March 1977): 522.
18. 同上。
19. Brodinsky, "New Right," 88.
20. Brodinsky, "Back to Basics," 523.
21. Cuban, *Blackboard*, 56.
22. David L. Angus and Jeffrey E. Mirel, *The Failed Promise of the American High School, 1890–1985* (New York: Teachers College Press, 1999), 135.
23. Cuban, *Blackboard*, 54.
24. Brodinsky, "Back to Basics," 527.
25. 同上书，第523页。
26. Merrill Sheils, "Why Johnny Can't Write," *NW*, December 8, 1975, 58.
27. Merrill Sheils, "Back to Basics in the Schools," *NW*, October 21, 1974, 87–93.
28. Special Issue: "Teaching Basics in Social Studies," *SE* 41, no. 2 (February 1977): 96–121; Barry K. Beyer, "Teaching Basics in Social Studies," *SE* 41, no. 2 (February 1977): 96–104; John P. Lunstrum, Ed., Special Issue, "Improving Reading in the Social Studies," *SE* 42, no. 1 (January 1978): 8–31; John P. Lunstrum and Judith L. Irvin, "Integration of Basic Skills into Social Studies Content," *SE* (March, 1981): 169.
29. NCSS, *Essentials of Education Statement: Essentials of Social Studies* (Washington, DC: National Council for the Social Studies, 1980).
30. Richard Ohman, "The Literacy Crisis Is a Fiction, if Not a Hoax," *CHE*, October 25, 1976, 32.
31. John Mathews, "Access Rights to Children's Minds: Texts of Our Times—Problems in Kanawha County, W. Va.," *NRP*, January 4, 1975, 19–21.
32. David Tyack, "Ways of Seeing: An Essay on the History of Compulsory Schooling," *HER* 46, no. 3 (August 1976): 365.
33. 同上书，第366页。
34. 同上; John Taylor Gatto, "Against School," *HA*, September 2003.
35. New York State Education Department (NYSED), *Federal Education Policy and the States, 1945–2009: A Brief Synopsis* (Albany: New York State Archieves, 2006, revised 2009), 5.
36. NYSED, *Federal Education Policy,* 6. See James T. Patterson, *The New Deal and the States: Federalism in Transition* (Princeton, NJ: Princeton University Press, 1969)
37. NYSED, *Federal Education Policy*, 7–13.
38. 同上; Barbara Barksdale Clowse, *Brainpower for the Cold War: The Sputnik Crisis and National Defense Education Act of 1958* (Westport, CT: Greenwood Press, 1981). 参见John L. Rudolph, *Scientists in the Classroom: The Cold War Reconstruction of American Science Education* (New York: Palgrave, 2002), and Ronald W. Evans,

The Hope for American School Reform: The Cold War Pursuit of Inquiry Learning in Social Studies (New York: Palgrave, 2011).

39. "Bill, H.R. 2365, Elementary and Secondary Education Act of 1965" folder, Box 26, Cater Files; "ESEA" folder, Box 1, ED, LBJ Papers; LBJ Remarks, Education Bill Signing, April 11, 1965, LBJPP.

40. NYSED, *Federal Education Policy*, 13–22; James S. Coleman, et al., *Equality of Educational Opportunity* (Washington, DC: Government Printing Office, 1966); Christopher Jencks, *Inequality: A Reassessment of the Effect of Family and Schooling in America* (New York: Basic Books, 1972).

41. 参见教育政策相关文件。Executive Education Files, Boxes 1–4, Nixon Papers.

42. NYSED, *Federal Education Policy*, 23–39.

43. 同上书，第40—44页。

44. G. William Domhoff, "Wealth, Income and Power," http://www2.ucsc.edu/whorulesamerica/power/wealth.html (2006, updated 2013).

45. Tyack, "Ways of Seeing."

46. Edward S. Herman and Noam Chomsky, *Manufacturing Consent: The Political Economy of the Mass Media* (New York: Pantheon, 1988); Ronald W. Evans, "A Fickle Lover: Experiences with the Media in Historical Context," in Margaret Smith Crocco, Ed., *Social Studies and the Press: Keeping the Beast at Bay* (Greenwich, CT: Information Age, 2005); David Berliner and Bruce J. Biddle, *The Manufactured Crisis: Myths, Fraud, and the Attack on America's Public Schools* (Reading, MA: Addison-Wesley, 1995).

47. Max Weber, *Economy and Society: An Outlines of Interpretive Sociology* (Berkeley: University of California Press, 1978, original 1922).

48. Joel Spring, *The Sorting Machine Revisited: National Education Policy Since 1945* (New York: Longman, 1989).

49. Franklin W. Bobbitt, "The Elimination of Waste in Education," *EST* 12, no. 6 (February 1912): 269.

50. Raymond E. Callahan, *Education and the Cult of Efficiency* (Chicago: University of Chicago Press, 1962).

51. Harriet Tyson-Bernstein and Arthur Woodward, "The Great Textbook Machine and Prospects for Reform," *SE* 50, no. 1 (January 1986): 41–45. 另参见Frances Fitzgerald, *America Revised: History Schoolbooks in the Twentieth Century* (Boston: Little, Brown, 1979); James Loewen, *Lies My Teacher Told Me: Everything your American History Textbook Got Wrong* (New York: New Press, 1995).

52. Nicholas Lehman, *The Big Test: The Secret History of the American Meritocracy* (New York: Farrar, Straus and Giroux, 1999); Stephen Jay Gould, *The Mismeasure of Man*

(New York: Norton, 1981).
53. David L. Angus and Jeffrey E. Mirel, *Failed Promise of the American High School* (New York: Teachers College, 1999).
54. Tyack, "Ways of Seeing," 378.
55. 同上。
56. 同上书，第379页。
57. 同上书，第382页。
58. Samuel Bowles and Herbert Gintis, "The Problem with Human Capital Theory—A Marxist Critique," *AER* 65, no. 2 (1975): 78; Semuel Bowles and Herbert Gintis, *Schooling in Capitalist America: Education Reform and the Contradictions of Economic Life* (New York: Basic Books, 1976).
59. Tyack, "Ways of Seeing," 383–384.
60. Tyack, "Ways of Seeing," 386; Samuel Bowles and Herbert Gintis, "Contradictions of Liberal Educational Reform," in Walter Feinberg and Henry Rosemont, Jr., Eds., *Work, Technology, and Education* (Urbana: University of Illonois Press, 1975).
61. E. Wayne Ross and Rich Gibson, Eds., *Neoliberalism and Education Reform* (Cresskill, NJ: Hampton Press, 2007).
62. Gray Orfield, *Schools More Separate: Consequences of a Decade of Resegregation* (Cambridge, MA: Harvard Civil Rights Project, 2001); Jonathan Kozol, *Shame of the Nation: The Restoration of Apartheid Schooling in America* (New York: Crown, 2005); John Marsh, *Class Dismissed: Way We Cannot Teach or Learn Our Way Out of Inequality* (New York: Monthly Review, 2011).

第二章 国家深陷危机？

到了20世纪80年代初，保守主义复兴基本已经趋于成熟。复兴运动获得了教育机构内外所有人的一致支持，1983年及以后出版的空前数量的关于学校地位和未来的报告也对运动起到了极大的推动作用。改革发展新方向的分水岭是国家卓越教育委员会（NCE）的报告《国家风险报告：教育改革势在必行》，该报告由罗纳德·里根总统的教育部长泰雷尔·H.贝尔（Terrel H. Bell）创建的蓝丝带委员会发表。

20世纪70年代末和20世纪80年代初的历史背景对于理解不久后的"卓越运动"的起源非常重要。吉米·卡特总统在1979年7月向全国观众发表了演讲，在这次后来被称为"萎靡演讲"的演讲中，卡特提出"信心危机……在我们民族意志的精神和灵魂里"。到20世纪70年代末，国家"充满了慢慢累积的恐惧和挫败感"，其核心是一种经济焦虑，标志是被称为"滞涨"的特殊情况以及高失业率和高通胀率。在里根总统任职的第一年，失业率达到10.7%，是20世纪30年代以来的最高水平，通胀率为12.5%。此外，20世纪70年代开始，随着注意力被其他问题转移，公众对大社会计划（Great Society programs）的支持开始减弱，这一计划曾引起了一个大教育办公室（USOE）的创立。

部分出于对这些困难的反思，很多美国人对学校的批评愈发严厉，他们抱怨在技术化程度越来越高的社会背景下，毕业生对投入工作的准备明显不足。很多观察者认为美国商业落后于日本、西德和其他国家的背后是落后的教育体制。公众越来越关注学校标准下降、要求松懈、只注重有"实用性的"活动和课外活动，学术性教学时间减少。有些人担心学生在学术方面没有面临什么挑战，并将问题指向学生的SAT分数和其他指标都在下降。本世纪以来，大部分情况下，关于课程的政策一直在两个相互竞争的想法之间摇摆不定。倾向于进步主义的教育者们认为，学校教育应侧重于以学生为中心的学习和批判性思维，然而，传统主义者则认为学校的主要功能还是应该围绕英语、数学、科学、历史和外语等"核心"科目来进行教学。尽管存在这些担忧，教育学者们认为，20世纪60年代和20世纪70年代的改革还是给教育带来了一些小小的变化。他们引用调查和课堂观察的研究数据，指出以教师为中心的课堂仍然是常态，大多数教师还是按照自己所受的教育方式来教学生。然而，20世纪80年代早期的传统观念认为，学校沿着创新和非学术活动的方向已经走得太远了，需要回到传统教育的本源上来。[1]

在1980年的共和党纲领中记录着罗纳德·里根竞选总统时所做的承诺，里面提到要把教育部改组成一个内阁级的办公室，这样做的目的是为了节约成本，减少官僚作风，减少政府开销，与限制大政府保持目的一致。纲领呼吁"取消联邦政府的公共教育管制"，指出"父母在子女上学问题上正在失去控制力"，民主政策导致"巨大的新官僚机构将会滥用税收"。[2] 1979年，卡特总统就提出过改组教育部的想法，他认为，教育部如能改造成内阁级的办公室，那么公共教育在国家议程中就可以占据更加突出的地位。

里根政府的国内政策目标是：减少联邦预算赤字，打击通货膨胀，削减税收，分散和放松各种联邦社会计划。正如里根总统在其就职演说中所说："在目前的这场危机中，政府不是解决我们问题的办法，政府本身才是问题所在。"[3] 里根总统在任职的第一年，会见了一些顶尖的商界人士，除了商界人士的身份，他们同时还是私营部门非营利活动的领导者，总统会晤的目的是"争取他们的援助，刺激私人收购，因为政府以社会项目做尝试代价太高，而且不像自愿努力那样有效"。[4] 权力下放，放松管制和私有化是"新联邦制"（New Federalism）的关键因素，这些从某种程度上可以追溯到尼克松总统在任时期。在教育方面，里根总统的首要任务是减少联邦援助，把控制权交还给州和地方，同时保持联邦对教育的关注。1981年，政府通过《教育巩固和改善法案》（ECIA），劝说国会减少了15%以上的联邦援助。这项立法将许多拨款计划从分类援助转变为无条件的一揽子拨款，标志着经过几十年的扩大援助和监管之后，联邦的角色突然转向退避。[5] 政府利用一揽子拨款来重构联邦在教育方面的角色——从政策指导到一般援助，对许多项目放松管制，从其他项目中撤资等等。虽然得到了保守主义者的普遍认可，但对其他人来说，这个政策代表了向公平目标迈进过程中的一大退步，也代表了联邦角色向"更有效的"目标迈进中的一大退步。[6] 按照减少政府机构的理念，里根总统的预算总体上是为了在其任职期间，减少联邦在教育方面的支出，但实际上，国会通过的预算却提高了联邦对学校的援助金额。[7]

里根总统任命一位温和的共和党人、犹他州教育专员特雷尔·H.贝尔为教育部长，这一选择令人多少感到吃惊，因为有些记者称里根政府是由"百万富翁"内阁组成的，而贝尔以前只是一名校监兼教授，当时搬家到华盛顿还是靠租的一辆 U-haul* 车拉过来的，他在里根政府里经常被保守派纠缠。与里根总统的很多其他任命者不同，贝尔是一名经验丰富的华盛顿议员，曾在尼克松政府和福特政府任职代理教育专员。而且，他自认为是"一个狂热者……一个准备向所有里根派传播教育福音的传教士"。[8] 鉴于尼克松总统对里根总统在其他领域给出的建议和影响力，由他推荐贝尔上任明显有成功的可能性。[9]

当时，里根在选举中可谓大获全胜：他得到了 44 个州的支持，在普选中以 50.7% 的支持率打败卡特 41% 的支持率，这个压倒性的胜利被许多人解释为对保守变革和缩减政府规模的授权令。鉴于社会保守主义和他在总统任期所代表的文化转变，里根总统任期常常被视为"里根革命"。[10] 在选举中，教育没有得到重视，选民把它列为第 23 项最重要的问题。[11] 1981 年，从很多方面来看，国家所处状况不佳。通货膨胀和利率居高不下，失业情况普遍。而且，在西贡倒台和伊朗人质危机之后，美国的国际声望也跌入低谷。媒体和民意调查显示，民众持续的"不适感"和自我怀疑的情绪显现，正积极寻找替罪羊。学校教育在被认为是"普遍下滑"的背景下，经

---

* 译者注：U-Hual，美国一家搬用和仓储租赁公司。

常饱受诟病。教育与经济之间的联系变成了老生常谈,这些引起教育部部长贝尔进行了以下思考:

> 我们要想增强竞争力,提高国家生产力,就必须发挥教育的重大作用……我们要想重新找回失去的热情、动力和精神,就要重新对学校进行改革。
>
> 我们需要想办法把美国人聚集在学校和高等院校里。同时,教育者也需要摆脱自满情绪。20多年前,苏联人造地球卫星的发射激励我们要采取行动、提高教育水平和成绩。今天,我们需要一个同样强大的激励。[12]

贝尔想"举办一个能刺激人们行动起来的事件"来提升教育体制。他的考虑是请求总统任命一个"一流的小组"来研究教育问题,但他的同事们对此有异议。后来他到白宫讨论这个想法时,遭到了"怀疑或蔑视"。他被告知,联邦委员会在这件事情上的委任是无效的,因为教育事宜是地方和州的责任。如果总统任命一个国家小组,那就意味着总统支持联邦在教育中扮演重要角色,而这与里根哲学是背道而驰的。很明显,总统将会不假思索地拒绝这个正式提案,贝尔意识到这一点后,决定组建自己的内阁级委员会,这似乎是他唯一的选择。[13] 贝尔在提交委员会组建申请的信中明确表示,该委员会成立后的任务是审查和综合有关"教育质量"的数据,与其他国家的教育体制进行比较,并举行听证会,以界定"在美国教育中实现更高水平的卓越成绩"将会面临的障碍。然后,该委员会将据此作出报告并提供切实的行动建议,并努力说服学校董事会和其他机构采取"通过改变州和地方标准来提高预期成绩水平"的政策。他在信中还指出,该委员会不向教育部长报告,而是向学校和大学的总体控制者和监督者——学术界、理事会和州立法机构进行报告。联邦扮演着一个"倡导者、鼓励者、协调者和信息区别者"的角色,而不是"以任何方式关注或要求"联邦增加支出或提高联邦控制权。[14] 经过多次争论和协商后,在管理和预算办公室(OMB)的特许和批准下,1981年8月26日,该委员会正式组建。白宫并未参与组建这个委员会,白宫以及管理和预算办公室的一些人认为贝尔决定组建自己的委员会,这是不服从上级的行为。[15]

委员会

委员会在任命其成员时同样饱受争议。白宫中层人员,以及教育部的一些人希望委员会成员是保守派人士。助理国务卿唐纳德·塞内斯(Donald Senese)提名了几位著名的政治保守派和教育家,包括《全国评论》专栏作家罗素·柯克(Russell Kirk)、芝加哥教师马尔瓦·柯林斯(Marva Collins)、文化专家保罗·科普曼(Paul Copperman),以及基础教育委员会的乔治·韦伯(George Weber),提名时还附上了每个人的背景资料。塞内斯提名时还提交了一些材料,包括有关"回归本源"的小册子,还有一篇描述基础教育委员会的文章,把基础教育委员会比作"杜威眼中教育之龙的屠杀者"。[16] 然而,贝尔想要的委员会的成员"需要彼此尊重……不互相非难……",并应该保持"自由派和保守派、共和党和民主党人、男性和女性、少数民族人士、教育者和非教育者"的平衡。尽管白宫工作人员在审查他的选择时有些不满,但在很大程度上,贝尔还是实现了他的成员任命目标。[17]

贝尔选择了他的好朋友、当时的犹他州大学校长戴维·皮尔蓬特·加德纳(David Pierpont Gardner)担任委员会主席;任命国家教育研究院高级职员、经验丰富的官僚专业人士米尔顿·戈德伯格(Milton Goldberg)为执行董事,协调数据收集并提供分析支持。贝尔、加德纳、戈德伯格和政府共同选择了一些成员,其中包括驻华盛顿各国家教育协会的成员。[18] 此外,成员还包括学校和大学行政领导人,包括耶鲁大学校长、年度国家教师和学生家长A.巴特利特·吉亚马提(A. Bartlett Giamatti),以及两位知名科学家格伦·西博格(Glenn Seaborg)和杰拉尔德·霍尔顿(Gerald Holton)。委员会代表着一大批了解教育制度和教育问题的人士[19]。不管是在吸纳加德纳时,还是在国家教育委员会的初次会议上,贝尔都向委员会成员保证"不会进行任何形式的任何干涉",委员会的报告结果会公布于众,并会召集州长、国家教育机构、立法者、学校董事会、行政人员、教师和家长参加一系列传播会议,在全国范围内与当权人士进行讨论,实施教育改革。[20]

1981年10月9日至10日,委员会首次会议在华盛顿特区举行。开会第一天,委员会前往白宫,进行全委会与总统的单独会面。里根在讲话中强调了在他总统任期的关键原则:教育始于家庭;学校存在是为了帮助家庭;"卓越需要竞争"是因为"没有比赛就没有冠军"。他强调品德教育的重要性,称要"让上帝回到教室"。此外,他还敦促委员会"帮助美国重拾对学校基础的重视"。他最出名的评论是"有人坚持认为,困扰我们社会的任何问题的答案都不简单。我不同意这个说法。很多答案都是简单的——只是不太容易实现。"[21]后来,里根在日记中表达了对委员会的信心,他写道:"这是一个范围广泛、团结坚定的团体,我相信它会如愿启程,提高教育质量"。[22]

历经18个月的审议,委员会以78.5万美元的预算,在众多地点举行听证会,从学者、从业者、教师、学生、行政人员、公职人员、商界领袖、家长和普通公民那里收集证词。[23]此外,它还征集到一些权威学者就大家所关心的话题发表的论文。[24]委员会召开了八次成员大会,成员从教育工作者、专业团体、家长、公职人员、学者等多方面来源获得了更多的意见。它在各个州举行公开会议讨论具体议题,如科学、数学和技术教育;语言和读写能力;成绩预期;教学和师范教育;大学录取和转学;学生角色;大学课程;生产性教育角色;天才教育;等等。[25]除了这些会议的证词之外,还有20多位权威人士向委员会做了报告,另外还有44份委托文件提供了进一步研究的可能性。[26]

数据收集好后,工作人员马上准备了概要,并着手研究可行的解决方案。委员会成员考虑了各种提案,旨在就最终报告的所有方面达成共识。虽然委员会成员就报告的主旨和结果达成了普遍一致,但还是有四五个成员与大多数人意见不一致,而且由于受到几个少数派报告的威胁,最终报告直到1983年4月下旬才发布,比预期推迟了一个月。加德纳肯定自己有能力调解分歧,让大家最后完全达成共识。细节方面的协商导致报告的发布一拖再拖，这种情况一直持续到最后发布的那天。最后关头，长期从事教育改革的西博格（Seaborg）还是不同意报告发布，他坚信最终报告必须要"引人注目、一鸣惊人"。在各种会议和讨论之后，委员会共同起草了一份报告，这份温和的报告让西博格"大吃一惊"。报告发布截止的前一晚，他继续坚持要使用他认为可以接受的语言。加德纳愤愤不平地说："格伦，看起来你好像在和俄罗斯人谈判。"后来，西博格写道："对我而言，这件事跟我和俄罗斯人谈判一样重要，因为教育对国家福利和国家安全至关重要。"因此，报告的最终文本使用了一些强势的军事主义短语，如"战争行为"和"单方面教育裁军"。[27]

报告

1983年4月26日星期二，国家卓越教育委员会报告在白宫的国宴大厅举行的特别仪式上向全国发布。在发布仪式的前一周总统就收到了草案。虽然这份报告与里根在国情咨文中向国会提出的建议大体上是一致的，但它对政府议程的其他部分不是抵触就是省略。该报告呼吁开展一项重大的新改革运动来提高教育水平；为教师提供更多的财政支持和更高的薪水，但没有提到额外资金来源。它强调"办学的基本目的"，把"知识、学习、信息、智慧"形容为"在信息时代成功不可或缺的必要投资"所需要的"国际商业新原料"。里根政府提出的建议虽然与这些目标大体上是一致的，但它并不支持联邦一级进一步的投入，而似乎更加关注学校祷告、学费税收抵免、学券和私立教育的价值。报告与总统的初稿草案"不匹配"，导致白宫工作人员不得不做一些小小的改变计划，他们与贝尔部长一起就总统会说的话进行了来回讨论，最终重写了报告。[28]

让人意想不到的是，里根总统在讲话中赞扬了委员会所做的工作，提到了报告中的一些亮点，强调了教育的重要性，并表示支持委员会建议的全面实施。然而，在发言结束时，里根总统却声称自己还赞同报告中提到的"学费税收抵免、学券、教育储蓄账户、自愿学校祈祷、废除教育部"等建议，而实际上报告没有赞同过这里面的任何一点。里根总统表示，政府的议程是"通过加强竞争力、巩固家长选择和地方控制来恢复教育质量",总体目标是"让美国的学校恢复卓越"。[29]

报告中尖锐的语气和强势的结论引发了媒体关注的狂潮,这远远超出了贝尔和委员会的期望。关于这份报告的报道成了国内几乎所有主要报纸的头版头条,成了晚间新闻的特别报道,甚至变成社论支持出现在无数报刊上。一时间,贝尔和加德纳收到了数不清的采访预约和演讲邀请函。似乎在一夜之间,教育状况变成了媒体关注的一个重大问题,而且关注度在公共事务排序上逐步上升。鉴于这种情况,里根总统和他的工作人员试图从委员会报告中获得最大的利益。此后,里根总统开始频繁地谈论教育问题,鼓励州和地方进行学校改革,甚至还参加了一个重申教育是国家问题的言论造势运动。[30]

虽然这份报告没有开展新的研究,只是对事实的汇编,但是它出现的时间和写作的语言风格,造成了一种热烈的气氛,引发了媒体的广泛关注,并催生学者们写出了二次文献和批评文章。[31]这份报告连同其他一系列相似主题的报道设定了教育议程,这标志着美国政府支持的官方立场得以确立。报告的中心论点是我们的国家深处"危机"之中。委员会指责美国学校应该为美国国际经济竞争力下降负责,声称美国在商业、工业、科学和技术方面的地位已经受到"学校日渐显现的平庸"的影响,"这威胁到我们作为一个国家和一个民族的未来"。报告还提到:

> 如果一个不友善的外国势力试图把今天这种平庸的教育表现强加到美国身上,我们可能已经把它看作是一场战争行为。现在,我们却允许它发生在自己身上。我们挥霍了苏联发射人造卫星带来的挑战后学生所取得的成就……实际上,我们实行了一种不计后果的单方面教育裁军行动。[32]

该委员会用报告中题为"风险指标"的一章来支持其煽动性论点,这一章节中引用了20世纪70年代美国学生进行全球范围比较时表现欠佳的成绩。报告发现,从1963年到1980年,SAT分数实际上出现了持续性下滑。

报告还指出，少数族裔青年的半文盲率高达40%，科学成就稳步下降，更高层次的智力技能缺乏，比如缺乏根据书面材料进行推论的能力，无法写出有说服力的论文。[33] 然而，这份报告后面的论述与这些证据又是相互矛盾的，因为它承认在青年人完成高中学业和接受高等教育的比例上，没有任何一个国家能赶超美国。该报告还引用了一些参考文献，说明美国前9%的学生的考试成绩与其他国家的同龄人相比更有优势。

报告的主要结论包括：中学课程内容过于单一、弱化及分散；对科学、数学和地理学方面的家庭作业和严肃的学术课程要求太低；给予学生的选择太多；以前被视为最基础的能力现在变成最重要的能力；课堂材料和教科书在编写时不断降低阅读要求；高校降低了入学要求，导致标准下降。该委员会发现可用于教学的时间不够充裕，而且糟糕的课堂管理经常浪费学生本可以用于学习的时间。在教学方面，报告认为，教师行业没能吸引最好的人才，教师培训项目过分强调教育方法课程，而没有包含足够的教学内容准备。[34]

基于其煽动性介绍、"风险指标"和"调查结论"，报告提出了几项重要的改革建议。委员会在第一次对"目录"提出的核心建议中，提出了建立"核心"学科，作为高中的"五个新的基本点"来强化毕业要求。这些"核心"包括四年英语、三年数学、三年科学、三年社会学习和一年半计算机科学，完成以上学习才能达到毕业要求。强烈推荐在高中时学两年外语。报告没有提到卫生和体育教育，艺术显然也退居次要地位。[35]

在谈到社会学科时，报告使用了说明性的描述，指出社会学科课程应该：

（a）使学生能够在更大的社会和文化结构中找准自己的位置和发展可能；（b）了解到古代和当代的思想都对当今世界产生了巨大的影响；（c）了解我们经济体系和政治体系运作的基本原则；（d）把握自由社会和专制社会之间的差异。对这些信息的理解是在自由社会中坚定行使知情权和公民权的必要条件。[36]

虽然说得不多，但这些都是传统社会学科的目标，意味着报告对历史、经济和公民的格外重视。要求学生"找准自己的位置和发展可能"暗含着社会效率导向，强调寻找合适就业岗位的最终目标。

委员会的第二项重大建议是关于"标准和预期"的，提议学校、学院和大学对学术表现和学生行为设定更严格和可衡量的标准，以及更高的预期。具体内容如下：

> 3. 在从一个教育级别升到另一个教育级别时，特别是从高中到大学或参加工作的主要过渡节点，应实行标准化成绩考试（不要与能力测验混淆）。这些考试的目的是：a. 用于证明学生的文凭证书；b. 确定补救干预的必要性；c. 为学生提供是选择升学还是快速参加工作的机会。考试应作为全国范围（而不是联邦）州和地方的标准化考试系统的一部分来进行管理。这个考试系统应该包括其他一些诊断程序，帮助师生进行评估，检查学生是否取得了进步。[37]

这个关于标准和预期的建议要求定期使用标准化成绩考试，这成为日后责任制运动的基石。报告还包括其他一些建议，包括花更多的时间在学术性学习上、要求留更多的家庭作业、重视有效的学习技巧、延长每日学习时间和学年时间、给教师设立奖金并签订11个月的合同，以及制定更严格的教科书和课程材料。报告得到广泛流传，这注定会对教育言论产生重大的影响。在《国家风险报告》发行五年之后，美国教育部又重新发行了20多万份，而通过报纸和杂志重印的发行数量估计有500万到600万份。[38]

回应

举国上下对报告的回应非常迅速。全国最强最大的教师工会——全国教育协会（NEA）是最早评论该报告的组织之一，它认为报告是对教师和公立学校的一种攻击。而另一方面，美国教师联合会（AFT）及其总裁阿尔伯特·尚卡尔（Albert Shanker）则支持报告的总体结论，只是提出了一些建设性的批评。媒体报道支持这份报告，让公众树立了学校"处于危机中"的意识，和学校情况不妙的观念。此外，全国许多州长和立法领导人都支持这份报告，并积极投身于后来的这场"卓越"改革运动中。[39] 1983年夏，在缅因州肯纳邦克波特（Kennebunkport）副总统乔治·布什家里，州长们一边享受着聚会的龙虾盛宴和烤蛤蜊，一边召开年会，而贝尔部长就在这种情况下跟州长们进行了非正式会晤。有少数人攻击了里根政府在教育上的种种做法。还有些人，如俄亥俄州的理查德·塞莱斯特（Richard Celeste）和阿肯色州的比尔·克林顿（Bill Clinton）等人坚持认为，政府一边支持谴责教育质量下降的报告，一边又要求削减更多教育预算，这是不公平的。此外，南卡罗来纳州的理查德·莱利（Richard Riley）、田纳西州的拉马尔·亚历山大（Lamar Alexander）、印第安纳州的罗伯特·奥尔（Robert Orr）、佛罗里达州的鲍勃·格雷厄姆（Bob Graham）、新泽西州的汤姆·基恩（Tom Kean）以及犹他州的斯科特·马西森（Scott Matheson）等人对报告持强烈支持的态度。在接下来的几年中，这些支持者连同其他一些州长敦促采用严格的学术标准来支持公立学校保持"卓越性"。[40] 州长们还对教育部进行了尖锐的批评，指出教育部没有什么站得住脚的信息可以表明各州之间在教育方面的成就具体差别体现在哪里。贝尔立即针对这一建议采取了行动，利用高考成绩创建了一个有大量脚注的挂图对各州进行排名。1984年1月5日的新闻发布会上首次亮出了这张挂图，公布了在里根政府第二届任期的数据，这成了之后每年的年度媒体大事件。[41]

一系列报告涌现

《国家风险报告》发布后，又相继发布了其他一系列类似报告。几乎所有报告都认同《国家风险报告》的核心主题，即认同美国国际经济竞争力下滑应该归咎于平庸的教育体制。在国家1983年出版的其他的教育报告中，最著名的有来自国家教育委员会（ECS）的报告——《卓越行动》，以及20世纪基金特别工作组的报告——《标准达成》（Making the Grade）。《卓越行动》出自一个由商界和工业界领袖组成的小组之手，它与《国家风险报告》的论点有异曲同工之处，都是提供类似的补救措施以恢复美国在全球工业竞争中的领先地位。报告以清楚而泰然的要求对教育进行了广义上的定义，以便在全球竞争的新时代满足对高技能人力资本的需求。它概述了所谓的"生产性就业基本技能和能力"，包括阅读、写作、口语、听力、数学和科学、推理等基本技能，以及经济学、计算机文化和基本就业方面的能力，并把良好的公民责任感列在基本就业项下。《标准达成》也提供了类似的信息，详细说明了新"核心"的组成部分，确保工人可用量能够维持复杂而有竞争力的经济发展。[42] 正如乔尔·斯普林（Joel Spring）所说，这些报告要求企业与公立高中系统挂钩，以确保足够多的非技术劳动力能按需供应。然而，他同时感叹说，"由此对教育造成的扭曲会使很多人沦为低收入人群，而且这部分人的职业发展空间也会非常有限。"[43]

除了这些机构的报告之外，20世纪80年代初期还出版了一些主流的、永恒主义的、从批判的角度出发的教育方面的重要学术著作。所有这些作品或者反映了学校的主要研究，或是理论研究或哲学思考，或是两者兼而有之。1982年，在《国家风险报告》发布之前，一群永恒主义教育家发表了一份报告，呼吁"回归本源"的课程方法。这份由莫蒂默·阿德勒（Mortimer Adler）撰写，标题为《儿童教育计划倡议》的报告是对文科课程的哲学捍卫，它倡导统一的"单轨教育制度"，并不区分学生是否以上大学为目的。该报告与《国家风险报告》有着共同的出发点，都呼吁要为所有学生提供具有挑战性的教育，同时强调阅读、写作、数学和科学方面的基本技能。它还呼吁文科要推行广泛的教育，并将授课式教学与苏格拉底的质疑和讨论结合起来。[44]

所谓的《研究者议程》作品包括了约翰·古德拉德（John Goodlad）的《在一个名为学校的地方》，欧内斯特·L.博耶（Ernest L. Boyer）的《高中》，以及西奥多·R.斯泽尔（Theodore R. Sizer）的《霍勒斯的妥协》。与委员会报告相比，这些是研究报告，对学校的做法提出了建议，其研究成果更准确，更现实。博耶的研究发现，十分之一的学生接受的教育，在世界范围内进行比较都属于良好级别，十分之二的学生则只能进入沦为鸡肋的学校就读。如果学校对学生没有太多要求的话，绝大多数学生都明白自己也不要对学校要求太多。比起《国家风险报告》,博耶有一个鼓舞人心的发现,那就是教育水平正在缓慢地提高。他呼吁建立核心课程,取消进度跟踪,创造一个跨学科的视野,为选修课提供空间,其内容要超越专业范围,涉及更广泛的社会问题。在《霍勒斯的妥协》中,斯泽尔的同名文章颇有见地地描述了英语教师霍勒斯·史密斯(Horace Smith)为了提高教学效率而在教学质量上进行的妥协,这也是许多教师迫不得已要做的无奈之举。[45]

在对这些作品进行的最为广泛的学校调查研究中,古德拉德的《在一个名为学校的地方》发现,只有75%的上课时间专门用于教学,绝大多数的教学是以教师授课的方式进行的,学生在学习上几乎不能做任何决定。考试和测验强调的是具体化的回忆以及狭隘的机械技能。进度跟踪或能力分组的实践表明,能力强的那些小组接受过丰富的课程,而能力差的那些小组主要的学习方式是反复训练和死记硬背。对能力混合小组的教学与对能力强的小组的教学是相似的。古德拉德呼吁对教育体系进行重组,鼓励学生积极参与,提供更多的个人关注,采用更多种类的教学方法来改进教学法。[46]

总体而言,国家教育委员会的报告及其姊妹报告提出了一个全面的学校教育议程。这些报告随着回归本源运动相继出版,提倡用更多的传统教育来促进人力资本的发展。这是一个新的应社会效率要求而产生的教育版本,背离了进步主义的愿景,象征着向潜在的教育救赎力量迈进中的又一次退步。而且,要求改革的呼声不再是空洞的说辞,而是反映了时代的焦虑和愿望,勾画出了一个美好的未来图景。19世纪90年代、20世纪50年代和80年代是保守时期,主要方针政策集中表现在把希望寄托在人才身上,希望他们能超越俄罗斯人或日本人,要求学校更加注重基础和学科,关注课程缺乏连贯和学生缺乏礼仪的现象。20世纪30年代、20世纪60年代和70年代初是比较自由的时期,政府方针政策的重点转向为弱势群体谋求公平待遇、拓宽学校的功能、提高教学的灵活性和创新性。从长远来看,公平和卓越等竞争价值观经常处于紧张状态,而学校则继续以传统方式经营管理,只是随着时间的推移而发生着缓慢的变化。[47]最终,国家教育委员会、政府的支持，以及一系列深化主题的报道为推行长期的"卓越"运动改革奠定了坚实的基础。

批评者

虽然委员会的意图可能是要传达这样一个信息，即"忽视学校教育相当于把国家的福祉置于危机之中"，委员会的目标可能是要唤醒逐渐被平庸蚕食的学校并使其向卓越过渡，然而，许多教育家们却对这些报道提出了质疑。[48]"如果这个国家确实有如这些报告中描述的参数所表现出的教育危机，那么这一定是商界和政界领导人共同制造的危机。"

批评者们反应各异。历史学家劳伦斯·克雷明（Lawrence Cremin）对《国家风险报告》的重要前提，即"我们国家在国际经济竞争中的下滑应该归咎于学校"做出了慎重回应，他写道：

"美国与日本和其他国家的经济竞争力在很大程度上是因为货币、贸易和工业政策作怪，同时也受到美国总统、国会、联邦储备委员会、联邦财政部、商业和劳工部门共同决策的影响。因此，认为教育改革，特别是单纯的学校教育改革，就可以解决国际竞争力问题，不仅仅是乌托邦式的千年主义者，往好了说，是一种愚蠢的态度，往坏了说，是一种愚笨的行为，是那些真正该为竞争力负责的人为自己开脱的行为，目的是想转移注意力，把责任推在学校头上。这是美国教育史上反复使用的一种惯用伎俩。"[49]

还有其他一些批评者也不接受我们学校正在"沦陷"的前提。这些批评者对报告中使用的数据进行了辩驳，质疑报告所提出的建议。第二组批评者认为，首要问题是现行教育体制缺乏平等机会，这一现象只有通过更公平的资金筹措和学校财政改革才能得到改善。第三组批评者们则不同意把重点放在"回归本源"和传统教学上，他们呼吁要培养学生成为批判性思维者。

报告问世后，来自威斯康星州麦迪逊市的政策分析师劳伦斯·C. 斯特曼（Lawrence C. Stedman）和马歇尔·S. 史密斯（Marshall S. Smith）马上写了一篇文章，文章对报告进行了算得上最全面的一次分析，但同时也给出了最刻薄的批评。他们在文章中指出，这些报告包含的"论据较少，数据较差，并且提出的建议也过于简单化"，简直就是政治文件，况且里面只是提出了一些有争议的论点，而没有提供合理的、有据可查的案例。斯泰曼和史密斯认为，总的来说，这些报告显然倾向于把学校肤浅地视为培养人力资本和帮助美国重新获得世界市场支配地位的工具。委员会的每份报告都把包含对学校的鲁莽指责，把美国公共教育系统变成了替罪羊。报告中的论点是以错误前提为中心的，以一些不准确、不完整并有误导性的数据为基础。[50] 例如，斯特曼和史密斯写道，年轻人的文盲问题主要集中在穷人和少数民族特别是男性人口上，然而，报告并没有提到这个事实。他们指责报告列出的国际比较是非常混乱的，因为拿美国的开放体制与其他国家的选择性体制进行比较本质上就是有缺陷的。他们还写道，SAT 分数的下降很大程度上是因为有更多的受过大学教育的毕业生参加考试，而且这些应试者中很多人有着较差的社会经济背景。他们认为，我们的教育体系严重下滑的迹象并不明显，而委员会却用

> 一些站不住脚的论点和数据来证明教育情况糟糕。考试成绩的下降，国际比较以及高科技就业的增长都不是需要改革的明确理由。这一报告忽视背景报告，数据处理粗略，使其进一步失去了可信度。特别是，委员会提出建议过于简单化，没有考虑到其后果。[51]

另一个评论家丹尼尔·坦纳（Daniel Tanner）则认为，委员会表现出"对自由社会的普通教育功能严重缺乏了解"。[52] 另外，还有其他一些人基于不同的原因对委员会报告进行了批评。《财富》杂志有篇文章控诉道，国家教育委员会没有解决"美国教育效率低下的制度原因：垄断"，即公共教育上的虚拟垄断。[53]

如果考虑到国家教育委员会的构成成分，也许就可以理解他们的研

究成果了。该委员会主要由大学和K—12学校的行政人员以及学校董事会成员组成。委员会一共有18名委任成员，这些人就占了11个名额。另外，委员会里面还包括一名前任州长、一名商界领袖和一名公立学校教师。最有名的委员也许是当时的加州大学校长当选人大卫·P.加德纳（David P. Gardner），以及著名的新保守主义批评家、耶鲁大学校长A.巴特利特·贾马蒂（A. Bartlett Giamatti）。值得注意的是委员会成员没有一位是教育领域的学术专家。还有重要的一点也别忘了，这些人可都是与白宫人员谈判过的政治任命者。不管怎样，委员会的组成并没有包括来自各个选区的充分代表，而这些人决定着学校政策，最能影响到课堂教师。

总的来说，批评者的声音对美国公众影响不大。最有见地、最渊博的评论家们撰写的文章大多数出现在几乎不能引起公众关注的学术期刊和书籍中。而且，大多数美国人都接受了报告的大前提，即美国的国际经济竞争下滑是真实的，学校应该受到指责，而且需要改进。尽管在教育方面有一系列的选择，但是"回归本源"的论点以及强调制定更高的标准和更严格的问责措施似乎是一种合适的解决办法。然而，还是有不少市民质疑学校改革的新方向。

对教育表示关切的一些公民写信回应这些报告，甚至里根政府还收到了一些公民写的回应国家教育委员会报告的来信。有很多函件表示支持这份报告和新的教育议程。其中一封信是范德比尔特大学的切斯特·芬（Chester Finn）寄来的，他表示希望总统能放弃关于学费税收抵免和学校祷告的问题，而是邀请严肃认真的教育工作者过来一起探讨如何改善公立学校……将它视为自己要解决的问题！[54]

另一封由全国家长教师协会（PTA）主席写的信则表达了支持与批评各自参半的想法：我们感到非常高兴，因为美国总统办公室的权力没有凌驾于为国家的公立学校提供优质和卓越的举动之上。然而，信中附有全国家长教师协会小册子的副本——《看看你的学校：改善公立教育的工作手册》，序言中指出，全国家长教师协会认为"对公立学校的指控大部分都是毫无根据的""公立教育是强健的""大多数公立学校都在为我国青年提供优质教育"。尽管如此，作者承认，这可能是巩固优势和改善公共教育薄弱环节的一个大好时机。[55] 此外，还有一些作者也对报告持批评态度，他们反驳报告说，"公立学校确实是非常重要，而且……我们大多数人都做得很出色。"[56]

众议院民主党人中有 21 位是前教师和学校行政人员，他们集体写信给总统，表达了对公共教育完整性的关切。签名的人包括比尔·理查森（Bill Richardson）、杰拉尔丁·费拉罗（Geraldine Ferraro）、林迪·博格斯（Lindy Boggs）和卡尔·D. 鲍金斯（Carl D. Perkins），他们在信中写道，"不幸的是，你好像是在利用这个机会，利用我们孩子的教育，为你 1984 年竞选的党派政治问题大做文章……你最近的虚假声明和对教育问题的过于简单的概括已经起了威胁作用，破坏了公众对教育工作者和学校的信心"。[57]

关于教育改善的问题，有一份来自美国行为精神病学协会理事们的反差立场声明引起了人们的广泛关注。成立于 1924 年的美国行为精神病学协会是最早在精神卫生领域建立的专业的、教育的、跨学科的会员组织。这份声明之所以能引起广泛关注，是因为它牵涉到好几位教育方面的重要学者，如西摩·萨拉森（Seymour Sarason）、玛克辛·格林（Maxine Greene）、萨拉·劳伦斯·莱特福特（Sara Lawrence Lightfoot）和詹姆斯·P. 科默（James P. Comer）。这份即使使用双倍行距打印也才短短五页纸的声明名为《十字路口的教育：呼吁教育改革有所作为》，作者写道，教育改革为公众提供了"一次重要的机会，让大家可以澄清问题，提出问题，揭露神话，朝新的方向前进。我们是会利用这个机会，还是会再次忘记过去，重进无用的轮回，欺骗世世代代呢？"报告还说：

事实上，1957 年苏联发射第一颗人造卫星后，今天所建议的大部分内容当时就已经表达出来了。但是今天的讨论尤其值得大家注意，因为在过去的 25 年里发生的事情以及一些前因后果都像是人们完全失忆的一部分。人们通常用简单的方式将这些问题提出来讨论。即使对一些复杂的问题也往往只是给予了一些简单的答案……我们要做的就是奖励一些优秀的（没有定义优秀）教师、提高期望水平、坚持标准

(没有定义标准)，在课程或组织中做出某些特定的变化，达到所有可取的目标。然而，出于好意，今天这样的回应跟以前一样，都不见得会起到什么作用。[58]

不幸的是，对改革的言论这一深思熟虑的回应却几乎没有引起多大的关注。

后续活动

为了推动全国教育委员会改革议程的进行，教育部门计划从1984年6月开始直到10月，在10个教育部划定的教区内，包括从缅因州到加利福尼亚州的各个城市，举办了一系列区域论坛。受邀者包括高中校长、理事会、学校董事会、州长、州和立法领导人、媒体、私营部门，包括来自商业、工业和基金会的代表们。典型的会议模式是安排一位政府官员就"卓越需求"进行主题演讲，随后(四五个)委员会成员对研究结果进行报告。演讲结束后，会有一些答复、评论、小组讨论和针对计划实施的想法交流。[59]

1984年5月，美国教育部发布《国家的回应：最近为改善教育所做的努力》，详细列出了各州为改善教育所做的努力，并附有一个总结活动的图表。文中指出，1983年，"公众对国家未来的深度关切引发了一场大规模的学校改革狂潮，教育有望焕然一新。"这个后续报告描述了一大批致力于改革的团体，其中包括专业教育者、各州州长、企业领导人以及公众，围绕着"卓越的道德规范"，群英荟萃。在公众反应方面，民意调查的结果显示，大家广泛认可的一点是，由于公共教育受到侵蚀，我们民族的未来受到威胁，教育问题已经一跃变成国家议程的前沿。商会的工商界领袖，全州商业圆桌会议和地方商业组织也率先推动企业财政捐款，大力支持教育改革。

《国家的回应》描述的是学校为改革所作的全面努力，涉及多种倡议，如绩效薪酬、杰出成果奖励、职业阶梯、新教师准备计划、修订毕业要求、提高大学录取要求、延长教学日期，以及新的课外及体育政策。另外，作者指出，目前48个州正在考虑采用"高中毕业新要求"；21个州出台了改进教科书和教材的倡议；8个州已批准延长学校教学日期；7个州已批准延长教学学年；18个州已设立影响授课时间的授权；24个州正在考虑高级教师职称或职业阶梯方案；13个州已计划改变课外及体育方案的学术要求；5个州已经采取了更为严格的标准。[60] 总而言之，这份报告描述了举国上下对新的卓越改革议程的一致拥护，在各类学校实施倡议的情形。值得注意的是，国家和地方的改革进展才是重点，联邦政府参与执行活动并不是主要关注的焦点。

联邦政府继续推动改革的主要方式之一是通过学校认可计划。在国家教育委员会报告之后的几年里，教育部定期举办一些活动来认可某些优秀的学校，活动经常伴随总统出席和颁发证书。美国教育部继续支持改革的另一种方式是支持企业和学校的教育伙伴关系（PIE）。一本描述教育伙伴关系的小册子鼓励一个企业选择一所学校，两者形成独特而广泛的伙伴关系，这样一来，企业可以分享专业知识，指导学生在咨询委员会服务，在数学、计算机、电子等领域建立课外俱乐部，设立奖学金基金，捐赠多余物资和设备，颁发杰出成果奖，并从事各种各样的其他活动，支持学生掌握基本技能，支持卓越教育。[61] 该方案开始于1983年10月13日，由于这是一个自愿的公私合作倡议，不需要联邦参与，所以第一时间赢得了里根政府的支持。[62]

里根政府强调降低成本和减少联邦政府控制的举措，表现在对格雷斯委员会的任命上，也即由企业管理人员和一家领先的经济预测公司进行的"总统私有部门成本控制调查"。1984年1月12日，J. 彼得·格雷斯（J. Peter Grace）向里根总统递交了一封信，详细介绍了委员会的调查结果及修改建议，根据总统的指示，对联邦政府的浪费和滥用进行鉴定并采取补救措施。该文件预计，假如联邦政府的支出不能发生根本性的变化，那么到2000年将会出现13万亿美元的大规模赤字。文件列出了2478个削减成本和增加收入的建议，可以在不增加税收，不削弱美国所需要的国防建设，不以任何方式伤害必要的社会福利的情况下实施。在审查教育部时，他们发现了一些问题，如组织结构完全无必要的复杂、人力资源利用效率不高、财政管理不善。格雷斯委员会建议对教育部进行重大改革和重组,根据政府行政政策的总体方向,加强教育部与各州的责任分担。[63]

商业和政府

尽管一些观察家认为商业界对教育卓越改革的呼声"反应迟缓",但一些强有力的证据表明,为了建立学校教育的公司议程,越来越多的企业持续稳定地参与了教育改革。[64]企业深度参与当时的教育问题,只是还没有活跃在教育改革的前沿,其主导作用将随着时间逐渐发展。20世纪80年代初出现了一系列有商业组织印迹的报道,如1983年出版的国家教育委员会的《卓越行动》,阐明了一种以商业驱动的改革方法。1965年成立的国家教育委员会是由知名商界和行业领导人与州长、立法机构和行政领导人合作,由大公司担保的州际契约,旨在帮助州立政治及教育领导人共同提高教育质量。由特拉华州州长皮埃尔·S.杜邦(Pierre S. du Pont)负责的全国经济增长教育专项组主要的职责是协助国家教育革新的建议能落到实处,确保各州和地方层面改革的实施。这份报告呼吁各个领域的领导人共同联手,协助实施近几个月来的诸多良好建议。[65]

1983年5月16日,另一份从商业角度写的名为《美国的竞争挑战:需要国家的回应》的报告发布。该报告由商业高等教育论坛(BHEF)编写,集中讨论了美国的产业竞争力问题。编写报告的专责小组由罗克韦尔国际首席执行官兼商业高等教育论坛主席的R.安德森(R. Anderson)和加州大学校长大卫·萨克逊(David Saxon)担任联席主席,这反映了商业高等教育论坛的总体构成。1983年5月26日,该小组会见了总统,向总统介绍了它的研究成果。报告的中心结论是,美国人必须认识到,我们国家的社会和经济福利取决于我们的产业在全球范围内的竞争优势,我们社会各个部门要共同分担责任。该报告主张通过政府、企业、劳工和教育等各个部门的协调努力,把竞争力建立在国家的工业实力上。[66]来自商界的其他报道也跟这些观点相呼应,呼吁如果美国要在世界经济中保持竞争力,就必须改善学校的状况。

经济发展委员会

当时伙伴关系仍然是一个热门的话题,但在20世纪80年代,重点开始发生转移,越来越多的报告呼吁要加强商业参与度。1985年,经济发展委员会(CED)的研究政策委员会撰写了一份重要报告,名为《给我们的子女投资:商业和公立学校》。[67]这份报告是一个为期三年的研究成果,斥资一百万美元,里面详细介绍了改善教育、升级课程和标准、重新调配教育资金以及提高教师队伍质量的综合战略。这是经济发展委员会一系列报告中的第一篇,谈到采用商业方法有助于将改革从卓越行动转变为责任制。这个想法得到了一些慈善基金会和大公司的资助,其中包括皮尤自由信托基金会、埃克森、福特、宝洁公司等。[68]

由美国企业研究所(AEI)的丹尼斯·多伊尔(Denis Doyle)指导完成的《给我们的子女投资》,强调实施《国家风险报告》提出的四项基本原则,得到了里根政府和教育部长威廉姆·班尼特(William Bennett)的大力支持。[69]也得到了一些知名的商业集团、主要的教师工会、几个大学校长和其他著名的教育领导人的赞同,此外,还获得了一些资金资助,用来支持教师、行政人员和其他教育团体参加七个区域性会议。它强调"自下而上改善学校,如从地方级控制和地方级改善做起",此外,它还把品德教育、良好的工作习惯和英语的流利性放在"经济生产生活"的优先位置上。它号召对地方和州一级的教师和弱势群体给与更多的资金资助,呼吁商业界参与"帮助学校改善管理实践,帮助学生做好就业准备"。[70]

这份报告倡导制定一个自下而上的策略,把重点放在"个别学校、课堂及师生互动"上。它号召能将知识、技能以及良好的工作习惯融为一体的课程。此外,它还鼓励"自律、可靠和毅力"的政策和做法。[71]它还支持更严格的标准和学生表现评估方式,强调开发每一个学生的强大的学术技能,并将职业教育重新定义为仅限于"专门设计"一些方案准备"让学生一毕业就能进入一个工作领域"。报告的调查结果和建议与先前的许多报告相呼应,只是在此基础上增加了一些值得注意的"必要条件",其重要性将逐渐显现出来,包括呼吁:

- 更加信任"个别学校的倡议"。
- "各州应避免过度监管……但应制定标准，监督成果，并在学校不履行义务时进行干预"。
- "需要一个支持公立学校的新联盟——一个将商业、劳工和公民领袖与家长、教育者和学校董事会联合起来的联盟"。
- 更加重视"教育研究与发展及其有效利用"。[72]

鉴于公司的投入力度和参与度，以及这份报告所提出的议程，可以说这是一个开创性的报告，为学校责任制改革奠定了基础。它敦促继续加强企业与个别学校的商业伙伴关系，发挥企业在帮助制定教育政策方面的更大作用。到了 20 世纪 80 年代中期，经济发展委员会自称为"商业 - 学术合作伙伴关系"，开始出台一些研究和政策方案，支持有利于商业发展的政策，为维护和加强自由社会，获得经济稳步增长做出贡献……而且通过"自由企业资本主义制度的成功运作"来"提高所有人的生活质量"。[73] 经济发展委员会关于学校教育的报告与其 1984 年的"美国工业竞争力战略"密切相关，其中重点是利用教育对人力资本进行投资，"为个人提供技能"，以适应未来的劳动力市场。[74] 而且，委员会从 1942 年成立后，长期以来一直参与重大经济和社会问题的政策研究，其重要使命是实现"经济增长……提高生产力……改善所有人的生活质量"。[75]

1986 年，在华盛顿特区举行的会议上，政府间教育咨询委员会还发表了题为"为 20 世纪 90 年代进行劳动力教育"的报告。这次会议侧重于在职培训和再培训，抓住了当时的许多主流思想，即"工作培训应从幼儿园开始，作为一个终身的过程……培养个人成功参与劳动力所需的文化和就业技能"。[76]

州长峰会

全国州长协会（NGA）1986 年的报告《胜利时刻：1991 年州长教育报告（1986 年版）》概括了改革方向上形成共识的很多重要内容，其中包括强调劳动力的准备工作。这份报告于 1986 年问世，却被命名为《1991 年州长报告》，这是因为它要"展望未来五年"，尽管改革将需要"比这更长的时间"。1985 年 8 月，全国州长协会组成了七个专项工作组，旨在深入审查教育中的关键问题。这项工作主要由当时已经成为学校改革领导人的几位州长主持完成，其中专项工作组的组长是来自田纳西州的拉马尔·亚历山大，此外还有阿肯色州的克林顿和新泽西州的汤姆·基恩，他们是联合组长。在总结中，亚历山大开门见山，为此举提供了一个理性思考："更好的学校意味着更好的工作。除非全国所有州都面临这些问题，否则美国人不会持续保持高水准的生活。为了迎接世界各地劳动力的激烈竞争带来的挑战，我们必须前所未有地教育好我们自己和我们的孩子们。"

对州主导的改革，他们的建议如下：

- 现在是制定一个公平的、可承受的职业阶梯薪金制度的时候了，要区分教师在职责、能力和表现上的真正差异。
- 各州应为学校领导制定领导方案。
- 家长在其子女上学的公立学校中应该有更多的选择。
- 国家、州和学区需要制定出更好的成绩单，统计学生成绩，学到的知识和能做的事情。
- 不符合标准的学区和学校应该宣布破产，由相应的州接管并重组。[77]

此外，报告还呼吁改善幼儿教育，更好地利用科技，更严格地评估学生在大学学习的内容。报告还承诺，如果"学校和学区能取得更好的成绩，那就可以放松对它们的监管力度"。这些主题成了责任制改革运动的关键要素，特别是某些形式的职业阶梯或教师绩效工资、公立学校的选择、对结果的问责、学校或学区面临宣告"破产"的威胁等。州长峰会不仅对州和地方改革提出了强有力的建议，而且还在巩固责任制方面也做出了重大的贡献。[78]

美国立法交流委员会

1973年，一些相信有限政府、自由市场原则和联邦制的少数保守派州议员组成了美国立法交流委员会（ALEC），该委员会也是一个对各州教育改革产生深远影响的组织，其创始成员包括来自美国传统基金会的保罗·韦里希（Paul Werrich）。20世纪80年代中期，也就是《国家风险报告》发布后，立法交流委员会出版了《教育资源读本：州立法委员会改革指南（1985年）》，认真参与到学校改革中来。这本资源书里面提供了十几种州立的法规模式，旨在实施公共资金和税收资金的大规模转移，用来支持和鼓励私立教育。实际上，这是一个将公共资金用于私立教育的右翼计划。从20世纪80年代中期开始，该委员会和其他一些类似团体，包括州立政策网络和州政府事务委员会，力图创立一个"水滴回声室"，在各个州游说，进行法规变革，成功提出新的右翼教育议程，从而对学校改革产生重大影响。[79]

根据文献记录，立法交流委员会"致力于限制政府的过度发展和权力过多"，成立的宗旨是"支持和维护个人自由、美国基本价值观和制度、生产性自由企业、私有财产权和有限的代表性政府"。[80]该委员会是企业游说行动中的一个重要的州际改革机构，旨在使美国制度更加市场化和公司友好化。[81]由奥林基金会资助的立法交流委员会的教育资源读本包括家长选择的立法模型，其内容涵盖了学费税收抵免和学券、教师可选认证和优秀报酬、"学生进步"绩点、学校纪律，以及采用标准化考试制度的私立学校责任制。它还包括一个"公民教育决议"，内容涉及促进道德和品格教育以及反对"价值澄清"的板块。

20世纪70年代以来，该委员会取得了令人瞩目的成就，在多个领域成功影响到了政府的政策，总体上推动了放松管制政策和市场机制的使用。在教育改革方面，其关键作用在于让一个又一个州通过立法来促进各州采用选择、私有化、标准、考试，以及由科赫兄弟（Charles and David Koch）以及其他有钱的捐助者资助的强大责任制。[82]

"右翼极端主义分子"

特雷尔·贝尔在1986年3月的《卡潘》（Phi Delta Kappa）杂志上发表的一篇文章中详细描述了他在里根政府任职期间与"右翼极端主义分子"的斗争，文中隐晦地表示他前脚刚走，这些人就已经完全接管了他的职位。根据贝尔在文中的描述，总统任职之初时就想到的六个主要教育目标包括：减少联邦在教育方面的支出；加强州和地方对教育的管控，大幅降低联邦对教育的责任；维持有限的联邦角色来"加强"对州的控制；扩大自由市场体系下新兴结构中学生的选择和竞争；减少教育中的司法活动；取缔教育部，新成立一个不太重要的机构。[83]

在贝尔任职期间，极右派所推进的思想影响深远，甚至远远超出了总统的最初目标，如挑战公共教育必要性的思想。批评家们经常引用塞缪尔·布鲁门菲尔德（Samuel Blumenfeld）1982年的经典右翼文本《公共教育有必要吗？》中的如下内容：

> 公共教育是否有必要？答案很明显，以前不需要，现在肯定也不需要的。学校的存在是必要的，但跟以往不同的是今天的学校可以由自由企业来创造。以前在教育上，公立学校运动也有过欺诈性的州垄断。教育与其他产品和服务所面临的市场竞争力是相同的，而我们应该预见一个总体成本要低得多的更好的教育。我们不应该以改革世界的"愚昧无知"为目标，而应该让学校能够履行设立初期的那些有限而实际的功能。[84]

贝尔的观点与这种观点相悖，同时也和里根总统降级教育部的愿望相违背，他的目的是"保持联邦一贯以来在教育中的角色"。因此，在联邦教育角色上的激烈辩论"造就了一个充满恶意的工作氛围"。尽管如此，贝尔下定决心做一个"积极自信的内阁成员"，保留联邦在教育中的重大角色。政府内外的运动保守派把里根当选作为革命的开始，"他们的每一次政治行动都是以激进的反政府教条为指导的"。真正的运动保守派认为，联邦一分钱都不应该花在教育上……（应该废除）任何形式的联邦责任。极端右派的一些人认为应该结束州和地方对学校的支持，理由是"学区是由政府操纵的垄断者……应该让市场向消费者提供教育……只有穷人才应该接受任何教育相关的财政援助"。"让自由企业制度来提供教育，让企业家来建立学校，争夺市场。市场自然会管控和淘汰低效存在。"[85]

贝尔任期末，《国家风险报告》的广为流传意味着解散教育部的企图，以及大幅度削减联邦在教育方面的作用都没有取得什么成效。教育改革已经列上国家议事日程，州长们迫切要求州立法机关进行改革。一时之间，总统频频出现在教改的讲台上。贝尔写道："已经错过了削减教育的有利时机。"

直至1985年，这份报告以及对教育改革的广泛呼吁，促使州长和立法者们向州立法机关和州立教育委员会提出了改革建议。这一连串的活动导致40多个州的毕业要求变得更为严格；33个州学生毕业或升学使用标准化考试；近半数州立法更新了教师认证要求。大多数州还规定了更长的每日学习时间或学年时间，甚至立法规定要普及计算机使用。[86]卓越运动由此开始彰显其影响力。

领导人的变化

1985年，里根以96.7%的选票获得连任，紧接着，威廉姆·班尼特上任成为教育部长，这无疑令政府内的"右派极端分子"感到极度兴奋。前哲学教授班尼特，又被称作一个"运动保守派"，他无疑是有史以来最有派头、最具争议的教育部长之一。作为里根政府智囊团的新保守主义者之一，他成了里根革命的关键人物。上任后，班尼特又任命另一个极化人物切斯特·芬担任研究与改进部门的助理秘书，试图通过标准化考试这一举措引起公众对学术成就的重视。班尼特和切斯特·芬一起引用了无数研究来证明在公立学校上大把花钱其实不会对改革结果产生大的促进作用。[87]

班尼特曾担任国家人文科学基金会（NEH）主席，是保守派内众所周知的人物，他承诺将向着保守派所支持的方向发展里根政府的议程。班尼特认为，这个国家一直有着强大的传统，此外，还拥有各级教育均严重忽视的遗产。[88] 他走遍全国各地，四处强调公共教育所处的状态不佳，强调改革迫在眉睫。[89]

班尼特接受任命后不久，立刻发表了一份备忘录，声明会在里根总统第二个任期内，把学校教育的领导重点放在三个以"C"开头的词上，即选择（choice）、内容（content）和品格（character）。他解释道，"选择"意味着通过学费税收抵免、学券或其他市场选择，给予家长更大的能力去选择学校和教育服务；"内容"是指"主题、教学和教师"，重点是牢固的主题知识；"品格"包括学校纪律，禁毒举措，恢复学校"秩序感"，学习"基本是非"。此外，这份备忘录还包括对学校祷告的支持和第四个"C"——"国家"（country）。班尼特补充道，学校必须是"美国年轻人学习本国所有善恶的地方"，通过学校，让年轻人成为"欣赏"美国民主实验的善意批评家，以及成为一股"力图破坏它的力量"。[90] 后来，班尼特写道，里根政府抓住了（教育）问题，把重点放在真正重要的问题上：标准、卓越、纪律、价值观、家长参与、选择。他还支持学校祷告和在学校建立宗教场所，并呼吁消除"价值中立"。[91]

什么在发挥作用？

在班尼特的领导下，教育部发表的第一个重要出版物是 1986 年 1 月的报告——《什么在起作用：教学研究》。这份报告实质上是《国家风险报告》的后续文本，它强调了标准、卓越、常识、家长参与及选择等基本主题。1985 年 6 月，切斯特·芬加入美国教育部任职研究与改进部助理秘书，编写此书是交给他的第一份任务。切斯特·芬以前担任过尼克松总统教育政策见习顾问，是丹尼尔·帕特里克·莫伊尼（Daniel Patrick Moynihan）的前助手，与历史学家黛安·拉维奇（Diane Ravitch）共同创办了卓越教育网络（EEN），为里根教育议程出谋划策，是卓越改革的主要知识分子倡导者之一。[92]

《什么在起作用：教学研究》关注标准、纪律、家长参与、选择，从

"有效学校"研究对主题进行了简要概述。这份报告分成几个章节概述了在家里、在教室和在学校里的教与学的研究情况。研究教室里教与学的这个章节强调重视阅读、写作和数学的基础知识教学。其他一些章节则支持拼读法、直接教学、记忆价值以及所有保守和新保守主义的管刑柱。有一个章节强调"有效学校"的研究性、纪律性和严谨性。还有一个章节侧重于"文化常识",强调知识的获取,支持传统的教与学。该报告有一章节专门研究历史课的教学,指出:历史课程的简单要求和选课人数的下降导致学生对"历史事件"的了解越来越少。这一主题与黛安·拉维奇(Diane Ravitch)等传统历史复兴的倡导者们提出的观点互相呼应。[93]

根据一位白宫工作人员的备忘录,《什么在起作用:教学研究》"与教育部第一次出版的报告根本不在一个水平上"。[94] 然而,里根政府和美国教育部认为,它里面提供的简洁研究概况对推动卓越运动有着非常重要的意义。截止1986年夏末,《什么在起作用:教学研究》已有超过30万份在流通。

然而,《什么在起作用:教学研究》也受到了许多教育工作者的批评。1986年,在美国教育研究协会(AERA)年会上,威廉姆·班尼特试图在广泛怀有敌对情绪的观众面前推广这本小册子。一些教育工作者指责这份报告的"研究成果"过于简单,怀有偏见。很明显,它旨在支持卓越议程和在学校推行保守主义复兴。据一位评论家称,其内容代表的是"保守的政治哲学的观点,而不是就哪些研究成果会改善教学达成的学术共识"。这位评论家得出的结论是,这不是对研究结果的综述和总结,而是一份政治文件,企图用"现代仪式""寻求里根政府政策的合法化"。[95] 美国教育部的保守派工作人员也以其他方式为保守主义事业提供了言论上的领导,他们甚至攻击全球教育(他们称之为"全球经济""伤感的同一世界主义"教育)、性教育和其他自由主义教育项目,支持传统历史和"贞操教育"。[96]

人力资本理论

在里根第二届任期中期,采用人力资本方式对劳动者进行教育变得越来越固化。跨部门的"人力资本工作小组"成立，里面包括劳工部和教育部的代表，切斯特·芬也是其中的一员。到20世纪80年代中期，推动改革的几个构想包括人力资本理论、回归基础运动、卓越行动，以及认为不大幅度增加资金仍可以进行改革的观念，其中人力资本理论占据着核心的位置。许多经济学家和教育家普遍认为，人力资本理论是指能力、知识和社会和个人属性的储备，包括体现在劳动能力上的创造力。许多理论家明确将人力资本与教育和经济发展联系在一起，或将其作为政府补贴教育或职业培训的理由。这个概念可以追溯到亚当·斯密所说的"获得的有用的能力"，他认为人力资本作为"固定和可实现的资本"，对构成部分个人和社会"财富"的"工人提高的灵活性"有促进作用。[97]在20世纪50年代和60年代，经济学家和其他社会科学家，包括教育行政管理人员广泛地使用了这个概念。[98]

芝加哥经济学派认为人力资本与工厂和机器等"物质生产资料"类似：人力资本可以用来投资，人力资本的产出部分取决于人力资本的回报率。因此，人力资本被看作是一种生产资料，额外的投资会产生额外的产出。所以，对个人教育和培训的投资与对设备的商业投资相似。[99]然而，与此观点相反，批判理论家则认为，教育通过增加人力资本不是导致工资提高了，而是导致工人在企业环境中更加合规可靠，导致把儿童当作商品来对待。在这个观点上，人力资本理论会误导教育政策分析，因为它忽视了社会阶层等级、精英霸权和资本主义文化的再生产。[100]

在人力资本工作组的信函中可以找到有关政府教育计划的证据。1985年，詹姆斯·贝克（James Baker）写给人力资本工作组的一份备忘录表明当时政府在讨论"工人发展凭证"以及以更多传统方法和提高K—12学校标准为重点的新"工作场所教育"等计划。[101] 1986年，在切斯特·芬写的一篇冗长备忘录中，建议用"白宫讲坛"来"建构问题，塑造全国范围的教育谈话……强调推动教育制度的思想"。切斯特·芬列出的七个目标与卓越运动目标相同：动用"有效学校"研究；协助州长实施《取得成就的时刻到了》；鼓励"品德教育，灌输自律，积极态度，职业道德"的传统价值观；避免"价值澄清"等方法"使学生感到困惑，削弱学生在家学习是非曲直等标准";并支持增加"数据收集,评估和研究"。[102]

切斯特·芬提出的这几点成了当时新兴的问责运动的核心要素:"有效的学校"研究在构建学校教育知识方面的重要作用;州政府在实行改革中的关键作用;明确把人力资本开发作为学校教育的核心理念;含蓄地回归传统教学,明确认可品德教育,强调"传统"价值观;前所未有地重视标准化考试和可测试的成绩。他对"价值澄清"的批判同样值得注意,"价值澄清"体现的是 20 世纪 60 年代反文化的精神和质疑态度。

使其发挥作用

1988 年 4 月,一份名为《美国教育:使其发挥作用》的新报告问世,标志着《国家风险报告》发布五周年,同时它也报告了卓越改革运动的最新进展。该报告说美国在恢复卓越教育方面取得了"不可否认的进展",声称国家"已经开始踏上回升合理水平的漫长征途",号召把整个教育体系的"问责"和"为成绩承担责任"作为"教育改革的关键",支持父母的"选择"。[103]

里根总统在报告发布仪式上致辞时强调了改革取得的诸多进展,包括"职业阶梯,绩效薪酬""重新强调质量和纪律——布置更多功课;关注更多基本技能;更加重视什么是有效的,也即更加重视成绩"。他对以前的情况感慨万分:"那时候金钱是衡量教育进步的唯一标准……联邦支出稳步上升,考试成绩持续下降,很多学校接受了当时的时尚——自由文化的时尚——对传统的标准非常鄙夷。"里根总统嘲讽地说:"这让我想起某人曾经说过的话:如果上帝是一个自由主义者,我们就不会有十条诫令——只会有十条建议。"[104]

其他政府部门发言人也研究了当天的议题,还向工作人员发放了背景文件。全国教育研究和改进咨询委员会(NACERI)的工作人员和委任人员在 1984—1988 年制定的政策文件读起来像是一本关于教育的保守观点的引文。针对私营部门在教育改革方面的倡议,卓越教育的内容、品德教育和选择,以及制定私有化的研究议程等还召开了非正式的记者招待会。有几篇论文批评了当时学校常见的进步主义做法，对价值澄清、双语教育和全国教育协会进行了谴责。[105]这些背景文件大部分都强调并帮助传播了教育方面的保守观点。

结论

尽管共和党致力于限制联邦在教育方面的作用，削减其对教育部和国家教育研究所的资金资助，联邦在教育方面发挥着更大的作用，教育政治国家化的趋势仍然存在。公众一致认为，学校处于"危机之中"，应该称学校改革为重中之重。1987年进行的一项民意调查显示，64%的受访者给公立学校打分时，等级为"C"或以下。另一项民意调查显示，到20世纪80年代后期，公众把教育视为联邦政府面临的重要问题，在卫生保健、国外竞争和国防等五大关键问题上排名第二，仅次于国债。与前十年相比，这是一个翻天覆地的变化。1987年进行的民意调查还表明公众强烈支持联邦在解决教育体制问题方面发挥作用。例如，84%的受访者认为，联邦政府应该要求州和地方的学校当局达到最低的国家标准；74%的受访者支持对公立学校的学生进行国家统一考试。[106]辩论议题从联邦在教育决策中的作用转向联邦发挥更大的作用以及支持更强有力的问责措施上来。

纵观历史，多数时期，联邦政府在K—12学校教育方面没有起直接的作用。大多数时期，政策制度都认为学校最好由州和地方当局管控，况且他们管控的表现也很好。20世纪60年代，公众对公民权利和贫困的担忧打破了这一平和的形象，1965年，随着《中小学教学法案》的发布，新的政策体系建立起来。作为20世纪60年代伟大社会和对贫穷开战的关键部分，《中小学教育法案》承诺用联邦资源维护公民权利和促进学校机会平等。总体而言，公众一致认为公立学校运作良好，但国家有责任为每名学生提供他们获得成功所需的平等机会和资源，因此需要联邦在教育方面发挥作用。[107]

20世纪70年代和80年代，越来越多的证据表明学生的成绩已经逐渐下滑，公共教育的普遍功能开始发生变化，不再自鸣得意。1980年，时代杂志封面报道说，"像一些大型的陪审团最后做出判决那样，政治家、教育家、特别是数百万父母逐渐不情愿地认识到：美国公立学校陷入了危险的困境。"[108]《国家风险报告》以及一系列与其调查结果类似的报告发布后，人们更加关注学校的状况以及国家在国际经济舞台上的竞争力。

里根政府时期推行支持选择与祈祷的保守议程，控制联邦政府在学校教育方面的作用，但其产生的影响有限。但是，在国家教育委员会的报告——《国家风险报告》和其他大量有关教育的报告和研究出现后，政府的努力造成媒体在很大程度上对教育进行了负面报道，从而增强了国家在学校改革中的领导作用。到了20世纪80年代中期，越来越明朗的是，对卓越和责任制改革设想的重视取代了以往对平等的教育机会的大力推行。在州长、商界领袖和游说者组成的联盟的支持下，新的政策制度以国家领导和各州应用为中心，以提高学术水平为改革重点。[109]尽管发生了这一转变，但是纵观整个20世纪80年代和90年代，自由派和保守派对联邦在教育上以改革为导向的角色继续持反对态度。在民主党人中，教师工会和许多教育工作者也反对责任制措施、严格的标准、考试和选择。另一方面，共和党人深受宗教保守派和各州维权人士的影响，这些人反对联邦在学校教育中扮演任何角色。[110]

里根总统任期结束时，"处于危机之中"的论点已经深入人心——大多数美国人都认同学校状况很差的观点。贝尔强调重视卓越这一主题是向公平目标迈进过程中的退步，这表明温和派和保守派现在正在就这些问题进行筹划。在贝尔任期内，里根政府联邦教育政策的总体方向得到了加强、深化，经过班尼特转向右倾。此外，政府还为企业参与学校改革奠定了坚实的基础，促进了企业与当地学区之间的伙伴关系，加强了企业与政府在制定教育政策方面的合作，政策制定的重点是发展人力资本。这项战略费用低廉，随着改革愿景与加强问责措施的需求日益融合，它似乎做出了重大的贡献。

但是，随着国家朝着全面接受公司改革议程的方向前进，人们持续不断地提出了一些令人困扰的问题。如：我们国家在国际经济竞争中真的"处于危机之中"吗？我们的学校真的像批评者和许多报告所暗示的那样"失败"吗？是否所有的学校都失败了，还是只有某一部分学校出现了问题？一些批评者们经过深思熟虑后提出的这些尖锐问题，在新的改革一开始就存在，随着改革进入第二阶段，这些问题仍然存在，并将会继续对改革造成困扰。

注释：

1. William Hayes, *Are We Still a Nation at Risk Two Decades Later?* (Lanham, MD Scarecrow Education, 2004)1–6.
2. Republican Party, "Republican Party Platform, July 15, 1980." in John L Moore, Ed., *Historic Documents of 1980* (Washington, DC: Congressional Quarterly, 1981)583–584.
3. Ronald Reagan, Inaugural Address, January 20, 1981, APP.
4. Douglas Brinkley, Ed., *The Reagan Diaries, Volume 1* (New York: Harper, 2009), 68.
5. New York State Education Department (NYSED), *Federal Education Policy and the States, 1945–2009:A Brief Synopsis* (Albany: New York State Archives, 2006, revised 2009).
6. Milbrey W. Mclaughlin, "States and the New Federalism," *HER* 52, no.4 (Winter 1982):4.
7. Maurice R. Berube, *American Presidents and Education*(New York: Greenwood Press, 1991).
8. Lou Cannon, *Reagan* (New York: Putnam, 1982);Terrl H. Bell, *The Thirteenth Man: A Reagan Cabinet Memoir* (New York: Free Press, 1988), 36.
9. Catherine A. Lugg, *For God and Country: Conservatism and American School Policy (*New York: Peter Lang, 1996), 63.
10. Brinkley, *Reagan Diaries*; Heritage Foundation, *Mandate for Leadership* (Washington, DC: Heritage Foundation, 1980).
11. Patrick J. McGuinn, *No Child Left Behind and the Transformation of Federal Education Policy, 1965–2005* (Lawrence: University of Kansas Press, 2006).
12. Bell, *Thirteenth Man*, 110–115.
13. Bell to Craig L. Fuller, July 6, 1981, "National Commission on Excellence in Education" folder, Box 126, Bell Papers; Bell, *Thirteenth Man*, 116.
14. Bell to Craig L. Fuller, July 6, 1981, "National Commission on Excellence in Education" folder, Box 126, Bell Papers.
15. Bell, *Thirteenth Man*, 116.
16. Donald J. Senese to Bell, June 22, 1981, "National Commission on Excellence in Education" folder, Bell Papers.
17. Bell, *Thirteenth Man*, 116–119.

18. David P. Gardner, *Earning My Degree: Memoirs of an American University President* (Berkeley: University of California Press, 2005).
19. National Commission on Excellence in Education, *A Nation at Risk: The Imperative for Educational Reform* (Washington, DC: U.S. Department of Education, 1983).
20. Bell, *Thirteenth Man*, 119.
21. Bell to NCE, November 4, 1981, "President Reagan's Remarks to Commission on October 9, 1981," "National Commission—At Risk—Correspondence" folder, Box 126, Bell Papers.
22. Brinkley, Reagan Diaries, 73.
23. Gardner, *Earning My Degree*, 117.
24. NCE, *Nation at Risk* and *A Nation at Risk: The Full Story* (Washington, DC: DOE, 1984).
25. *Nation at Risk,* Appendix B, 1–2.
26. Gardner, *Earning My Degree*.
27. Glenn T. Seaborg, *Adventures in the Atomic Age: From Watts to Washington* (New York: Farrar, Straus and Giroux, 2001), 265; Gardner, *Earning My Degree*; Bell, *Thirteenth Man*.
28. David Gergin to Ben Elliot, April 25, 1983, Box 2, (073273)-(1), Reagan Papers; Bell, *Thirteenth Man*.
29. Ronald Reagan, "Remarks on Receiving the Final Report of NCE," April 26, 1983, APP; Bell, *Thirteenth Man*; Gardner, *Earning My Degree*; Glenn T. Seaborg, *A Chemist in the white House: From the Manhattan Project to the End of the Gold War* (Washington, DC: American Chemical Society, 1998); McGuinn, *No Child*, 43.
30. 同上书，第44页; Bell, *Thirteenth Man*.
31. 参见 "Can the schools Be Saved?" *NW*, May 9, 1983, 50–58; "The Bold Quest for Quality" *TM*. October 10, 1983, 58–66.
32. NCE, *Nation at Risk*.
33. 同上书，第8—9页。
34. 同上书，第18—23页。
35. 同上书，第24页。
36. 同上书，第25—26页。
37. 同上书，第27—28页。
38. Berube, *American Presidents*, 113–114.
39. Gardner, *Earning My Degree*.
40. Bell, *Thirteenth Man*, 135–136.
41. 同上书，第136—139页。
42. Task Force on Education for Economic Growth, *Action For Excellence; A Comprehensive*

Plan to Improve Out Nation's School (Washington, DC:ECS, 1983); Twentieth Century Fund Task Force on Federal Elementary and Secondary Education policy. *Making the Grade* (New York: The Fund, 1983).

43. Joel Spring, "From Study Hall to Hiring Hall, " *The Progressive*, April 1984, 30–31.
44. Mortimer J. Adler, *Paideia Proposal: An Educational manifesto* (New York: Macmillan, 1982).
45. Ernest L. Boyer, *High School: A Report on Secondary Education in America* (New York Harper, 1983); Theodore R. Sizer, *Horace's Compromise: The Dilemma of the American High School* (Boston: Houghton Mifflin, 1984); John I. Goodlad, *A place Called School* (New York: McGraw-Hill, 1984).
46. Goodlad, *A Place Called School.*
47. Thomas James and David Tyack, "Learning from Past Efforts to Reform the High School," *PDK* 64, no.6 (February 1983):400–406; Ronald W. Evans, "Corporate Agendas for the Social Studies: A Critique," *SSR* 25, no.1 (Fall 1985):17–24.
48. Milton Goldberg, "The Essential Points of A Nation at Risk," *EL* (March 1984):15–16.
49. Lawrence J. Cremin, *Popular Education and Its Discontents* (New York: Harper and Row, 1989), 102–103.
50. Lawrence C. Stedman and Marshall S. Smith, "Weak Arguments, Poor Data, Simplistic Recommendations," in Ronald and Beatrice Gross, Eds., *The Great School Debate* (New York: Simon and Schuster, 1985), 83–105.
51. 同上书，第102页。
52. Daniel Tanner, "The American High School at the Crossroads, " *EL* (March 1984), 4–13; Andrew Hacker, "The Schools Flunk Out," *NYR*, April 12, 1984, 35–40.
53. Peter Brimelow, "What to Do about America's Schools," *FT*, September 19, 1983, 60–64.
54. Chester Finn to Ed Harper, May 12, 1983, #139131PD, Box 4 , Reagan Papers; enclosure. Chester E. Finn. "The Drive toward Excellence: Moving toward a Public Consensus," *GHG*, April 1983.
55. Mrs. A.T. Leveridge, Jr., to the President, May 13, 1983, #139361, Box 4, Reagan Papers.
56. Candace Johnson to Ronald Reagan, May 23, 1984, #229320, Box 13, Reagan Papers.
57. House Democrats to Ronald Reagan, June 15, 1983, #146028, Box5, Reagan Papers.
58. "Education at the Crossroads: A Call for Educational Reform That Makes a Difference," attachment, Chester Pierce to Ronald Reagan, March 12, 1984, #204073. Box 11, Reagan Papers.
59. Bell to Craig L. Fuller, May 26, 1983, #147396, Box5. Reagan Papers.
60. DOE, *The Nation Responds: Recent Efforts to Improve Education* (Washington, DC:

DOE, 1984).
61. Partnerships in Education booklet, #166960 Box 7. Reagan Papers.
62. Ronald Reagan to the Heads of Executive Departments and Agencies, October 13, 1983, and John Cogan to Richard Darman, October 13, 1983, #166960. Box 7. Reagan Papers.
63. J. Peter Grace, *War on Waste: The president's private Sector Survey on Cost Control* (New York: Macmillan, 1984), v–x, 432–434.
64. Gardner, *Earning My Degree*, 135.
65. "National Task force on Education for Economic Growth 1984 Economic Plan," attachment, Tuesday, January 31, 1984, 3:30 Meeting with Susan Adler, #201860, Box 11, Reagan Papers; ECS, "Education for Economic Growth," DuPont and Hunt, p.46, Box 11b, Reagan Papers.
66. Jay Keyworth to the President, May 16, 1983, #143533, Box 5, Reagan Papers; BHEF, *America's Competitive Challenge: The Need for a National Response* (Washington, DC; BHEF, 1983).
67. CED, *Investing in our Children: Business and the Public Schools* (New York: CED, 1985).
68. 同上书，第105页。
69. Owen B. Butler to Ronald Reagan, August 30, 1985, #358398, Box 18, Reagan Papers.
70. Owen B. Butler to Donald T. Regan, October 3, 1985, #358398, Box 18, Reagan Papers.
71. CED, *Investing in Children*, 5–7.
72. 同上书，第3页。
73. CED, *Strategy for U.S. Industrial Competitiveness* (New York: CED, 1984), 144.
74. 同上书，第7页。
75. CED, "About CED," www.ced.org/about/about-ced.
76. Intergovernmental Advisory Council on Education, "Educating the Workforce of the 1990s." Washington, DC, March6–7, 1986, #539991, Box 23, Reagan Papers.
77. NGA, *Time for Results: The Governors' 1991 Report on Education* (Washington, DC: NGA, 1986), 2–3.
78. 同上书。
79. Nanette Barrett, *Education Source Book: The State Legislators' Guide for Reform* (Washington, DC: ALEC, 1985). 参见Sandra Martin, *The New Right's Education Agenda for the States: A Legislator's Briefing Book* (Washington, DC: National Center for Policy Alternative, 1985); Julie Underwood and Julie F. Mead, "A Smart ALEC Threatens Public Education," *EW*, February 29, 2012; Lee Fang, *The Machine:*

A Field Guide to the Resurgent Right (New York: New Press, 2013), 206.
80. Barrett, *Education Source Book*, 80.
81. Fang, *The Machine*, 212–213.
82. 同上。
83. Terrel H. Bell, "Education Policy Development in Reagan Administration," *PDK*, March 1986, 35, attached to Alfred H. Kingon to the president, March 13, 1986, #366353, Box 19, Reagan Papers.
84. Samuel L. Blumenfeld, *Is public Education Necessary?* (Boise, Idaho: Paradigm, 1981), quoted in Bell, "Education Policy," 35.
85. Bell, "Education Policy." 36, 38.
86. Hayes, *Still at Risk*, 19.
87. Dave Roediger, "Assessment: The Secretary of Education's New Clothes," *MR* (May 1988).
88. William J. Bennett, *To Reclaim a Legacy: A Report on the Humanities in Higher Education* (Washington, DC: NEH, 1984).
89. McGuinn, *No Child*, 45.
90. Willian J. Bennttee to Donald T. Regan, Memo re: "Education in the Second Term," February 28, 1985, Box 17, Reagan Papers.
91. William J. Bennette to Alfred H. Kingon, December 23, 1985, #364113, Box 19, Reagan Papers.
92. Diane Ravitch and Gil Sewall to Network Members, September 1986, "Educational Excellence Network" folder, Box 19, Hoover ESC; Chester E. Finn. Jr., to Diane Ravitch. November 22, 1988, "Diane Ravitch" folder, Box 120, Finn Papers.
93. DOE, *What Works; Research About Teaching and Learning* (Washington, DC: DOE, 1986), 55.
94. Jean to Fred, note attached to Alfred H. Kingon to Fred Ryan. January 13, 1986, #364143, Box 19, Reagan Papers.
95. Gene V. Glass. "What Works: Politics and Research," *ER* (April 1987), 5, 9; Marshall S. Smith, "Book Review: What Works Works!" *ER* (April 1986), 29; Frederick J. Ryan, Jr. to Nancy Risque, May 7, 1987, #490323, Box 22, Reagan Papers; DOE, *Schools That Work: Educating Disadvantaged Children,* What Works[series] (Washington, DC: DOE, 1987).
96. Chester Finn, Jr., and Gary Bauer, "Among the Educationaloids: Globaloney." *AS*, May 1986, 26. See Alfred H. Kingon to the President, April 23, 1986, #390058, Box 19, Reagan Papers.
97. Adam Smith, *An Inquiry into the Nature and Cause of the wealth of Nations* (London: Routledge, 1900, original 1776).

98. Jacob Mincer, "Investment in Human Capital and Personal Income Distribution," *JPE* 66, no.4 (August 1985): 281–302; Gary S. Becker, *Human Capital: A Theoretical and Empirical Analysis, with Special Reference to Education* (New York: National Bureau of Economic Research, 1964).
99. Becker, *Human Capital*.
100. Samuel Bowles and Herbert Gintis, "The problem with Human Capital Theory—A Marxian Critique, *AER* 65(2):74–82."
101. James Baker to Economic Policy Council, November 15, 1985, "Human Capital Working Group" folder, Box 38, Finn Papers.
102. Chester E.Finn, Jr., to Roger Semerad, October 28, 1986, #603991, Box 25, Reagan Papers; 另参见Working Group on Human Capital, Boxes 38 and 95, Finn Papers.
103. "White House Talking Points," April 26, 1988, #561224, Box 24, Reagan Papers.
104. Clark Judge to the President, April 25, 1988, #561224, Box 24, Reagan Papers.
105. "Published and Unpublished Articles and Research Papers, 1982–1990." Box 1 and 2 NACERI.
106. 投票数据源自1987年2月14日至28日的洛普民意调查，以及1987年4月8日至10日和1987年4月10日至13日的盖洛普民意调查，详见McGuinn *No child*, 47.
107. "Elementary and Secondary Education Act of 1965" folder, Box 26, Cater Files.
108. McGuinn, *No Child*, 49.
109. McGuinn, *No Child*.
110. 同上。

第三章 社会学科课程的抗争

尽管卓越运动逐渐深入人心，声势逐步壮大，甚至可能会发展为成熟的标准和考试机器，但是在社会学科领域内，短期内还无法达成统一认识。然而，日益发展的改革运动对社会学科产生了重要的影响。回归本源运动对社会学科文献产生了影响的同时，无疑对部分教师也带来了不小的波动与冲击。并且，新兴卓越改革运动的基调，对社会学科方面的报道及言论亦起到至关重要的影响。里根政府的保守主义复兴及一系列活动引发了公众对保守倡议的争论，激发了他们对旨在复兴和恢复传统历史的明确"反社会学科"运动的支持。从20世纪70年代后期开始，关于学校社会学科方向的讨论大都是在保守的学校教育改革框架下展开的。

尽管如此，从20世纪80年代到20世纪90年代，不同竞争阵营争夺控制社会学科的斗争持续不断。20世纪80年代中后期，以问题为导向的社会学科出现了显而易见的衰落，重拾对传统历史的兴趣已成大势所趋。学校的进步主义思潮已销声匿迹，在国家处于"危机"中的框架下教育话题方兴未艾。20世纪80年代初，编造"危机"的权力掮客们依然视"危机"言论为促进他们议程的绝佳方式，想要扭转进步主义改革的局势，只需把重点放在能够获得教育成功的措施上，号召更高的成绩标准、考试，进一步发展高科技创新及不断加强对文化、数学与科学的重视。

在国家日益关注教育的背景下，呼吁更高标准的两本书籍出现并成为了当时的畅销书并不足奇。20世纪90年代初，围绕多元文化主义产生了激烈的争论。而仅仅几年之后，争论所提出的历史指导方针就变成了国家的焦点。同时，近代的进步主义者仍在酝酿有意义的社会学科方法。批判理论家倡导用更先进的教育版本来帮助实现社会重建，他们在学者和研究人员中的影响力越来越大。尽管在教育言论上出现了这些趋势和发展，然而，教师和学校还是继续按照过去的教学方式在教学生。

20 世纪 80 年代的对话

20 世纪 80 年代后期，教育对话主要围绕延续保守主义复兴相关的话题、对学术界左派主义的回应，以及保守主义者称之为"政治正确"的发展趋势展开。教育类书籍很少能成为畅销书。同一年能有两本教育类书籍取得这种成就并没有先例。1987 年，艾伦·布鲁姆（Allen Bloom）的《美国精神的封闭》以及赫希的《文化常识：每个美国人都需要知道的事》一举成名，这表明了公众对教育持久而强烈的兴趣、对卓越运动的持续关注，以及教育传统形式的回归。布鲁姆的论点是，高等教育正在牺牲曾经在平等神坛上取得的伟大文明。他认为，高等教育强调开放、相对主义，设法克服种族中心主义，目的是教导那些支持民主政权的公民。他感叹哲学和文科教育的衰落，呼吁回归古典西方经典和传统历史。布鲁姆用西方的优势地位为自己的建议进行了辩护。所有这一切都是用警示说辞提出的，他在哀叹美国高等教育衰落的同时，也指出了公共教育和历史教学的退化。[1]

文化常识

在《文化常识》一书中，E.D. 赫希也指出了类似的一些退化情况，但重点指出了公立学校的衰落。赫希的这本书开场是这样说的："具备文化常识就是拥有在现代世界蓬勃发展所需要的基本信息。"他断言文化常识是弱势儿童获取机会的唯一手段，认为正因为"建立在错误的教育理论基础上的支离破碎的课程"，导致出生在贫困和文盲家庭的儿童往往还是会延续父辈的贫困和文盲。他呼吁，"过去五十年来"由教育学教授和学校管理者倡导的一些理论与实践该暂缓了。[2]

他在书中写道，这些理论最终来源于卢梭的观点："我们应该鼓励幼儿的自然发展……而不用理会教育的具体内容"。深受卢梭观点的影响，杜威强调"经验问题，而不是信息堆积"。赫希辩称，杜威"匆匆忙忙地拒绝了'信息堆积'"，但只有通过"堆积具体的、共同分享的信息，儿童才能学会跟社区其他成员一起参与到复杂的合作活动中来"。[3] 赫希号召教育补偿理论，强调学习具体信息的重要性。他写道："从人类学的角度来看，人类教育的基本目标是文化适应，是把群体或城邦成年人共享的具体信息传达给儿童。"[4]

相对于1983年《美国学者》上发表的一篇题为《文化常识》的文章，赫希这本书算是在原作基础上的一个观念拓展。赫希在他的致谢辞中写道，写这本书的"唯一的也是最大的动力"来自黛安·拉维奇。他举出拉维奇、切斯特·E. 芬和美国教育部教育研究助理部长对手稿的评论，以及基兰·伊根（Kieran Egan）在完成更大的文化常识词典上的帮助，这些让他扩大了最初"美国人所应掌握的常识"列表的范围。[5]

赫希引起了一些关注精英主义、学习琐碎化的学者们的批评。弗雷德·M. 纽曼（Fred M. Newman）认为，文化常识的概念"令人费解、含糊不清"，基本原理也存在缺陷。此外，他还写道："在我看来，从一系列不相关的信息列表着手，然后把选择好的片段编织成一个有意义的信息，这是非常困难的过程，甚至实际上是不可能做到的。"他认为这么做会让学生觉得"阅读枯燥乏味"，阻碍他们进行深层次的学习，而深层次学习是增强长期记忆力所必需的。[6]

斯蒂芬·J. 桑顿（Stephen J. Thornton）认为，赫希的结论不是基于所提供的证据得来的。桑顿指出，到四年级时，"学校课程开始过度强调信息的传递"，这种"信息承载的负担"会使许多学生对学习感到厌烦和抗拒。他认为仅仅列举应该教的内容会忽略一些关键问题，如学生如何学习以及为什么学习等。他认为学习者有学习动力才能让他们领会到一些相关的学习内容。[7]

赫希与拉维奇、芬和班尼特，以及其他新保守主义者针对教育史和学校失败提出的必要补救措施在总体看法上意见一致。在社会学科课程方面，赫希描述了社会学科误入歧途的情况。他辩称，像历史和公民学这些旨在传递传统和义务的课程都衰退成以过程为导向的"社会学科"了，而这样的社会学科旨在发展生存技能,"边做边学"和"碎片化学习"——在很大程度上内容缺失。这与拉维奇提出的总体论点一样,把社会学科当作是历史常识越来越差的替罪羊。就像拉维奇一样,赫希在意识形态的驱使下,没有引用确凿的证据,所以最后也只是做了一些表面文章,诠释不清。

尽管受到了一些批评,但这些书至少在一段时间内吸引了公众的注意。这些书籍能变得备受青睐,反映出在一个保守的时代,诉诸传统和回归本源都会继续得到广泛的支持。正如我们所看到的那样,保守恢复、围绕传统内容和方法改善学校的共识日益成为教育改革的主流,但并不是唯一的主流。

批判教育学

20世纪80年代和90年代的教育对话从不同角度出现了多个声音。长期以来,盘踞课程争夺战的主要阵营之一是社会向善论者,又称社会重建主义者团体。20世纪后期,社会重建主义本身被源自欧洲的一些批评性论点所超越,但两种观点倾向相似。这一趋势发展迅猛,一定程度上引发了对"政治正确性"的指控。这其实是回应两种趋势,一是批判理论在学术界的影响力越来越大,二是对多元文化教育的呼声越来越高。从表面上看,这两种趋势是风马牛不相及的运动,但实际上它们有许多共同之处,在将教育作为社会转型手段上也有类似的倾向。

批判理论教育者并非铁板一块,而是包括专门从事概念重建课程理论、文化研究、女权主义学术研究及其他形式的学者们。美国批判学术界受到欧洲理论观点的强烈影响,这些观点包括法兰克福学派的批判理论、新马克思主义社会理论、结构主义以及后现代主义和后结构主义的最新发展。许多观察家在呼声高涨的批判理论中似乎看到了20世纪60年代的公民权利和人类潜能运动带来的延迟影响。当年的校园激进分子已经长大,现在他们在主要的大学里担任终身职位。[8]

在美国,批判教育学不仅与杜威的著作保持着紧密的联系,而且还与社会重建主义理论建立了直接的联系。批判性教学法经常引用欧洲理论家,如伽达默尔（Gadamer）、葛兰西（Gramsci）、哈贝马斯（Habermas）、福柯（Foucault）和德里达（Derrida）的作品。他们的计划与社会重建主义者的最终目标是相似的。只不过，他们努力的方向似乎集中在建立学者群体，批判主流教育实践，熟悉批判理论，了解教育、政治和社会制度的系统性与交织性的特点，致力于抵制掌握大量财权、占据统治地位、学校为其服务的利益集团。

其中最早出现的并且最有影响力的当属巴西教育理论家保罗·弗莱雷（Paulo Freire）。在他的开创性著作《被压迫者教育学》中，弗莱雷区分了围绕填鸭式教学理论打造的传统教育形式，即知识总是由渊博的教师授予无知的学生，这种形式反映了资本主义社会的压迫性，而提问式教育则可以打破这种分层模式。他写道，"教育所罹患的正是一种讲述症"。作为传统教育实践的核心，讲述"把学生变成了容器，这些容器被老师用知识填满"。这样一来，教育就变成了"一种存款行为，其中学生是储蓄所，老师是储户。师生之间不是沟通，而是老师发表讲话，存储知识，让学生耐心接受、背诵、重复"。填鸭式教育通过"态度和实践"来维系这种非人性化的举动，这反映出一个整体的压迫性社会。而提问式教育则创造了一个对话，让同时作为教师的学生和作为学生的教师通过这个对话，实现师生同步教与学。这种方法让"他们共同为所有人的成长负责"。这不是简单的读写，而是一个解放或"觉悟化"的过程，它会为学生提供挑战压迫性社会秩序的手段，从而转变压迫性的社会关系。[9]

此外，还有其他一些重要的作品也促成了批判性教育观点的发展。其中最具影响力的是 1976 年由塞缪尔·鲍尔斯（Samuel Bowles）和赫伯特·金蒂斯（Herbert Gintis）发表的《资本主义美国的学校教育》。鲍尔斯和金蒂斯断言，公共教育远远不是伟大的均衡器，因为它培养和复制了社会阶级差别。他们把"再生产"和"符合论"介绍给了新一代的教育者。《资本主义美国的学校教育》的核心命题第一点是学校复制工作场所的环境，培养学生在现代公司或机构的等级结构中发挥社交功能，让他们适应成年人的工作角色。二是父母阶级和经济地位通过不平等的教育机会传给下一代。三是对美国学校教育的演变最好的解释是由于社会转型而产生的一系列阶级冲突导致的。他们认为，本质上：

> 在社会关系与经济生活相符合的前提下，教育系统足以让经济不平等重现，误导个人发展，因此，在公司资本主义下，自由教育改革的目标是相互矛盾的：正是因为它本身导致劳动力的疏离和分层，教育系统才形成了一个压制和不平等的结构。[10]

鲍尔斯和金蒂斯对批判教育学的发展产生了深远的影响。批判教育者在不同程度上与"再生产"和"符合论"有密切关系，这常常使得他们认为除了学校结构外，还有一些显性以及潜在的课程在反映并再生产占统治地位的社会阶层，并且按照社会秩序中的阶层地位给不同的群体强加不同的知识。统治集团（经济、政治和文化精英）通过知识和道德的影响力以及直接的胁迫力来维持他们在主流文化中的霸权地位，保留他们对边缘化群体（妇女、穷人、有色人种）的控制权。最近，持反对意见的理论家接受了再生产理论的大部分见解，但他们更加乐观地看待教育对占统治地位的利益集团的挑战潜力。从这个角度来看，可以理解学校是"竞争地带"，学校课程是"复杂的话语，既服务于统治集团的利益，又同时提供了反对他们和解放的可能性"。[11]

另一个开创性的著作是迈克尔·阿普尔（Michael Apple）于1979年出版的《意识形态与课程》。阿普尔是首批在课程与其隐含的政治意识形态之间建立联系的人。他指出，不仅仅学校是一个服务机构，甚至连课程本身也是一种服务手段，让社会中的社会、文化和经济模式重现。因此，他认为，学校参与了文化资本象征性财产的保护和分配。他说，我们需要更好地理解"集体文化的特定方面要以何种目的和方式呈现在学校客观真实的知识中"。具体而言，官方知识如何代表社会统治利益集团的意识形态？学校如何合法化这些有限界定的认识标准让他们成为不争的事实？[12] 阿普尔此书见解独到，意义深远，它标志着教育理论家新兴话语的开始，这种批判性强，深思熟虑的话语让人联想起了20世纪30年代"社会前沿"期刊中著名的教育者之间的交流。其他主要的话语贡献者包括威廉·F. 皮纳尔（William F. Pinar）、亨利·吉鲁（Henry Giroux）、让·安东（Jean Anyon）、彼得·迈凯伦（Peter McLaren）、卡门·卢克（Carmen Luke）、伊丽莎白·埃尔斯沃特（Elizabeth Ellsworth）等等。

在社会学科中，批判理论在《社会教育》1985年特刊"新批评主义：社会教育的另类观点"上简短亮相。这期特刊中很多文章出自批评理论的倡导者，如亨利·吉鲁（Henry Giroux）的《教师作为转化型知识分子》，此外，还有迈克尔·阿普尔、威廉·斯坦露（William B. Stanley）、克里奥·彻利赫姆（Cleo Cherryholmes）、杰克·尼尔森（Jack L. Nelson）等人的一些文章。[13]一时间，似乎出现了一道新的曙光，这期间批判性视角在社会学科理论和实践中会发挥重要的作用。到20世纪90年代中期，批判性视角成了《社会教育》"理论与研究"的共同特征，但却很少涉猎以实践为导向的期刊。在其他领域，比尔·毕格利（Bill Bigelow）的《反思学校教育》和其他一些出版物加深了公众对学校教育批评方法的逐步认识。埃米·古特曼（Amy Gutman）的《民主教育》表达了围绕民主教育理论建立的学校教育缜密思路。尽管批判理论赢得了越来越多的言论支持，但是一些观察家怀疑它是否对学校产生了任何真正的影响。[14]

鉴于其政治立场，批判理论并非没有反对者。许多学者认为，期望学校和教师成为社会转型的推动者是不切实际、天真幼稚的，是不合理的。大多数教师和学校管理者有着主流思想，反映了普通民众的想法。另外一些人则指出，社会重建主义有可能导致对学生进行知识灌输，导致宗教信仰转变和政治宣传。此外，一些批判导向的女权主义学者指责批判理论家混淆性别，无视女权主义学者。她们指责批判教育者的认识论范围从本质上而言仅限于男权主义和父权制，让逻辑和理性凌驾于情感、直觉和道德认知。

多元文化教育

在20世纪80年代和90年代，另一个对教育对话产生重要影响的是多元文化教育上的持续对话。作为民权运动的产物，多元文化教育成了大学、师范学校以及公立学校关注的焦点。20世纪后期的多元文化教育象征着民权运动发展的长期趋势：从"二战"时期形成的"跨文化教育"，到20世纪60年代和70年代的早期多元文化教育，再到20世纪90年代多元文化教育的研究手册，国家对政治正确性和多元文化主义的关注，以及多元文化与西方文化在课程中的地位之争。[15] 在课程游戏中出现了新的玩家。以前那些长期被排除在外的群体现在变成了课程之争的权力掮客。

自20世纪60年代后期，多元文化主义的文章已经在《社会教育》中占据了一席之地。1976年，社会学科全国委员会（NCSS）发布"多元文化教育课程指引"，认可了课程对多元文化的关注，呼吁从学前教育到十二年级以后的课程加强种族研究元素。到了20世纪80年代末和90年代初，对多元文化主义的争论达到了新的高度。一边是以詹姆斯·A. 班克斯（James A. Banks）、亨利·路易斯·盖茨（Henry Louis Gates）、康奈尔·韦斯特（Cornel West）、莫乐菲·K. 阿珊特（Molefi K. Asante）、格洛里·亚德森·比林斯（Gloria Ladson Billings）等为首的多元文化课程的长期倡导者、教育和种族研究学者以及他们的支持者。另一边是包括黛安·拉维奇、小阿瑟·M. 施莱辛格（Arthur M. Schlesinger, Jr.）、威廉姆·班尼特、托马斯·索维尔（Thomas Sowell）在内的新保守主义学者，以及一些希望大学和学校采纳多元文化材料但继续强调大众文化的人们。

多元文化教育的支持者认为，有色人种、女性和工人阶级的观点已被排除在历史、文学和人文科学的学习之外，导致学生们认为文明是欧洲男性及其文化的产物。他们认为，多元文化群体做出的贡献和所受的历史压迫不为主流群体知晓，这导致多元文化群体变得更加不宽容甚至走向偏执。多元文化教育的前提是有意识地将不同群体的故事、文学和历史观点纳入学校课程和教科书，以帮助学生获得更广阔的视野，为建立更加公平的社会做出贡献。根据詹姆斯·班克斯（James Banks）的说法，多元文化教育"帮助学生超越自己的文化界限，在与不同群体的人进行公共话语和参与公民文化的创造时，能够获得所需的知识，态度和技能"。[16]

另一方面，多元文化教育的批评者认为，多元文化教育会造成分裂和不和，因为它不但没有强调我们的共同遗产和共同文化，而且还过分强调了与种族、阶级和性别有关的冲突和差异。批评者认为，这将使国家"巴尔干化"，人们只学到多元文化内容的一些皮毛，而有关西方文化和普通文化常识发展的重要内容却得不到重视，这令人感到遗憾。此外，一些批评者还指出，多元文化常常沦为人们对学生灌输左派政治思想的幌子。据一位评论家说："教育多样化的呼声太频繁了……这为激进议程转移了注意力。"[17]

教育历史学家，日后成为学校改革的主要知识建筑师之一的黛安·拉维奇，撰写了多篇批评多元文化主义者的文章。她声称，正是这些以民族为中心的"排他主义者"用"多元文化主义"的名义破坏了民族文化，用"万众"的名义牺牲了"一心"。拉维奇倾向于用"马赛克"来比喻少数民族的形象，她认为"排他主义者"忽视了群体之间"相互联系的纽带"，"鼓励儿童在祖先的文化和家园中寻求自己的主要身份"。她声称美国的"大众文化是多元文化的"，这一见解是根据"精心明智设计的……多元文化课程"的发展而推导出来的。拉维奇倡导的是一种"促进多元主义，而不是排他主义"的教育，她用《加州历史——社会科学框架》为范本，强调大众文化和"各个文化、种族、宗教和少数民族后裔组成的一个团结一致的民族"。她将《纽约州报告》里的"包容的课程"作为"恐欧派"的反例。她写道，这种"排他主义"方法的例子"教导孩子把历史看作是受害者和压迫者的故事，赞成集体犯罪的原则"。她悲叹道：这种做法"激发愤怒感和受害感"并"重燃旧时仇恨"。她说道，在"包容性课程"的背后，是一个令人怀疑的教学理论——课程改革让有色人种的孩子"自尊心增强"，学习成绩提高。拉维奇质疑，历史是否应该被作为灌输自尊和过度孝敬主义（即对祖先的过度崇敬）的机制。[18]另一方面，拉维奇认为多元文化主义是过度孝敬的，这一点特别具有讽刺意味，因为她支持被许多批评者称为"白人自尊"的课程。[19]在纽约针对"包容课程"的争议中，拉维奇在黑人和西班牙立法团队的会议上遭到了"严厉的谴责"，被认为是"种族主义者"，为此她感到非常生气。[20]

历史学家阿瑟·施莱辛格在他的著作《美国的分裂》中给出了许多类似的主题。施莱辛格指出，"民族崇拜"已经开始攻击共同的美国身份，用分离主义和分裂主义取代融合与同化的目标，最终的结果会造成"美国人的生活恢复种族隔离和部落化"。他写道，多元文化者把欧洲文明视为一切邪恶的根源，认为它固有的本质是种族主义、性别主义、阶级主义、霸权主义的，自身带有无可救药的压迫性。就像拉维奇一样，他呼吁"合众与为一（unum and pluribus）的平衡状态"，呼吁回归历史教学"只为了历史本身（作为文明人智力装备的一部分），而不是让压力集团对历史内容发号施令导致历史堕落"。他还说，"最重要的是，"历史可以给人一种民族认同感，可以告诉我们，价值观值得我们"为之生、为之死"。施莱辛格声称，"历史赋予我们价值观，它植根于我们的国家历程、我们伟大的国家档案、我们的民族英雄、我们的民风、传统和标准……在这里，所有国家的人都融入一个新的人类种族。"[21]

施莱辛格和拉维奇引发了来自多元文化主义倡导者的大量批评，其中最尖锐的批评来自格洛里亚·拉德森－比林斯（Gloria Ladson-Billings），她认为，辩论的核心是施莱辛格说的我们曾经是一个"统一"的国家。她认为，我们离"统一"还很遥远，分裂与经济和机遇都有密切的关系。她批评施莱辛格的观点充满人身攻击、歪曲、去情境化和诽谤。她写道，施莱辛格希望看到所有的美国人都围绕着一套理想而统一起来，但却没有认识到分裂的潜在原因是"黑人和白人之间日益扩大的经济差距"。她指出，施莱辛格像拉维奇一样，几乎忽略了多元文化学术和研究存在的悠久历史，她还说，施莱辛格对多元文化的攻击为"不断增长的不宽容气氛"提供了养料。[22]

在针对多元文化主义激烈辩论的那些年，多元文化教育运动的倡导者和捍卫者之间进行了许多类似的交流。到20世纪80年代后期，流行报刊都已经听到了批判理论和多元文化两者的发展风声，保守的反对者们在校园政治正确性问题上大做文章，部分源于批判理论。《时代》和《新闻周刊》刊登了一些封面故事，其中一篇题为"思想警察"的文章颇具代表性。不久之后，一大堆杂志文章和书籍纷纷报道了这一日趋严重的争议。迪奈希·德苏查（Dinesh D'Souza）在《不自由的教育》中指出，革命者和虚无主义者披着批判理论者、解构主义者和多元文化主义者的外衣正将大学校园转化成政治方向正确的合格机构，暴露了等级制度和欧洲中心论的真面目，摒弃了广阔自由的教育之需。罗杰·金博尔（Roger Kimball）在其《终身教授中的激进派》中指出，曾经是20世纪60年代剧变时期的积极分子的那批学者，现在担任着终身教授的权力职位，试图将大学变为激进行动主义和批判理论的堡垒。

尽管他们的声明中可能存在一些事实——大学长期以来都有自由的气氛——学术界的绝大多数教育者相对而言未受到新的批评，这在文学评论中取得了最辉煌的成就。虽然批判理论在其他领域也有一定的影响力，但离占据主导地位还差得远。另一方面，多元文化争论的某些方面几乎触动了每个人。《对政治正确的辩论》和其他与其类似的合集将多元文化主义者和其反对者，即传统主义者之间的争论记录在册。在政治正确之战中少数受到抨击的知名学者对马克·埃德蒙森（Mark Edmundson）的《野兰花与托洛茨基》有发言权。全国各地的大学对课程要求和修订争论不休，这甚至演变成了国会旁听席前的公开战争。纽约州、加利福尼亚州和其他一些州出现课程改革和教科书采用的辩论。遗憾的是，20世纪80年代和90年代的大部分时间，教育工作者们忙于在各自牢固的阵营中与持不同意见者展开争论，这些阵营与旷日持久的社会学科战争中的阵营极其相似。[23]

社会学科随波逐流

无论是在保守主义复兴初期、回归本源运动时期，还是在受商业驱动的卓越运动时期，社会学科似乎都在随波逐流。新的社会学科时代已经接近尾声，但还没有类似强大的改革运动能取代它的位置。而且，新的社会学科没能对课堂产生预期的影响，这真是让人痛心疾首。至20世纪70年代后期，社会学科似乎成了一个自我探索的领域。《社会教育》杂志和其他一些出版物反映了这种灵魂的探索。从20世纪60年代后期以来，《社会教育》似乎变成了一个大杂烩杂志，主要采取特刊的形式，一些观察者认为它关注的是"乱七八糟的东西"。最开始，出了一个关于俄罗斯的特刊，然后是关于日本的，然后是关于回归本源运动的，就这样变来变去。从20

世纪 70 年代末到 80 年代初,《社会教育》杂志尽管也发过一些深思熟虑的文章和特刊,但总体上似乎缺乏概念上的焦点。社会学科似乎可以任人摆布。

全球研究、技术、多元文化主义和性别研究等成了新兴的趋势。其中,唯有关注社会学科教学中的计算机应用能算得上是真正的新发展。尽管一度避开了公开场合的激烈辩论,隐藏在公众视野之外,但地盘争夺战的主要阵营依然存在。定义上的窘境、冲突的阵营或替代课程计划继续困扰社会学科领域。替代课程的战争似乎主要发生在行业内,这象征着社会学科的专业人士之间严重缺乏统一和方向。

教学方法持续受到关注,但注意力相对低调。许多文献继续关注基于探究和反思式的教学法,包括角色扮演和模拟游戏。尽管仍然致力于帮助教师发展创新和互动的教学方法,回归本源运动明确向相反的方向倾斜,用来巩固一些最传统的教学方法,包括教科书、讲座、课堂作业和背诵。

当然,社会学科斗争的主要阵营依然存在。国家卓越教育委员会报告重点关注社会效益教育,这让公民学和公民权教育阵营得到了重大提振。公民学和社会效率教育似乎从新兴的舆论中找到了新的生命,许多文章从各种观点出发论述公民教育。

20 世纪 80 年代初,以问题为中心的社会改良方法似乎处于低潮,社会学科中以问题为中心的方法呼声似乎也在减弱。文献表明对以问题为中心的方法关注度在逐步下降,如,"民主问题"(POD)课程已经消失,《公共问题系列》已经绝版。而且,没有新的理论家来挑大梁。主要的进步主义呼声消失了,其他的声音也变得无力。一个新兴的社会学科的批判观点跟以问题为中心的方法有着天然的亲和力,但似乎有些深奥难懂,难融于学校。[24] 民主问题课程并非再无生机,只是被抛在脑后了,大家的焦点先是一股脑儿冲向社会科学,然后是微型课程的爆发和保守主义复兴。而且,教育保守派为反对自由进步的教育观念做出的长期斗争无疑付出了巨大的代价。在里根时代,评论家和反叛者这两个称呼恰如其分地代表了大部分倡导以问题为中心进行教学的人,他们扮演的是局外人的角色,当改革有右倾趋势时,他们会受到排斥去支持更传统的教学形式。紧随新的社会学科之后，保守主义的恢复也带来了学术自由的复兴。《社会教育》杂志于1982年和1987年分别发行了题为"对图书审查日益增长的争议"和"学术自由、审查制度和社会学科"的特刊。值得称赞的是，除了发表文章，该组织还通过1970年成立的社会学科全国委员会法律辩护基金对学术自由给予了一贯支持。[25]

20世纪70年代末和80年代初期，社会学科领域的一个主要特征在于定义困境，这使得形成其他举措的时机成熟。1977年，巴尔（Barr）、巴斯（Barth）和舍米斯（Shermis）在其合著本《定义社会学科》中指出，不管从什么理论角度去看，"社会学科都是一团乱麻"。在日后被引用频率最高的定义备选来源中，他们描述了三个传统：公民传播、社会科学探究和反思式探究。欧文·莫里斯塞特（Irving Morrissett）在一篇关于"社会学科的优先方法"的文章中提出，社会学科领域有五种方法，分别是历史、经验、批判性思维、社会科学和参与。一项调查结果显示，受访者最偏向批判性思维方式，其次是社会科学，而历史则位居第三。有趣的是，当被问及在全国范围内最常用的教学方法时，之前调查显示的排名发生了大扭转，72%的受访者认为"历史"方法居于主导地位。[26]

针对社会学科的萎靡状况，《社会教育》在1980年的特刊中，巧妙地配了一幅封面漫画，名为"围绕社会学科课程的新提议作出的讨论和辩论"。在这幅漫画中，可见七位社会学科专业人士组成的小组围在一张桌子上思考拼图游戏，各个拼图上的标记反映的是很多传统和当前的社会学科方法难题：社会科学、历史、决策、概念、民族研究、国际人权教育、广义化、社会行动、全球教育、地理、未来主义、职业教育、消费主义、道德教育、法律教育、公民权、毒品教育、地理、实际知识、技能、社会化、等等。其中一位参与者评论道："有一张图告诉我们社会学科应该是什么样的，可能会有所帮助。"[27]

拟定课程纲要的多次尝试都没有引起人们的注意。1979年，《社会教育》刊出了修订版的社会学科全国委员会社会学科纲要，但跟1971年的第一版相比几乎没有什么重大的修改。社会学科的定义和教育目的受到人们的日益关注，在这一背景下，社会学科全国委员会范围和顺序专责组应运而生,1983年专责组发布了一份报告。专责组由华盛顿大学的约翰·雅罗利梅克(John Jarolimek)领导,由华盛顿的教育工作者组成,为K—12社会学科制定了一个说明性的范围和顺序,这在总体纲要上与委员会1961年的社会学科报告中建议的范围和顺序非常相似。[28]

1986年,源于对定义困境和备选方法的持续讨论,《社会教育》出版了一期特刊,题为"范围和顺序:社会学科的选择"。主要的理论家提出了几种定义备选方案,让大家看到了可能性的迹象。马修·T. 唐尼(Matthew T. Downey)的《时间、空间和文化》展现了传统历史,提出了一种现代化的、以历史为核心的方法。雪莉·H. 恩格尔(Shirley H. Engle)和安娜·S. 欧奇阿(Anna S. Ochoa)提出"民主公民课程"倡导:以问题为中心的课程要在一系列课程链的基础上建立,包括环境、体制、文化研究、社会问题和公民决策中的特殊问题等。威廉·B. 斯坦利(William B. Stanley)和杰克·L. 尼尔森(Jack L. Nelson)从批判和重建主义者的角度出发,介绍"为社会变革而进行的社会教育",呼吁课程建立要充分考虑意识形态、社会问题、批判性思维、改革建议和社会参与等因素。特刊专门有一部分简要介绍了过去的社会学科理论家,如哈罗德·鲁格(Harold Rugg)、乔治·康茨(Harold Rugg)、罗拉·特莱恩(Rolla Tryon)、埃德加·维斯里(Edgar Wesley)、戈登·哈尔菲西(Gordon Hullfish)、阿兰·格里芬(Alan Griffin)和鲍尔·汉纳(Paul R. Hanna),等等。[29]

到了20世纪80年代,越来越多的人认识到社会学科改革的难度,意识到广泛传播并不一定等同于课程改革,感受到该领域的中心困境可能是理论与实践的脱节。一封写给编辑的信对社会学科中的"现实"与"理想"之间的矛盾表示哀叹。另一封来信分享了"传播不等于改革"的重要见解。拉里·库班(Larry Cuban)在"教师如何教学"中说,尽管大家反复努力,想要提高全国范围内学校的教学质量,但有一点非常明显:依靠教师讲解、课堂作业、教科书和背诵的传统教学方式还是顽固地一成不变。[30]

总而言之,社会学科似乎在一段时间内出现了偏差,部分原因在于无论是新的社会学科还是进步主义教育运动,都没有推出新的举措。此外,许多这个领域的学者见证了这两个运动的消亡,逐步认识到大规模改革的难度。所以一段时间以来，改革运动竟出现了一个空白。这与当时保守主义复兴和传统教学手段的回归是分不开的。社会学科改革力度下滑的主要原因是时代背景。在里根和布什时代，社会学科的进步主义者可以说是在逆流而上。

传统历史复兴运动

在这个近乎失去方向的时期，出现了一个更符合时代发展的新运动——传统历史复兴运动。追本溯源，无论是历史复兴还是回归本源运动，都是由于受到人们普遍忧虑的刺激。从某种意义上说，这是保守主义复兴的公民权利。在新的社会学科时代，探究和问题是关注的重点，所以，尽管传统历史情结从来没有消失过，但这种偏爱似乎在当时的时代无奈处于低潮。至少当时仅仅只有少数的批评者呼吁传统历史的回归。到了20世纪70年代中期，越来越多的历史学家对学校历史教学的衰落以及高等院校历史专业的学生转专业情况表示担忧。[31] 一些调查显示，1968年历史学位的数量达到高峰，占总学士和第一专业学位总数的5.27%，1976年这一数值下降到3.06%。[32]

1975年，理查德·S.科肯达尔（Richard S. Kirkendall）领导的美国历史学家组织委员会发表了一份调查，这在当时声名鹊起。该调查回顾了学校的历史教学状况，报告声称，"历史正处于危机之中"。科肯达尔的文章建立在一份历史学家的报告上，这些历史学家来自45个州和哥伦比亚特区。委员会发现，中学历史教师资格要求存在很大差异：全国大概过半的州要求教师至少修过四门甚至多达七门的历史课，而有些州对历史培训方面几乎没有任何要求。由于社会科学部门施压，一些州采取措施省去了教师资格认证中的历史部分，试图通过增加专业数量来增加教师资格认证的组成部分。另外一些州在对社会学科的教师认证进行修改，对历史课程要求的数量减少。整体而言，教师资格认证要求被形容为"相当不稳定"，意味着历史课程的优势处境危险。[33]

根据报告，历史课的课程地位也在下滑，而许多州的受访者则表示历史课的地位稳定。然而，委员会的大多数成员"发现了一个非常不稳定的情况，大部分的运动都偏离历史，至少仍然在用传统的方式来定义和教授历史"。一位受访者报告说："历史已经明显不为人们重视，现在通常被纳入社会学科单位……总的趋势是朝着多学科的方向发展。"另一个受访者表示："历史的内容和方法都发生了重大变化"，并指出："这些变化的主要内容包括减少传统形式的历史教学、削弱任何意义上分化的过去和独特的时间视角、让学生们少学历史。"还有人说，历史"主导地位在课程设计师称为探究概念的课程中，已经转变为其他社会科学的合作伙伴了"。这个新课程希望整合所有的社会科学，关注理解问题、做出决定，并为解决社会及公民问题采取行动。[34]

总之，科肯达尔说，"除了少数例外的州，大部分州或者保持稳定或更加远离历史"。许多历史学家认为，历史教学正在发生变化，这有得也有失。在许多情况下，人们认为，按照时间顺序的历史教学方法已经被"探究法"方法所取代，现在努力的方向是"把课程与社会面临的问题联系起来"。[35]

科肯达尔总结认为，历史教学方面几乎没有什么改善的迹象，人们对历史的有用性狐疑不信，对历史的信心和兴趣几乎也不像几年前那么普遍了。他总结认为：历史学家似乎不太可能拥有"摧毁现代思潮的影响力"，但他们可以"通过揭示历史观点和历史资料的价值以及时间和地点的重要性来减少忽视历史将会产生的影响"。[36]

这份报告引起了很多批评。有些人指责说委员会对中学的情况一无所知。还有人建议说，报告反映的是传统的历史教学方法，应该弃用，这种方法依赖过去的事实，受到各种问题的困扰，这些问题都是由于忽视这一行业所带来的，如教学质量差，课程狭隘无用，教科书枯燥无味等。《纽约时报》的弗雷德·M.海辛格（Fred M. Hechinger）斥责说，这份报告竟然认为"社会学科……与历史的神和形联系在一起，"他认为教学质量差才是问题的根源所在。其他人也同意这个说法，指出教授历史课程的往往是一些缺乏教学热情的教师，他们本身就没有受到充分的培训。科肯达尔不止一次认为，历史课程"狭隘，几乎完全是罗列事实"，讲授方法都是些"乏味的讲座、不知所以的讨论、图片展示、游戏"。历史教师需要改进方法，而这一行业也需要吸引更多有能力的人。[37]

赫钦格（Hechinger）是对的。的确，科肯达尔以及历史学家都把历史科目的教学失败归咎于社会学科。这一攻击让人想起20世纪40年代时，艾伦·内文斯（Allan Nevins）、休·罗素·弗莱塞（Hugh Russell Fraser）和《纽约时报》对社会学科的讨伐。此外，《美国历史》杂志上报道的"调查"里几乎没有确凿的证据用来证实学校历史科目教学中的"危机"，这份调查似乎完全以轶事证据为证明，这与20世纪40年代艾伦·内文斯对社会学科的讨伐有着共同的缺陷。阿伦·O. 康斯拉（Allan O. Kownslar）写了一篇文章，与科肯达尔《社会教育》里的文章可以做个对比。虽然他在很大程度上同意科肯达尔报告的观点，但康斯拉支持"最新方法"，并汇报了美国教育考试服务中心（ETS）研究中的发现，即声称曾经在历史课堂上接触过最新教学法的学生的标准化考试成绩略高于那些没有接触过新教学法的学生。他还指出，美国历史学家组织报告没有说明学生对历史科目兴趣下降的原因。康斯拉在报告中描述了几个学生常见的抱怨，如："学生顺利完成历史课程的标准似乎是为了知识本身而进行的严格的数据积累"，"期望学生成为被动的听众，被动的记录者或被动的记忆者"。对于心怀不满的学生来说，"什么都要死记硬背"似乎是传统历史课要花费漫长时间学的主要原因。康斯拉是历史课强有力的支持者，但他坦言："就我个人而言，我怀疑历史课在许多情况下不受欢迎只是因为教学情况太糟糕"。[38]后来有篇文章证实，许多学生发现历史课学习的价值不大，而且教学方法往往是无聊的，内容与他们的个人生活方式毫无关联，许多人对自己被要求在整个教育生涯中都要学习历史科目表示愤慨。[39]

加拿大课程理论家基兰·伊根（Kieran Egan）对"危机"背后的社会学科给出了最为尖锐的批评。1983年，伊根发表了一篇充满挑衅的文章，题为"社会学科和教育的侵蚀"，其中伊根发现了"社会学科本身固有的概念上的混淆"。他指出，社会学科的目标，关注"态度和技能"，用以推进"民主生活方式"，并能针对过去、现在和未来的重大问题"培养批判性思考的能力"。伊根指责说，这些目标是"空洞的泛泛之谈……让人思维麻木不清……在思想上是无知的"。他写道,这种概念上的混乱导致社会学科课程"过去没有起到过作用,现在无法起作用,将来也没办法起作用"。伊根还指出,"扩展视野"课程的基础是有心理缺陷的,社会学科的首要目标是为了让学生社会化。他总结说,"让20世纪叫作社会学科的美国课程实验悄然死亡",我们的情况会变好。他主张恢复叙事性和学术性的历史科目教学。此外,还总结说,社会科学的历史科目和其他"基础学科"应该从社会学科领域分离出来,以"维护这些领域的学科自主权,从而维护他们的教育价值"。他声称,"在社会学科中,一旦这些学科成为社会化目的的附庸,他们的教育价值就遭到了侵蚀。"[40]

继伊根号召结束社会学科之后,一些新保守主义作家在历史学家、政治家和多位教师中发起了支持传统历史复兴的风潮。这场"危机"拉开了大规模复兴的序幕,幕后推手是《纽约时报》的又一次介入。1985年11月17日,《纽约时报》刊登了黛安·拉维奇的一篇文章,题为"历史科目教学的衰败与消亡"。在这篇文章和其他一些文章中,拉维奇提出,学校历史科目教学问题的罪魁祸首是社会学科。在随后的几年中,时任哥伦比亚大学师范学院兼职教授的拉维奇、国家人文科学基金会主席琳恩·切尼、历史学家保罗·加格农(Paul Gagnon)、切斯特·芬等出版了很多刊物。此外,其他政治人物,如加利福尼亚州公共教育总监比尔·霍尼格(Bill Honig)和前任教育部长威廉姆·班尼特等纷纷支持,共同促使对学校历史复兴的呼声越来越高,他们提出充分的理由要求将恢复历史和地理科目的教学作为公民教育的核心。这些学者都做出了重要贡献:切尼发表了《美国记忆:美国公立学校人文科学报告》;加格农在《大西洋月刊》上发表了"为什么要学习历史"的文章;芬与拉维奇合著了"我们十七岁的孩子知道些什么"和"反对平庸:全国公立学校人文学科的报告"。到了20世纪80年代后期,拉维奇明显成为驱动力量。[41]

拉维奇、芬和这个群体里的其他人都是能力出色、地位居高、上进心强的学者,他们意识到是时候将想法付诸实践了。20世纪80年代,他们发起了自封的"十字军东征",将他们的愿景强加在学校身上。他们的主要载体是卓越教育网络(EEN),是1982年由拉维奇和芬建立的新保守主义教育工作者协作小组。这个小组组建的目的是"为具有相同信念的教育实践者和学者提供信息交流的平台",中心是"把更高的学校标准、严格的认知学习作为正规教育的中心目标,作为每个青年的坚实学术'核心',人文学科教育的复兴,为教师、校长和其他学校专业人士提供智力和专业水准。"[42] 与其说卓越教育网络是一个利益集团,不如说它是一个教育本质主义的改革议程,是追求卓越和责任制回报的主要倡导者。该小组从奥林基金会等保守基金会和教育部,国家人文科学基金会等政府机构那里获得了大量资金。[43]

拉维奇关于历史科目教学的总体论述是,首先,历史科目陷入了困境。由于被迫与定义不明确的社会学科课程分享课程时间,历史课程的要求已经下降了。不幸的是,学生甚至不知道美国历史最基本的事实。其次,作为一门学科,历史学科本身的混乱导致不再把历史科目当作故事,而是用以过程为中心的方法取而代之,在这种方法指导下,学生学习调查方式,就像要训练成为历史学家一样,从而降低了对历史内容和事实学习上的关注。第三,"历史首先是复述过去发生的事情",应该强调内容性知识对想象力的吸引力,强调移情作用,让学生能够体验到不同的时间和地点。[44]

拉维奇的著作是建立在改善历史教学和增加历史学习时间的总体愿望之上的。这一目标塑造了她的观点:社会学科是导致学校对历史课关注度下降的主要原因。显然,她的作品受到了一些外在的启发,主要有1984—1985年间全国各地的高校访问,以及她所描述的具有代表性的纽约市学校那种可悲的社会学科状况。她的观点也深受阅读教育本质主义者作品的影响,很显然,她非常钦佩威廉·C.巴格利(William C. Bagley)和迈克尔·J.德纳什凯维奇(Michael J. Demiashkevich)等人。[45] 她描述了20世纪早期学校历史课的"黄金时代",以及后来在19世纪80年代由美国历史学会(AHA)领导的十人委员会和七人委员会建立的以历史为中心的课程。[46] 她支持传统历史,号召以教科书、年代学和历史课("讲述精彩的故事")为中心,将其作为模范课程,指责这个原型已经被1918年全国教育协会基本原则所指导的"社会效率"为导向的社会学科课程所取代。在她看来，基于"基本原则"制订的课程是以即时社会效用为重点的课程，关注"实用性和学生兴趣"，这样一来就大大地简化了1916年社会学科报告中提出的妥协方案的复杂性。与混乱而定义不清的社会学科相比，她称赞新的加州框架为"历史性的一步——实现了历史教学和学习的全国复兴"。该框架几乎规定了每个年级的历史课安排，按时间顺序对学生的历史知识储备进行培养。它强调民主价值观和民主政治原则要"贯穿整个课程"。[47]该框架的基本宗旨是利用历史课灌输美国民主价值观，建立国家认同感和共同文化，这只不过是对20世纪40年代内文斯提出的目标做了细微的改变。但最重要的是，她的著作传达了一个信息：我们需要恢复历史在学校中的中心学科地位。如果问题是社会学科，那么在拉维奇看来，解决办法就是把时间倒转到20世纪80年代，重新设置传统的历史课程。[48]

霍尼格任命拉维奇去一个委员会任职，该委员会为加州公立学校制订历史–社会科学框架。拉维奇是这个次级委员会里三人小组的领导人物，他们起草了框架的最终版本。[49]作为框架的首席建筑师，她总是赞美它的优点。该框架使历史科目成为社会科学课程的核心科目，几乎摧毁了学校里其他的社会科学内容。该框架被其追随者们视为"里程碑式的文件"，它恢复了历史科目在加州社会学科史上的垄断地位，将历史科目作为"伟大的整合性学科"重置于社会学科课程的核心中。此外，该框架反映了一个新的组织计划，按照时间顺序将美国历史的重点在其三次迭代中一一分割开来，并且大大增加了致力于世界历史研究的时间，从一年到三年不等。历史科目成为小学教育的中流砥柱。从五年级到十一年级，七年中有六年要求上历史和地理学课程。

随着加州框架的发展，拉维奇、加格农和一批杰出的历史学家，包括肯尼斯·T. 杰克逊（Kenneth T. Jackson）、威廉·H. 麦克尼尔（William H. McNeill）、C. 范·伍德沃德（C. Vann Woodward）、迈克尔·卡门（Michael Kammen）和威廉·E. 莱彻滕伯格（William E. Leuchtenburg）组成了布拉德利学校历史委员会，这是卓越教育网络的一个项目。[50]由林德和哈里·布拉德利基金会慷慨资助，布拉德利委员会在1988年发行了一个32页的小册子，概述了它的项目，题为"建设历史课程"。该委员会在"为什么学习历史？"的一节中写道：

> 历史科目是属于所有学生的学校课程，不管他们的学术地位和学业准备如何，课程轨迹或未来计划是什么。它对于民主国家的所有公民都至关重要，因为随着时间的推移，我们要了解自己，了解我们的社会与人类状况的关系，以及为什么有些事情发生了变化，而另一些却没有，而历史是我们了解这些问题的唯一渠道。[51]

该委员会通过了一项由九个决议组成的纲领，面向"所有负责设计和实施我们学校课程的公民"。其中包括：

> 1. 从历史学习中获得的知识和习惯，对民主社会的公民的教育是必不可少的……（而且应该）要求所有学生都要学习。
> 2. 学习内容要多，学习必须超越有用信息的获取。要发展判断力和观察力，历史学习必须经常涉及广泛而重要的主题和问题，而不是短暂地记住没有语境的事实。按照这个方法，历史学习应提供基于证据进行批判性判断的事实和训练，包括原始资料来源，以及……以历史的视角来看待过去。[52]

额外的纲领还包括：开辟更多历史课程时间；为K—6社会学科开设"以历史为中心"的课程，7—12年级不少于四年的历史课；课程"包含非洲、美洲、亚洲和欧洲人民的历史经验"；包括"妇女，种族和少数民族，各个阶级和条件的（人员）"。另一项纲领建议"为中学社会学科教师设立一个'实质性的历史课程'"。[53] 这份清单包含了许多有用的建议，但对于课程中历史和其他社会科学的平衡采取了极端的立场。而且，它几乎忽略了历史教师在学校面临的一个关键问题，即如何使历史学习与学生具有相关性并对学生有意义的问题，这一点也是许多社会学科资深人士和以前的改革者所强调的。

继这份纲领发布后，布拉德利委员会于1989年出版了一本名为《历史常识：美国教育的历史案例》的书。该书由加格农编辑，其中许多布拉德利委员会成员也做出了贡献。大部分章节都是由历史学家撰写的。值得注意的是，作者中不包括教育理论家或课程专家。被包括在内的少数几位教育教授都明确表明自己存有私心，赞成历史课程。这本书是对学校历史课更多更好的辩论，很少或根本没有考虑其他社会科学在课程中的地位。有人提出将这些社会科学内容纳入历史，因为它是一门综合性学科。[54]

大约在同一时间，拉维奇和他的同事们成立了国家历史教育委员会（NCHE），这是一个旨在推进新保守主义议程的组织。他们编制了一份名为《历史事件》的时事通讯，广为传发。一份传单广告用粗体字宣传该组织说，"良好的历史课必须是社会学科课程的核心。"国家历史教育委员会宣布传单的目的是想让良好的历史课成为每个学生教育的一部分：协助州和地方课程评审委员会；在州立框架或地方课程中历史课受到威胁时，提供证明，写信和与官员联系；开展教师教育会议方案和暑期学院。整体而言，这个委员会开展了一次基础广泛的游说活动，旨在推动学校历史课的复兴。[55]

批评的声音

社会学科教育工作者在社会学科领域的领导地位面临很大挑战，而他们的反应相当微弱。社会学科中的许多年轻学者是教育研究者而不是哲学家或理论家。也许在过去的25年里，社会学科领域的领导人都因为自己那一代人的战斗打得疲惫不堪，或者已经放弃了改变这个领域的努力。尽管如此，也不乏回应。

理查德·E. 格罗斯（Richard E. Gross）长期倡导广泛的、以问题为中心的社会学科，他是首批写文章回应批评者的人之一，他形容这些批评者是"声音虽小，但直言不讳、动力十足、资金充足、引人注目的兴趣团体……致力于提升历史和地理在学校课程中的基础地位"。格罗斯认为，过去没有什么证据表明历史和地理曾占据支配地位，但对这些学科的研究产生了今天支持者所期望的结果。[56]

罗纳德·W. 埃文斯（Ronald W. Evans）批评了历史复兴及其背后的主要支持者黛安·拉维奇。埃文斯认为，拉维奇把社会学科作为替罪羊，忽视了社会学科运动的历史和目的，而只是进行一些表面化的谴责。他写道，事实是，"历史在社会学科中继续占据主导地位，社会学科运动的一个目标是使历史和社会科学的教学更加有意义，更符合普通公民的利益。"他谴责拉维奇和她的同事们假设的按照时间顺序的叙述，即"讲述故事"的历史教学方法，在大多数课堂都持续不断地使用传统教学方法，而且多年来一直没有让学生产生兴趣或学有所成的背景下，也不失为一种对策。[57]

斯蒂芬·J. 桑顿（Stephen J. Thornton）在批评改革运动的文章中问道："我们是否应该教授更多的历史知识？"桑顿质疑这些拟议的改革是否理由充分，对内容获取的重新重视是否会让我们怀旧地回想起拉维奇所确定的"黄金时代"。他认为，"改革研究文献支持力度不足"，除非改变根深蒂固的教学模式和学习方式，否则用历史来替代其他社会学科课程也无济于事。[58]

圣何塞州立大学教授西德·莱斯特（Sid Lester）写了一篇文章评论《加州框架》，批评该框架对社会科学的短暂背离，认为该框架委员会未能更具包容性。他写道："没有经济学、人类学、社会学、心理学或政治学的教授。没有！一个都没有！零存在！空白！……他反驳道，据大多数权威人士所言"，"社会学科"应该包括历史学、地理学、人类学、经济学、政治学、社会学、心理学等学科，此外还应包括人文科学、哲学和法律。萨克拉门托州的加州教授杜安·坎贝尔（Duane Campbell）在一篇发表在《社会教育》的信中抱怨说，该框架在拟成过程中采用了非民主手段强制通过，但框架的开发者否认当时曾遭到过该领域很多代表的强烈反对。[59] 总而言之，批评人士指责说，新生的历史复兴是企图扭转时势，推翻几十年来历史学家和社会科学家之间的妥协立场，由教育者以学生的需要和兴趣为中心进行调解。[60]

历史复兴的背后是什么？这一运动之所以取得成果，是因为天时地利人和——合适的人、思想与适宜的国家氛围相结合，在这期间，保守的观念在学校和国家中占主导地位。它得到了来自奥林基金会和布拉德利基金会等有权势的、愿意慷慨资助的团体的有力支持，但这些团体具有强烈的保守偏见，其目标就是要影响政策。[61]这种财政支持是从私人基金会向某一特定方向倾斜，这在社会学科史上是前所未有的。而且，在针对社会学科的批评中，也存在一些真实性的因素。新的社会科学研究更加重视社会科学和社会问题。即使是1916年的报告，也反映了历史和社会科学之间的一种温和、妥协的立场，因此用于纯粹历史教学的时间也比十人委员会和七人委员会所规定的时间要少。而且，不管这其中的哲理或采用的方法如何，社会学科的实践确实会带来一定的影响。

很显然，这一运动触动了历史学家和广大公众的神经，他们似乎总是无法抵抗传统、怀旧和黄金时代的吸引。可以说，这个特别的吸引力来得正是时候。整体而言，历史的复兴是社会学科战争中的又一个插曲。然而，这一新举措在某些重要方面还是跟以往有所不同的，毕竟它是建立在充分研究的逻辑论据之上的，虽然在许多论断和理论上存在争议，但与以前的批评家的倡议相比，这些举措有了更有力的发展。此外，拉维奇和他的同伴们获得了著名历史学家的大力支持，赢得了慷慨的组织和财政支持。他们在全国人口最多的州发展"模范"课程，建立了坚实的滩头阵地。很显然，这个社会学科改革运动将会持续很长一段时间。

社会学科全国委员会

后新社会学科早期所面临的社会学科的定义困境，使许多业内人士感到，社会科学已陷入僵局，必须采取一些行动。社会学科全国委员会的一位前主席写道，重大的课程改革似乎是不可能的，"因为影响课程决定的主要政治力量是相互制约的。"[62]自20世纪70年代末以来，一些著名的社会人士一直有一个想法，即设立一个国家委员会来审查社会学科课程。

1984年，亚瑟·S. 林克（Arthur S. Link）在就任美国历史协会会长时发表讲话，呼吁成立一个"蓝丝带"委员会来研究历史学科在学校的状况。1985年，社会学科全国委员会总裁唐纳德·布拉格（Donald Bragaw）要求董事会成立一个专责小组，审查学校K—12年级的整个社会学科课程。

因此，1985 年，在两项建议的倡导下全国委员会应运而生，并最终成为一个由有志于改善社会学科教学的四个组织组成的联合机构，这四个组织包括：美国历史协会、卡内基教学促进基金会、社会学科全国委员会和美国历史学家组织。[63] 委员会会员及其课程专责小组成员包括历史学家、社会科学家、社会学科教育家和学校人员，但是历史学家居多，这在某一程度上反映了其赞助组织的构成。美国历史学会和历史学家组织的历史学家后来都赞同布拉德利委员会的建议，所以在这两个组织的哲学根源上有很多重叠的地方。[64]

全国委员会的报告《课程制订：21 世纪的社会学科》中提出的课程建议普遍支持传统历史阵营的目标。[65] 制订课程计划呼吁高中各年级要有更多的历史课。事实上，《课程制订》的前言引用了布拉德利委员会的报告，称赞该委员会为解决"核心问题——教师应该教什么，孩子应该学什么"所作的努力。该专责工作组呼吁开设一门社会学科课程，以"让人们清楚地了解公民在民主社会中的作用"。它呼吁"从幼儿园到12年级持续和累积性学习"的课程，将"冗余、肤浅的学习"替换为"精心设计的深入研究"。它认为，"历史和地理应该为社会学提供模型或框架"，因为它们提供了时间和地点的角度，此外，它还要求将其他社会科学的"概念和理解"结合起来。[66] 报告提议中最具创新意义的方面也许是将世界和美国历史纳入高中的三门课程当中，从而能够对过去的主题、问题和难题进行深入的全球研究。报告还建议中学课程把重点放在地方社区、地方问题和邻里问题上。然而，这两项建议都与目前的做法大相径庭。

对该委员会成果的评论发表在《社会教育》杂志上。雪莉·恩格尔（Shirley Engle）质问，"改变社会学科的范围和顺序"是否是"改革社会学科的充分途径"，他说，委员会的报告中竟然写道，"在发展好公民的过程中，历史的价值被认为是理所当然的。"他认为委员会需要"将它的思维重心从陈述型转向假设型"。杰克·纳尔逊（Jack Nelson）指责该报告"狭隘而保守"，"对当代问题和相互竞争的观点缺乏关注，因而是反智的"。纳尔逊（Nelson）总结说这个报告"应该很快被遗忘"。[67]

在委员会的报告背后，四个主要赞助者中有两个是国家主要历史学家利益集团。委员会成员没有代表该领域的多种传统力量，显然是为了促进历史的复兴而精挑细选出来的。在长达一个世纪的社会学科斗争中，该委员会未能建立成一个成员更具广泛性和包容性、各阵营和利益攸关者的代表人数均衡的组织，这也许导致了委员会的影响力受到限制。它很快在其他的发展运动中黯然失色，并在很大程度上被遗忘了。

解释保守主义复兴

正如我们所看到的，卓越改革运动是从教育言论摇摆不定中滋生出来的，由回归本源运动带动的，由《国家风险报告》引起的一个重大的学校改革运动。随后的一系列报告和来自包括企业、政府和学者在内的个人和组织的活动，正逐步将改革方向转向问责措施的大量使用上。与20世纪70年代学术自由战一样，保守基金会也为这项事业提供了资金和口头支持。这些总的趋势对社会学科产生了影响，通过辩论和讨论对言论产生了影响，导致了传统历史的复兴，促成了保守主义复兴的公民教育部门。本章提出的核心问题是解释历史复兴背后的学校和社会的保守主义复兴，以及解释为何反思式的、以问题为中心的社会学科遭到了忽视。

有几个解释有助于理解保守主义复兴、历史复兴和进步主义社会学科的衰落。首先，这个时代的教育改革，包括回归本源、追求卓越和历史复兴运动，都是受到教育界以外的力量驱使，是由社会上的教育、政治和经济力量推动的。这主要是对所制造的危机的回应，它本身的论点就有错误，假设也经不起推敲，它是由那些拥有政府和私人来源的大量财政资源的掌权者所推动的。新右派和新保守主义改革者组织严密、积极性高、引人注目、善于表达、资金充足。在社会学科方面，卓越教育网络、布拉德利委员会和国家历史教育委员会是新保守主义历史复兴的主要支持者。这些组织都得到了保守派基金会的财政支持，该基金会试图让时间倒流到20世纪60年代，回归自由改革。[68]由黛安·拉维奇和切斯特·芬领导的新保守主义教育家小组，对大的改革和社会学科的新方向都有很大的影响力，部分原因是该小组与时俱进，有很好的定位，有相当的发言能力，积极性很高,都把自己的努力看作是改革和改善学校教育的"十字军东征"的一部分。[69] 拉维奇和芬写了几百篇评论文章,对教育提出了批判性的观点,这正是许多非教育工作者想听到的,即支持对"失败"的教育制度进行改革,回归教育本质和传统学习方式的黄金时代。他们还在文章中支持资本主义和美国制度,这正是商界领袖想要听到的。[70] 此外,政治趋势最终导致了保守主义的复兴,反映了20世纪60年代和70年代过度改革的状况和真切的失败形势。在美国教育中,右倾似乎是一种永恒的趋势,通常会紧接着创新时期而来。

其次,保守主义复兴是基于关于美国教育盛行的神话,以及创造神话般的黄金时代的想法。在更大范围内,它是一种针对学校衰败而采取的禁令形式。这里谈到的学校不是部分学校,而是一个整体。因此,支持者认为,回归本源,重申更严格的标准,恢复更保守的传统都是正常的。在历史复兴中,黄金时代的神话与社会学科的替罪羊相结合,成为导致学校历史课可能衰落的因素。回归黄金时代意味着回归熟悉的"学校教育的基本原理",很大程度上这也是基于改革者的信仰,即认为真正的社会学科唯有传统的历史和地理。

第三,20世纪60年代和70年代改革遭到反对的部分原因源于对改革不会奏效的准确评估。新社会学科时期的改革失败是保守主义复兴运动兴起的一个重要原因,这成为新右派、新保守派和历史学家容易批评的对象。在很大程度上,早期的改革失败的主要原因是改革者忽视了学校变革存在的组织障碍。提升社会学科课堂中高阶思维的障碍似乎在学校中非常普遍。这些障碍包括教学作为知识传播的普遍观念、课程内容以覆盖面为重点、教师对学生的期望值不高、每位教师教授学生的人数众多、缺乏足够的备课时间以及教师与外界隔绝的文化。[71] 此外,对教学的额外限制还包括:每个班的学生人数、课时的长短、缺乏现成的教材、要教授的内容等,如果不是校外人员授权,通常也会受到影响。尽管教师在课堂空间、学生分组课堂讨论、工具和活动方面确实有很大的自由权,但这些决定不能逃脱至少两个来自外部的重要指令:维持秩序并涵盖必要的课程。尽管教师的信仰对课堂上发生的一切具有深刻的影响,但这些制约因素导致了一种持续不变的教学模式——以教师为中心的教学形式,在中学阶段尤其如此。[72]

此外,学校教育的基本原理存在明显的复杂性,似乎对学校改革施加了结构性限制,产生了一些制约因素。例如,高中的学校教育的基本原理包括每小时更换一个科目和一个教师,教师和科目分成专门的部门,每天教授五个班级共150名或更多的学生,学生获得相应的成绩和卡内基学分。随着时间的推移,我们发现,学校在划分时间和空间、对学生进行分类、将他们分配到教室、分授的知识和评定成绩等方面几乎没有什么持久的变化。事实证明,标准的"学校教育的基本原理"是非常持久的,部分原因是它能让教师用可预见的有效方式履行其职责:控制学生行为,根据学校和外界生活划分学生的社会角色。这种既定的体制形式走上正轨后,变成"真正的学校"的预期特征。它们受习俗、法律法规和文化信仰的影响而沉淀下来,直到根深蒂固,几乎没有人会特别注意。就像泰克(Tyack)和库班(Cuban)说的那样,"他们变成了学校应有的样子。"[73] 实际上,保守主义复兴的改革更容易维持,因为它们符合教师、家长和公众对真正学校应该是什么的普遍期待。

第四,从哲学上讲,保守主义复兴和历史复兴都服务于传统目的的教育。学校文化和公众的保守派成员在一段时间里,重新倡导更加传统的学校教育模式。在新的社会学科时代,有相当多的学校要求学生对社会结构提出质疑。现在,在保守恢复的过程中,这个领域的辩论再次被定名为"社会学科与美利坚合众国的较量"[74],教育的目的不再是社会批判,而是社会控制和人力资本的创造。许多美国人似乎并不希望教育带来美国社会的改革,只是希望可以恢复美国社会往昔的光彩。雇主希望工人们接受的是守时和听从指令的教育,而不要学会问太多的问题。这背后的公共教育制度似乎更多地是为了维持阶级结构,而不是提供开放的机会。正如一位社会学科的杰出人物雪莉·恩格尔所说的,"对民主真正敌视的公民比我们想象的还要多。他们不希望学校教他们的孩子学会思考。"[75] 看起来政治家和美国公众正在形成的共识是,社会学科是让青年接受传统社会秩序的价值观的一种手段,哪怕这必须通过死记硬背的灌输来实现。

注释：

1. Allan Bloom, *The Closing of the American Mind: How Higher Education Has Failed Democracy and Impoverished the Souls of Today's Students* (New York: Simon and Schuster, 1987).
2. E.D Hirsch, Jr., *Cultural Literacy: What Every American Needs to Know* (Boston: Houghton Mifflin, 1987); Diane Ravitch, "Cultural Literacy," *ASCD*, April 6, 1989, "Ravitch Diane, 1989–1993 Cultural Literacy" folder, Box 32, Ravitch Papers.
3. Hirsch, *Cultural Literacy*.
4. 同上书，第13—17页。
5. 同上书，第9—11页; E.D. Hirsch, Jr., Joseph F. Kett, and James Trefil, *Dictionary of Cultural Literacy* (Boston: Houghton Mifflin, 1988). 另参见E.D. Hirsch, Jr., "Cultural Literacy and the Curriculum, " Keynote Address to Stuff Development Conference, California State Department of Education, Asilomar, CA, January 22–24, 1985, in "Cultural Literacy, 1982–1988" folder, Box 32, Ravitch Papers; Ravitch, "Cultural Literacy."
6. Fred M. Newmann, "Another View of Cultural Literacy: Go For Depth," *SE* 52, no.6 (October 1989); 423–436.
7. Stephen J. Thornton, "Review of E.D. Hirsch's *Cultural Literacy*", *TRSE* 16, no.3 (Summer 1988): 244–249.
8. Dinesh D'Souza, *Illiberal Education: The Politics of Race and Sex on Campus* (New York: Free Press, 1991); Roger Kimball, Tenured Radicals: *How Politics Has Corrupted Our Higher Education* (New York: Harper and Row, 1990).
9. Paulo Freire, *Pedagogy of the Oppressed* (New York: Continuum, 1970), 57–59.
10. Samuel Bowels and Herbert Gintis, *Schooling in Capitalist America: Educational Reform and the Contradictions of Economic Life* (New York: Basic Books, 1976), 48.
11. William B. Stanley, *Curriculum for Utopia* (Albany: State University of New York Press), 100.
12. Michael W. Apple, *Ideology and Curriculum* (London: Routledge & Keegan Paul, 1979), 14; Fred M. Newmann, "The Radical Perspective on Social Studies: A Synthesis and Critique," *TRSE* 13, no.1 (1985): 1–8.
13. Jack L. Nelson, Ed., "New Criticism and Social Education," *SE 49*, no.5 (May 1985): 368–405.
14. Amy Gutman, *Democratic Education* (Princeton, NJ: Princeton University Press, 1987); Ronald W. Evans, "Utopian Visions and Mainstream Practice: Essay Review on William B. Stanley's Curriculum for Utopia," *TRSE* 21, no.2 (1993): 161–173.
15. 参见James A. Banks, Ed., *Handbook of Research on Multicultural Education* (New

York: Macmillan, 1995).
16. James A. Banks, "Multicultural Education in the New Century," *SA* 56, no.6 (May 1999): 8–10.
17. Thomas J. Famularo, "The Intellectual Bankruptcy of Multiculturalism," *USAT Magazine*, May 1, 1996.
18. Daine Ravitch, "Diversity and Democracy: Multicultural Education in America," *AE*, Spring 1990, 17–20. 另参见由拉维奇、班克斯等人撰写的关于多元文化主义争议的PDK特刊。
19. 在《包容课程》的提案在纽约州激烈讨论期间,一次演讲后,拉维奇被一位多元文化主义者谴责为"种族主义者"; Diane Ravitch to Thomas Sobol, February 24, 1990, "Curriculum of Inclusion, 1989–1993" folder, Box 33, Ravitch Papers.
20. 同上。
21. Arthur M. Schlesinger, Jr., *The Disuniting of America: Reflections on a Multicultural Society* (New York: W.W. Norton & Company, 1991).
22. Gloria Ladson-Billings, "Through the Looking Glass: Politics and the Social Studies Curriculum: Review of Schlesinger's The Disuniting of America." *TRSE* 21, no.1 (winter 1993): 84–92; Diane Ravitch, "Multiculturalism in the Curriculum," Manhattan Institute, November 27, 1989, "Multiculturalism 1984–1994" folder 3, Box 19, Ravitch Papers.
23. D'Souza, *Illiberal Education*; Roger Kimball, *Tenured Radicals* (New York: Harper and Row, 1990); Mark Edmundson, Ed., *Wild Orchids and Trotsky: Messages from American Universities* (New York: Penguin, 1993); Catherine Cornbleth and Dexter Waugh, *The Great Speckled Bird: Multicultural Politics and Educational Policy Making* (New York: St. Martin's, 1995).
24. NCES, *A Trend Study of High School Offerings and Enrollments: 1972–1973 and 1981–1982* (Washington, DC: NCES, 1984).
25. See NCSS Notes, "House of Delegates 1975 Annual Meeting Resolutions," *SE* 40, no.4 (April 1976): 232; Anna S. Ochoa, "Censorship: Does Anybody Care?," *SE* 43, no.4 (April 1979): 304–309; John Rossi, Murry Nelson, Dennis Thavenet, Patrick Ferguson, Eds., "The Growing Controversy Over Book Censorship," *SE* 46, no.4 (April 1982); Fred M. Hechinger, "Censorship Rises in the Nation's Public Scholars," *NYT*, January 3, 1984; Jack L. Nelson and Anna S. Ochoa, "Academic Freedom, Censorship, and the Social Studies," *SE* 51, no.6 (October, 1987): 424–427.
26. Robert D. Barr, James L. Barth, and S. Samuel Shermis, *Defining the Social Studies* (Arlington, VA: National Council for the Social Studies, 1997); Irving Morrissett, "Curriculum Information Network Sixth Report: Preferred Approaches to the Teaching of Social Studies," *SE* 41, on.3 (March 1977): 206–209; Dale L. Brubaker, Lawrence

H. Simon, and Jo Watts Williams, "A Conceptual Framework for Social Studies Curriculum and Instruction," *SE* 41, no.3 (March 1977): 201–025.
27. Editor, "Discussion and Debate on New Proposals for the Social Studies Curriculum," *SE* 44, no.7 (November/December 1980): 592, 652–653. 这一漫画因其描述的由男性主导的社会学科而遭到批判。围坐在桌旁的七个人中，六位均为男性。
28. Ad Hoc Committee on Social Studies Curriculum Guidelines, "Revision of the NCSS Social Studies Curriculum Guidelines," *SE* 43, no.4 (April 1979): 261–273; NCSS Task Force on Scope and Sequence, "In Search of a Scope and Sequence for Social Studies," *SE* 48 (April 1984): 249–273.
29. Donald H. Bragaw, "Scope and Sequence Alternatives For Social Studies," *SE* 50, no.7 (November/December 1986); Matthew T. Downey, "Time, Space and Culture," *SE* 50, no.7 (November/December 1986): 490–501; Shirley H. Engle and Anna S. Ochoa, "A Curriculum for Democratic Citizenship," *SE* 50, no.7 (November/December 1986): 514–527; William B. Stanley and Jack L. Nelson, "Social Education for Social Transformation," *SE* 50, no.7 (November/December 1986): 528–535.
30. Letter to Editor, "Real vs. Ideal," *SE* (1979): 414; Letter to Editor, "Diffusion Doesn't Equal Change," *SE* (1979): 484; Larry Cuban, *How Teachers Taught: Constancy and Change in American Classrooms, 1890–1980* (New York: Longman, 1984).
31. Mark M. Krug, "Bruner's New Social Studies: A Critique," *SE* 30 (October 1966): 400–406.
32. Richard S. Kirkendall, "The Status of History in the Schools," *JAH* 62, no.2 (1975): 557–570. 另参见Hazel W. Hertzberg, "The Teaching of History," in Michael Kammen, Ed., *The Past Before Us* (Ithaca, NY: Cornell University Press, 1980).
33. Kirkendall, "Status of History," 558–561.
34. 同上书，第561—564页。
35. 同上书，第565页。
36. 同上书，第569—570页。
37. Richard S. Kirkendall, "More History/Better History," *SE* 40, no.6 (October 1976): 446, 449–151.
38. Allan O. Kownslar, "The Status of History: Some views and Suggestions," *SE* 40, No.6 (October 1976): 447–449.
39. Stuart Paul Marcus and Paul Jeffrey Richman, "Is History Irrelevant?" *SE* 42, no.2 (February 1978): 150–151; Warren L. Hickman, "The Erosion of History," *SE* 43, no.1 (January 1979): 18–22; Margaret S. Branson, "Introduction: Teaching American History," *SE* 44, no.6 (October 1980): 453–460; Myron A. Marty, "Doing Something About the Teaching of History: An Agenda for the Eighties," *SE* 44, no.6 (October, 1980): 470–473.
40. Kieran Egan, "Social Studies and the Erosion of Education," *CI* 13, no.2 (1983):

195–214.

41. Diane Ravitch, "Decline and Fall of History Teaching," *NYTM*, November 17, 1985, 50–53, 101,117; Lynne Cheney. *American Memory: A Report on the Humanities in the Nation's Public Schools* (Washington, DC: National Endowment for the Humanities, 1987); Paul Gagnon, "Why Study History?" *AM*, November, 1988, 43–66; Diane Ravitch and Chester Finn, Jr., *What Do Our 17-Year-Olds Know?: A Report of the First National Assessment of History and Literature* (New York: Harper and Row, 1987); Diane Ravitch, Chester E. Finn, Jr., and Robert T. Fancher, *Against Mediocrity: The Humanities in America's Schools* (New York: Holmes and Meier, 1984).

42. "The Education Excellence Network: 1988–1991," attachment, Finn to Ravitch, November 22, 1988, "Ravitch Diane" folder, Box 120, Finn Papers.

43. 关于卓越教育网络的更多信息，参见 "Status of EEN grants as of April 1,1986, "in "Educational Excellence Network (EEN),1985–1986 and undated "folder 10, Box 18, Ravitch Papers. 另参见Box 56/11 and Box 60/3, Ravitch Papers. 1986年，卓越教育网络从奥林基金会、范德堡大学得到大量私人资金支持，另外，埃克森美孚教育基金会、乔伊斯基金会、梅隆基金会和成员捐赠也是其一小部分私人资助来源。卓越教育网络每年的营业费用大约为8.04万美元。它还得到了教育部（7.0221万美元）和国家人文科学基金会（17.3431万美元）的公共部门资金支持，帮助其开展研究项目。卓越教育网络后来"重组"为托马斯福特汉姆基金会。

44. Diane Ravitch, "The Revival of History: Problems and Progress," paper presented at the Annual Meeting of the American Educational Research Association, Washington, DC, April 24. 1987,p.6; Diane Ravitch, "The Plight of History in, America's Schools," in Paul Gagnon, Ed., *Historical Literacy: The Case for History in American Education* (New York; Macmillan,1989); Diane Ravitch, "Tot Sociology: What Happened to History in the Grade Schools?" *ASCH* 56, no 3(Summer l987): 343–354; Ravitch, "The Erosion of History in American Schools," folder 5, Box 43, Ravitch Papers.

45. "Essentialist Movement, 1937–1938" folder 4, Box 6, Ravitch Papers. 另参见拉维奇在他的著作中对于巴格利和本质论家们的赞成，Diane Ravitch, *The Troubled Crusade: American Education .1945–1980*(New York: Basic Books, 1983).

46. 在与史蒂芬·J.桑顿的通信中，拉维奇否认她引用过"黄金时代"这一措辞，参见Stephen J Thornton co Ravitch, August 8,1990,and Ravitch to Thornton, August 22,1990, in "Correspondence,1990" folder 1,Box 4, Ravitch Papers.

47. Ravitch, "Revival of History," 12,18.

48. Ravitch, "Revival of History"; Ravitch, "Plight of History."

49. Bill Hoing to Diane Ravitch, December 11, 1988, "Correspondence 1988" folder 6, Box 3, and Peter Kneedler to Diane Kavitch, December 10, 1985, "Undated" folder 2, Box 29, Ravitch Papers.

50. "The Educational Excellence Network: 1988–1991," attachment, Finn to Ravitch, November 22, 1988, "Ravitch, Dane" folder, Box 120, Finn Papers.
51. Bradley Commission, *Building a History Curriculum: Guidelines for, Teaching History in Schools* (Washington, DC: Educational Excellence Network, 1988), 5. 另参见 Hazel Hertzberg's internal review of *Building a History Curriculum* as a member of the Bradley Commission, in which she called for increasing history requirements, in "Comments on Guidelines Booklet Memo of 1/20/88, H. Hertztberg," in "Bradley Commission on History in Schools ,1980–1991" folder 15–16, Box 45, Ravitch Papers.
52. *Building a History Curriculum,* 7–8.
53. 同上。
54. Paul Gagnon, Ed., *Historical Literacy: The Case for History in American Education* (New York; Macmillan, 1989).
55. *History Matters!* Flyer promoting the National Council for History Education, date uncertain.
56. Richard E Gross, "Forward to the Trivia of 1890: The Impending Social Studies Program?" *PDK* 70, no .1 (September 1988); 47–49.
57. Ronald W. Evans, "Diane Ravitch and the Revival of History: A Critique," *TSS* 80, no, 3 (May/June 1989): 85–88; Diane Ravitch "The Ravitch of History; A Response," *TSS* 80, no. 3 (May/June 1989); 89–91; "Evans and Ravitch Square Off in The Social Studies," *History Matters!* 1989. 拉维奇的文章中有一份文件，这份文件既包括正文手稿，也包括拉维奇对埃文斯手稿做的一些旁注。其中一条旁注是关于埃文斯对历史学家霍华德·辛恩的引用，辛恩认为，历史研究应该有一套核心价值的引导，这些核心价值的目标是让世界更美好。拉维奇这样写道，"他是耶稣吗？"拉维奇还在一封信中吐露，"最近社会学科杂志攻击我是复兴历史运动的领袖，我很乐意接受这一指控。" See Diane Ravitch to James Piereson, Olin Foundation, October 12, 1989 p.2, "Correspondence 1989" folder 8, Box 3, Ravitch Papers.
58. Stephen J. Thornton, "Should We Be Teaching More History?" *TRSE* 18, no.1 (1990); 53–60; 参见拉维奇的反驳意见。
59. Sid Lester, "An Analytic Critique of the 1987 Framework," *SSR* 28, no.2 (Winter 1989): 52–61.
60. Duane Campbell, "Letters: California Framework;" *SE* 52,no.6(October 1988): 403; Diane Brooks to Bill Honig, November 30,1988,and Honig to Salvatore Natoli, November 5, 1988. in "California 1986–1989" folder, Box 29, Ravitch Papers; Bill Honig. "Letters: California Curriculum," *SE* 53, no.3 (March 1989):143–144.
61. Vince Stehle, "Righting Philanthropy," *NAT*, June 30, 1997, 15–20; Alan Singer, "Strange Bedfellows: The Contradictory Goals of the Coalition Making War on Social Studies," *TSS* 95, no. 5(September–October 2005): 199. The Bradley Foundation was

founded by Harry Bradley, a charter member of the John Birch Society. See Lee Fang, *The Machine; A Field Guide to the Resurgent Right* (New York: New Press,2013), 240;这阶段拉维奇的学术工作"受到保守主义基金会的支持,主要是约翰·奥林基金会。"参见Diane Ravitch, *The Death and Life of the Great American School System: How Testing and Choice Are Undermining Education* (New York: Basic Books, 2010), 12; and James Pierson, Olin Foundation, to Diane Ravitch, December 20,1989, "Correspondence" folder 8, Box 3, Ravitch Papers.

62. Howard Mehlinger, "The National Commission on Social Studies in the Schools: An Example of the Politics of Curriculum Reform in the United States," *SE* 56, no. 3 (March 1992):149–153.

63. Fay Metcalf and David Jenness, "The National Commission on Social Studies in the Schools : An Overview," *SE* 54, no.7(November/December 1990): 429–430.

64. National Commission on Social Studies in the Schools, *Charting a Course: Social Studies for the 21st Century* (Washington, DC: National Commission on Social Studies in the Schools, 1989); Mehlinger, "National Commission," 150.

65. David Jenness, *Making Sense of Social Studies* (New York: Macmillan, 1990); National Commission, *Voices of Teachers* (Washington, DC: National Council for the Social Studies, 1991); *Charting a Course*, v. 3–4.

66. *Charting a Course*, v, 3–4.

67. Shirley H. Engle, "The Commission Report and Citizenship Education," *SE* 54, no 7 (November/December 1990): 431–434; Jack L. Nelson, "Charting a Course Backwards: A Response to the National Commission's Nineteenth Century Social Studies Program," *SE* 54, no. 7 (November/December 1990): 434–437.

68. 参见前面"卓越教育网络"的注释。

69. 参见宣传"美国2000年计划"公共关系活动的资料,"PR Campaign America 2000" folder, Box 95, Finn Papers.

70. 拉维奇和芬的文章提到了"美国2000年计划"和旨在改变美国学校发展方向的"十字军东征"运动。参见Finn Box 95, and 29/1.

71. Joseph J. Onosko, "Barriers to the Promotion of Higher-Order Thinking in Social Studies," *TRSE* 19, no. 4 (Fall 1991): 341–366.

72. Larry Cuban, *How Teachers Taught* (New York; Longman,1984).

73. David Tyack and Larry Cuban, *Tinkering Toward Utopia: A Century of Public School Reform* (Cambridge, MA: Harvard University Press, 1995).

74. Edgar B. Dawson postcard to Wilbur Murra, "Textbook Controversy" folder, Box 5, Series 4B, NCSS Papers.

75. Shirley H. Engle, "Whatever Happened to the Social Studies?" *IJSE* 4, no. 1 (1989): 51.

第四章　商业接手改革

我们前面提到，全国教育改革的时代及其所引领的标准化运动真正发端于政治保守主义和教育整顿时期，其标志是1983年《国家风险报告》（*A national at risk*）的发表。标准化运动的起源可以很容易地追溯到里根和布什在任期间所采取的教育计划。由《国家风险报告》引发的这场改革运动以"美国2000年计划"之下的一个项目的形式继续开展，以自上而下的方式推动标准和考试。此外，"美国2000年计划"特别提到了"历史、地理和公民"教育，但并没有提及社会学科。[1]

标准运动发源于一场神秘的国家教育"危机"。教育危机说认为学校的问题已经很严重，而美国在国际经济竞争中地位的下降主要应该归咎于教育危机。很多教育工作者们和公众一致认为，需要强有力的改革来改变这种状况，但是，因为缺乏应对这场神秘危机的有意义的论述，整个国家都执着于对学校进行改善。这种执着一定程度上是由《国家风险报告》带来的恐惧引起的，报告认为，美国学生并没有做好国家应对全球经济竞争所需要的准备。学校改善的建议包括回归历史、地理等基础学科，而不是更宽泛、包含更多内容的社会学科；开发全国性的国家课程，并使用标准化考试来评估学生的知识掌握情况。对更广泛意义上改革，1989年到1992年是一个分水岭，在这期间，改革者将商业驱动的方法应用到学校改革上，随之而来的是已经在发生的卓越运动，旨在实现建立责任制、提升标准并使学校回归更为传统的教学方式等多重目的。

"教育总统"

1988年11月，乔治·布什政府当选，接手里根总统的改革和保守主义的复兴，但布什总统采用更为温和的言辞，在社会政策上也采取了更加务实和大众化的政策，并在1988年总统选举中做出了要成为一名"教育总统"的承诺。布什承诺将放弃罗纳德·里根总统所做出的废除教育部的承诺，呼吁通过联邦来影响学校利用标准和考试对学校进行改革。他承诺将召集全国的州长于1989年召开一次教育峰会，为全国教育目标立法，并创建国家教育目标小组（NEGP）和全国教育标准和考试委员会（NCEST）来推动责任制改革的工作。

1988年总统竞选期间，布什的对手是迈克尔·杜卡基斯（Michael Dukakis），迈克尔做过三届马萨诸塞州州长，并在该州一直致力于教育改革。作为里根的副总统和国会代表，布什以前在教育问题上的经验不多。尽管如此，这两位候选人在竞选期间对教育都发表了大量的言论。调查数据显示，公众认为教育是一个重要的全国性问题，一项民意调查显示，87%的受访者都认为这个问题对他们决定投票"非常重要"。另外，1987年一次盖洛普调查显示，84%的美国人相信联邦政府应该要求学校满足国家制定的最低标准。[2]

早在竞选初始阶段，美国历史上第一次，双方的总统候选人展开了一场专门针对教育的辩论。《国家风险报告》、相关的言论、公众对教育"处于危机之中"的看法、20世纪80年代各州大量涌现的改革努力，均令候选人感到有义务制定更为详尽的改革建议。而且，公众也支持加强联邦政府在教育上的地位，并支持大幅增加教育支出。[3] 出于改变共和党人对教育和社会福利漠不关心的观念的部分目的，布什宣布他将更多地致力于建立"一个更友好、更温和的国家"，志在成为一位"教育总统"。在其巡回演讲中，布什称：

> 我希望成为一位教育总统，也就是说，对于未来，我相信我们有能力应对世界各地的竞争，我们有能力解决这个国家没有解决的贫困问题……不管如何，教育都应享有最大优先权。有更好的学校才能更好地工作。[4]

1988年6月在全国新闻俱乐部的一次演讲中，布什补充说："我们的学校还没有达到预期的优秀程度……为了达成高质量的成果，我们必须制定并强化标准、执行激励措施，并允许各州在实施激励措施时拥有自由和灵活性。"[5]这些言论得到媒体和选民的普遍好评。虽然公众和教师工会普遍认为杜卡基斯会更有利于教育的发展，但是因为布什在教育方面的努力看起来更加谦虚和富有同情心，因此才大大促成了他的竞选成功。全国教育协会（NEA）和教师联合会（AFT）的工会都早已与民主党结盟，到1988年，工会已成为一支重要的政治力量，能够调度大规模"政治资源，包括金钱、选票和志愿者"。但是，工会继续反对基于标准的改革及问责措施，呼吁扩大学校的选择权。[6]

虽然本质上是对里根任期内政策延伸，布什尽力给予其更温和的外表，在接受共和党提名的演讲和就职演讲中，布什将政府塑造成私人慈善和个人自发行为协调人的角色，提出领导阶层可以来自"万千光点"（"万千光点"是布什成立的非营利组织，旨在提倡志愿者服务），重新确认了商业对美国社会活动和教育的影响。最终的结果是，布什总统关于提升教育的言论将教育改革提升到国家优先事项的地位，标志着总统选举将发生截然不同的变化，确保了布什总统继续将教育"作为其对内社会政策的核心"。[7]

布什上台后就自己的计划作出说明，他将教育称为"所有项目中最有竞争性的"，强调"卓越""选择"，要求"所有相关方担负起责任"。[8]1989年3月，布什发给国会一份温和的教育改进计划，即《1989年教育卓越法》（Educational Excellence Act），该法案将教育部资金重新分配给布什宣扬的几项计划。[9]虽然该法案未能获得通过，但确实指出了一个总体方向。

夏洛茨维尔峰会

还在竞选过程中的时候，布什就呼吁召开一次教育峰会，这一做法既可以看起来采取了行动而实际上又不会给联邦政府带来过大的成本支出，同时还延续了里根时代重点实施的国家层面改革，在那些改革中，国家拥有象征性的领导权。政府的《教育卓越法》在国会陷入僵局后，布什转而采取他的前任所采取的强硬态度，主张象征性的领导权，这一努力的开创性事件就是1989年9月下旬在弗吉尼亚州夏洛茨维尔召开的教育峰会，峰会讨论了教育改革的前景，并进一步提出国家标准这一概念。

甚至在布什总统就职之前，借布什的竞选承诺，全国州长协会（NGA）就迅速行动起来，与州长会面讨论继续推进教育改革。一位全国州长协会职员写信给准备召开12月份会议的当选总统，建议州长可以与政府共同致力于建立起学校改革的长期目标，"为教育体系设定愿景以及到21世纪初所必须实现的目标。"[10]1988年11月的会议就设定教育改革长期目标的议题进行了讨论，并一致同意为此付出努力。之后，在总统和13位州长于1990年5月16日召开的一次非公开会议上，暂时确定了将于同年9月份召开教育峰会的计划。[11]

此次峰会的筹备工作由全美促进卓越教育委员会前执行理事米尔顿·戈德堡（Milton Goldberg）领导，正是这一委员会颁布了《国家风险报告》。1989年6月初，戈德堡和一个由学者组成的团队在教育研究和改进办公室（OERI）制定了一个国家目标草案。他们将制定的名为"2002年：建立一个学习者的国家"备忘录于次月提交给白宫。备忘录的重点是K—12课程的内容目标，并建议总统呼吁到2002年实现七个目标。规划与评估服务处的规划、预算及评估办公室也有一项类似项目在同时运行，其目标表述与前者基本类似，但其更关注的是"促使目标实现"和"提升目标"，包括建立公共学校选择系统、以州为范围的成绩考试，以及未达标学校通过制订计划实现提升的系统。[12]全国州长协会之前的工作，即其1986年的报告《追求结果的时代》（Time for Result）为基于标准的改革铺平了道路，并建立了一个重要的先例，这一报告呼吁以州为主导的改革着重于可衡量的结果、建立学生知道和可以做什么的成绩单、公立学校的选择、失败的学校由州接管，并设置教师事业发展路径。[13]

在夏洛茨维尔峰会之前，全国州长协会于9月25日召开了一次"峰会外展活动"，40多个教育、商业、倡议者和政府组织的代表参加了活动。州长卡罗尔·坎贝尔（共和党–南卡罗来纳州）和比尔·克林顿（民主党–阿肯色州）担任了为期一天的会议的联合主席。与会人一致认为，全国存在着一种教育危机,表现为穷人和少数民族学生们都处于弱势地位,这一情形需要"设置起一套国家教育目标并制定实现目标的全国性策略",看来似乎与会人就建立起全国性目标并制定一套综合、相互配合的策略来实现目标达成了共识。[14] 在峰会召开之前的一段时间,总统代表就已经委托政府对会议后续问题进行跟踪,包括"与州长们一起制定一套国家性的绩效目标",这是历史首创。[15]

布什总统在职期间继续在教育部任职的切斯特·芬(Chester Finn)是这样描述他所说的"象征性"努力的:

> 夏洛茨维尔峰会是一次公共关系活动,源于政府已经对教育无能为力这一事实……看来一片沉寂,什么都不会改变。[16]

标准运动在20世纪80年代得到商业社会越来越多的支持,另外,商界与当地的学校和地区的合作,虽然对公共关系有积极影响,但对教育的基本运作模式并没有带来多大的改变。在州这一层面,商业社会为基于标准的教育改革提供了很大的动力,包括对州长和州立法者推行改革所施加的压力,对结果的过度关注,公众对"基于联邦政府投入的政策"并没有带来预想的改变有了越来越清醒的认识。[17]

商业峰会

在夏洛茨维尔峰会前一周,布什总统与商业圆桌组织(BRT)的主要负责人会面并讨论了教育改革问题。1989年6月5日,在商业圆桌组织的年会上,他倡导商业领袖们加入各州进行教育改革的努力中。[18] 布什之前也是商人,家族财富丰厚,与石油业联系紧密,并与东部权势集团有长期的联系。[19] 布什的促动致使商业圆桌组织将整个夏季会议议题都放在教育改革上。会议最终形成了一个关于改革教育的目标声明,目标中包括的关键元素成为日后学校改革的一项共识性计划。

在夏洛茨维尔峰会上,全国218个最大公司的首席执行官们讨论了提高教育的具体步骤，基于近十年各商业团体和组织在教育改革上所付出的共同努力，商业圆桌组织峰会制定了一个类似于夏洛茨维尔州长峰会上所做出的目标声明。首先，商业圆桌组织成立了一个十年项目组来推行其改革教育的目标，1989年商业圆桌组织峰会所制定的九个目标陈述包括基于结果的教育、对学生进步情况进行严格且复杂的评估、对所有孩子都寄予厚望、对每个学校实行奖惩制度、进行基于大学校（greater school）的决策、强调员工发展、愿意学习规则，以及更好的使用技术。[20] 商业领袖们对这一改革蓝图所做出的承诺，是基于他们已经感知到美国在全球经济中的领导地位面临着威胁。州立农业保险公司的首席执行官爱德华·鲁斯特（Edward Rust）以及1999年成立的商业圆桌组织教育特别小组的主席，后来解释了关于教育的商业圆桌组织计划背后的经济原因：

> 在建立在知识和专业技能基础上的全球经济中，当今雇员必须胜任的工作比上一代多得多，对雇员的要求也会越来越高。20世纪50年代，职场新人所从事的工作60%都被认为是没有技术含量的，到了2000年，这一比例减少到15%……美国公司所上报的因为缺乏技术型雇员导致经济持续增长受阻的比例持续增长，从1993年的27%增长到去年的69%。[21]

所以，为了增加经济增长所需的"技术型"雇员的数量，教育系统就必须进行彻底的变革。商业圆桌组织峰会、之后的对州长峰会的支持，以及全国性目标的制定均增加了州长和州立法者的压力，迫使他们开展基于标准的改革。

时任IBM总裁和首席执行官的约翰·F. 埃克斯（John F. Akers），同时也是商业圆桌组织教育特别小组（BRT Task Force on Education）的负责人，他于1989年春天发布了一篇名为"行动倡议商业圆桌组织"的备忘录，在管理层中广为传阅。备忘录中写道，"想要重新构建美国K—12教育，商业社会必须参与进来并与之建立联系，这是因为商业对竞争至关重要，同时商业也是未来民主社会展现活力的基础。"对于商业圆桌组织所参与的教育改革，备忘录列出了三点计划：第一点，"建立并强化合作"；第二点，商业圆桌组织教育特别小组的"领导/指导"；第三点，也是最重要的一点，是这样写的：

> 建立起一个教育改革的系统方法，这一方法的实质是定义所期望达到的"产出"或可衡量的目标，然后确定（原文如此）实现上述目标所需要的人力、财务资源，以及其他元素。[22]

因为峰会即将召开，1989年9月18日，约翰·埃克斯直接给布什总统写了一封信，重点说明了商业社会对教育改革的承诺，这封信提供了一份支持声明，写道：

> 我们知道商业并不能提供所有的答案，但是圆桌会议的成员们已经准备用十年的时间将个人时间和公司资源投入到这场联合行动中，为我们国家教育体系的复兴付出努力。[23]

备忘录也提到教育特别小组与总统将在1989年9月26日，也就是夏洛茨维尔峰会召开之前进行的会面。备忘录所附的声明的标题是"教育的十年：商业社会对美国孩子们的承诺"，通告"将开启对我国教育体系改革的全新阶段"，其中还包括一份商业社会将致力于"教育的系统改变"的宣言。其中提到，"美国急需建立起全国性的教育理念，我们面临的挑战就是共同形成这一理念，其中应该包括教育体系重组的一个广泛可接受的目标以及为取得更好成绩——包括老师和学生——而采纳的全国性的标准。"之后，备忘录陈述了支持"建立一个能实现卓越的、责任制的、有效控制的教育体系"，并为此设定了四个目标，分别是：

- 建立起实现世界领先的教育体系这样的全民共识
- 保证关于提高学生成绩及学业完成率，以及制定一个有效且可衡量的体系的全国性目标被接受

- 与联邦、州政府、教育者、父母、商业组织,以及其他相关团体开展合作,共同形成一个新的教育体系
- 帮助建立公共舆论对全国学校重组的支持,并促使学校及其服务的人之间建立更直接的沟通。[24]

这样,在夏洛茨维尔峰会前几个月,商业社会、政府,以及国家的州长们已经形成了进行系统改革,并建立新的基于标准和问责的新体系,从而实现学校改革目的的一致意见。

州长峰会计划

夏洛茨维尔峰会最初计划是展示各州示范性的案例,但峰会筹划人员最终决定将关注点放在指定全国性的教育目标。政府的初衷是"州长和总统能协调一致,共同致力于通过努力建立起教育的长期目标",通过这一努力,实现"到21世纪初,建立起关于教育体系本质的愿景,以及教育体系必须实现的目标"。所确立的目标必须是"全国性的"而不是联邦政府强制实施的,并鼓励政府各层级和私人力量"寻找支持所取得成就的方法"。[25]

1989年春夏期间,白宫工作人员、全国州长协会,以及其他机构之间就可能的计划展开了大量的私下交流,就各种可能的方案展开了讨论,推测多少位州长能支持总统的教育提议。在一份备忘录中,列出了25位可能"支持总统教育提议"的州长名单,以及11位可能帮助"推广总统计划"的人员名单,后者包括阿肯色州州长克林顿、明尼苏达州州长鲁迪·珀皮奇(Rudy Perpich),以及华盛顿州州长布斯·加德纳(Booth Gardner),这几位均是民主党人。[26] 其他备忘录还讨论了召开一次非正式会议来体现"快速行动"、认真听取州长建议的承诺、举办一系列地区性论坛、在峰会上成立四个工作组"分别服务于我们的四个原则",以及启用更多来自大学、商业社会、议会和教育界的特殊观察员。[27] 读这些备忘录时,很明显能感受的一点是采取行动的表象被作为首要关注点。

1989年5月16日,布什总统和13位州长私下召开了一次会议,会议

讨论了召开一次峰会的可行性。会后，全国州长协会宣布暂定于9月份在白宫召开一次峰会。[28] 后来会议地址做了变动。在峰会开始前不久，峰会领导小组就会议的三个目标达成一致，包括通过州和地方层面的改变来"加强国家的教育体系""强调结果"，形成"更大的灵活性和更有效的问责"。[29]

夏洛茨维尔峰会

夏洛茨维尔峰会于1989年9月27日和28日在弗吉尼亚州弗吉尼亚大学召开。与会人员包括布什政府成员、49位州长、总统内阁，以及少数其他人。除了弗吉尼亚州负责组织会议的人员，其他教育界人士或议会成员并没有参会。[30]

总统的欢迎致辞清楚表明他认为联邦政府的角色是支持和协调合作参与方，而不是领导学校改革的实施。布什总统表示：

> 我们的教育体系目前存在着真实的问题，但是联邦政府并没有一个统一的解决方案，当然，政府在这其中要扮演很重要的角色，这也是我以及这么多内阁成员出席会议的原因。我们将与大家通力配合，一起寻找解决方案，但是我也相信，问题的关键还是要在州和地方层面去寻找。[31]

尽管峰会期间有几个公开议程，主要也是为了照顾媒体的需要，会议期间的六个更小型的"工作组"则主要限于总统、州长、内阁成员和少数几位政府高层工作人员，他们就会议关键议题展开了讨论。每位州长都被分配参加两场分组会议，分组会议由两名州长主持（一位民主党人、一位共和党人），并由一名内阁成员加以协调。这些会议不向工作人员和媒体开放。峰会的工作小组重点关注六个方面，这六个方面是由全国州长协会和布什政府达成一致认为需要提升的方面，包括管理、教学、学习环境、选择和重建、培养有竞争力的劳动力，以及高等教育。

除了以上议程，每个工作组规划了一个关键问题清单，其中至少两个组要讨论与责任制有关的话题,"管理:应该由谁来主导"小组在讨论中涉及"保证学校为其表现承担公开的责任、创新有足够的发挥空间,并且优异的表现被认可和奖励","选择和重建"小组在讨论中涉及"思考能够扩大选择、加强问责的方式。"[32]

峰会的主要参与人员包括布什总统、布什总统的经济与国内政策助理罗杰·波特(Roger B. Porter)、克林顿,以及坎贝尔(Campbell)。教育部长劳拉·卡瓦佐斯(Lauren Cavazos)出席会议并负责主持了一个分组会议,但他没有参加在野猪头酒店(Boar's Head Inn)举行的深夜讨论,这一环节的讨论最终形成了会议联合公报。根据一篇新闻报告,全国州长协会的一份声明草案建议政府在扫除文盲和确保哥伦比亚特区零吸毒学校的建设方面担负起主要责任,并建议重点对全国少数几个存在严重问题的大城市和农村地区提供援助。波特认为,这一条跟公报的其他部分"真的不搭",所以在深夜会议期间被取消。[33]

1989年9月28日峰会结束时,总统和州长们发表了一份联合公报,重申了他们召开峰会的目的,即制定全国业绩目标,并设立一个小组来监督目标制定的过程。总统和州长们宣布"辞藻华丽的时代已经过去",他们发布了所谓的"杰斐逊契约,用以启发我们的后代和后代的后代"。声明部分内容如下:

> 总统和国家的州长们一致认同,受过良好教育的公民是美国持续增长和繁荣的关键……我们相信,这是美国历史上第一次建立明确的全国性绩效目标,这些目标将提高我们的国际竞争力。[34]

到峰会结束时,与会者同意"建立起一套制定国家教育目标的流程"、"以州为单位"开展"教育体制重建",并建立起"以结果为中心的责任制度"。[35]重新回顾这一声明,其中最引人注目的是企业驱动的改革蓝图被赋予的极端重要性,以及将自由市场竞争原则应用于学校以期提高学校绩效。设定目标与提供必要资源确保目标实现之间的紧张关系仍未得到解决。此外,峰会故意将国会议员排除在首脑会议之外,这无形中设置了一种对抗,在后期实施的过程中这些对抗可能会不时出现。[36]

媒体报道

媒体对峰会的描述总体上是积极的,他们将峰会定位为"历史性事件",是"第一次",能带来重要的学校变革。《纽约时报》的一篇文章将这次峰会描述为历史性的,认为其标志着州长们,包括民主党的州长和共和党的州长们"第一次"同意制定一个国家教育战略,并称其为布什总统的"胜利"。《纽约时报》的另一篇文章报道说,"教师们称赞布什为制定新的教育议程所付出的努力。"虽然有少数人表达了对钱的问题的担忧,"总的来说似乎没有什么批评的声音。"[37]

《华盛顿邮报》的一篇文章指出,"责任制"和对"绩效措施"的呼吁是峰会的主要信念,将峰会描述为"使美国学龄儿童与其他国家学龄儿童更具竞争力"的"必要下一步"。该文章引用比尔·克林顿的话说,"历史上第一次,我们对投身于国家绩效目标的确立进行了充分的思考,"并指出,实现绩效目标的活动"近年来势头增强",商业领袖们对此付出了尤为多的努力。另一家很有影响力的报纸的一篇文章称峰会是"激动人心"的、"历史性"和"成功"的,但指出它"让人联想到竞选事件。"[38]

也有人提出峰会是一场"气氛热烈"的"媒体狂欢",认为峰会的主要结论已经在峰会前的谈判中达成一致,峰会只是"批准了预先确定的结果。"[39]保守的《华盛顿时报》敏锐地表示州长峰会与赫希(E. D. Hirsch)的《文化素养》(Cultural Literacy)以及他对核心课程的推动是契合的,并表示峰会可能"重振一直徘徊不前的教育改革运动"。[40]

《基督教科学箴言报》报道说,"竞争"是峰会的代名词,并指出州长们从商界得到"明确的信息",即需要提高"美国工人的知识水平"。《华盛顿邮报》的一篇文章援引美国教师联合会主席阿尔伯特·尚克尔(Albert Shanker)的话说,系统改革的计划"将推动发生在学校的事情",结果证明这是有先见之明的准确预测。[41]

总体来看,关于峰会的媒体报道似乎都在陈述学校改革"具有历史性的"宏伟意义，只有少数文章提到了改革设想中融入与商界的合作，更甚少提到其与保守主义教育计划的联系以及与赫希的《文化素养》的相似之处。如此看来，在民主党人、共和党人、商业团体以及至少少数支持系统改革的教育者之间正在达成的共识这一点上，媒体在很大程度上就是他们的协助者。

后续

峰会结束后，全国州长协会教育工作组（NGA Education Task Force）和布什政府继续致力于制定和完善国家绩效目标，并成立了一个非正式的指导委员会。他们在1989年12月7日召集了一次会议，确定目标的最终措辞以及衡量方法。[42] 白宫工作人员、教育部和教育研究和改进办公室（OERI）对衡量各个"替代"目标的不同方法提供了协助，并收到了来自各方面的"宝贵的意见和建议"。[43]

12月7日的会议议程包括一场为州长、政府代表和教育助手举办的不公开的简报会；由教育界、商界和社区负责人参加的两场同时进行的、旨在"对反应和建议进行评估"的公开讨论；一次由技术专家参加的公开圆桌讨论；以及一场进行初步决策的非公开会议。由教育工作组咨询委员会制定的全国州长协会备忘录列出了制定国家教育目标的标准，与会者一致认为目标应符合以下标准：

- 简洁明了、容易记忆、鼓舞人心——公众可以轻松记住和理解的四到六个目标。
- 以结果和成果为导向。
- 可以衡量。
- 目标宏大但可实现；达到目标后应能大大"提升"系统的表现。
- 使国民具备国际竞争力。
- 推动系统的彻底重组。
- 立意长远：立足未来大概十年的发展。[44]

1989年12月7日会议的与会人员包括来自教育界、商界和社区团体的代表——他们能很好地代表利益相关者。与会技术专家包括詹姆斯·科默（James Comer）、切斯特·芬、马歇尔·史密斯（Marshall Smith）、马克·塔克（Marc Tucker）以及其他深入参与"系统性"改革的人士。[45] 会议计划赶在1990年1月份的总统国情咨文演讲前完成目标的制定。

1989年12月7日的会议和其他后续讨论达成了一致意见，即"首要任务是制定大约六条简洁明了、容易记忆的目标，总统将在1990年1月31日的国情咨文中阐明这些目标。"[46] 这些陈述体现了夏洛茨维尔峰会之前已经商定的一些一般原则。

经过所有可能的努力之后，布什总统在1990年国情咨文演讲中与全国分享的六项国家目标如下：

到2000年，

一、美国的所有孩子都会在做好学习准备的情况下开始接受学校教育。

二、高中毕业率将至少提高到90%。

三、所有的学生在结束四年级、八年级和十二年级的学习之时应该具备挑战性科目的学习能力，包括英语、数学、科学、历史和地理；并且美国的每个学校要确保所有的学生能学会很好地运用他们的思维，准备好成为负责任的公民，进一步学习，以及在国家的现代经济中从事富有成效的工作。

四、将美国学生培养成科学和数学成就方面最优秀的人。

五、确保每个成年美国人都接受教育，具备在全球经济中参与竞争以及行使公民权利和责任所需的知识和技能。

六、美国的每所学校都远离毒品和暴力，提供有利于学习的安全、守纪律的环境。[47]

上述目标相当笼统，并且故意含糊其辞。目标陈述并未说清楚"具备……能力"等表述的含义以及如何衡量目标的实现情况。虽然峰会和随后的谈判努力为这些目标奠定了基础,但并没有制定具体的策略来实现这些目标。但是,国家目标的宣布有助于推进学校责任制改革的稳步发展。

峰会的意义

继国家目标宣布之后的下一个关键问题是,如何鼓励州和学校针对目标采取行动。许多观察家认为,实施这些目标需要更具体的国家标准以及绩效衡量机制。虽然目标的逻辑提出了新的计划,但尚不明确是否可以在不给干涉性的联邦机构赋权的情况下创建国家标准,而且关于衡量和责任制相关的问题几乎没有形成共识。民主党人及他们在教师工会中的盟友对本质上是惩罚性的,或者不会提供更多资源来增强学生的学习机会的责任制措施的制定持谨慎态度。而共和党人虽然支持改变教师和学校行政人员行为的强有力的问责措施,但普遍担心联邦在教育方面发挥更大作用,同时也担忧资金需求的增长。[48]尽管存在这些不同声音,但公众对国家教育标准的广泛支持继续有力推动着运动的发展,并促进了支持体制改革的新共识的形成。[49]

由于夏洛茨维尔的象征意义和具体贡献,它成为一个重要转折点。峰会将争论点转到标准和国家绩效目标上,对责任制的关注也更为显著。布什及其工作人员想尽方法来刺激对学校改革的支持,但同时保证不会显著扩大联邦支出或控制。这次历史性会议是媒体的成功,标志着一场重大的两党妥协,愿意共同支持系统教育改革。联合声明意味着共和党人和民主党人能够克服在目标设定、责任制和资金等方面存在的潜在差异,尽管后期还是会重现紧张态势。尽管如此,峰会上的两党合作精神为进一步合作奠定了基础,并重新引起了公众对美国学校改革的关注和投入。20世纪80年代的第一波改革对学校的影响有限。夏洛茨维尔峰会和新的国家目标有助于鼓励企业参与,促进了系统改革框架的成形,并推动了将核心商业原则应用于教育。公司化学校改革已完全落实到国家的议事日程上。此外,布什教育部团队的主要成员认为,在"美国2000年计划"中体现的改革努力是提高和改变美国学校教育的"十字军"。[50]

鲍威尔备忘录和商业圆桌组织

  1989年10月底召开的财富教育峰会反映了商界对系统改革的支持程度，峰会由《财富》杂志主办，是一次为商界领袖们举办的平行会议，政府派总统的主要国内政策顾问罗杰·波特作为代表参加了会议。虽然政府和商界领袖处于并行的轨道上，但政府小心翼翼地维持布什是"教育总统"而不是商业领袖的形象。[51]1989年10月29日至31日，在华盛顿特区威拉德酒店召开了一场财富峰会，发表峰会开幕致辞的是苹果首席执行官约翰·斯卡利（John Scully），峰会包括教育改革运动领导人的演讲或小组会议，这些领导人来自商界、学术界和政府，例如欧内斯特·波伊尔（Ernest Boyer）、特里·布兰斯塔德（Terry Branstad）、基思·盖格尔（Keith Geiger）、鲁迪·珀皮奇（Rudy Perpich）、罗伊·罗默（Roy Romer）、艾伯特·尚卡尔（Albert Shanker）、汤姆·基恩（Tom Kean）、克里斯·惠特尔（Chris Whittle）、马克·塔克和弗兰克·纽曼（Frank Newman）（国家教育委员会）。波特进行了题为"政府和企业：共同努力促进教育改革"的晚宴演讲，这个标题基本概括了责任制运动，峰会最后以施乐公司董事长兼首席执行官戴维·卡恩斯（David Kearns）的演讲结束，演讲题目为"21世纪面临的挑战"。[52]

  虽然并没有公开承认商界领袖参与了夏洛茨维尔峰会，但他们长期以来一直在游说州长和州议员进行教育改革，在夏洛茨维尔之前和之后也召开了几次商业教育"峰会"，他们可能以参加观察员的身份参与了夏洛茨维尔峰会。在此期间，他们与布什政府官员密切沟通。此外，一些州在大约同一时间举行了类似的教育峰会，旨在推动系统教育改革议程的实施。[53]

  20世纪80年代，商界对教育的影响一直处于稳定增长的态势，但到了布什政府期间，这一影响似乎开始呈指数级增长，因为一个由各商业团体组成的联合理事会越来越多地参与到教育改革中来，这些团体包括商业圆桌组织、全国制造商协会、美国商会、经济发展委员会等。企业逐渐成为改革背后的推动力量，并通过游说政府领导人持续对企业化模式的教育行业施加压力，推动系统改革。来自商业和教育界的核心成员作为布什政府的成员或同盟伙伴参与系统改革，其中包括戴维·卡恩斯、丹尼斯·多伊尔（Denis Doyle）、马克·塔克、爱德华·鲁斯特等。

商业游说的历史

商业游说长期以来一直在美国舞台上扮演着重要角色，他们操纵政治家和政策制定、支持或反对特定立法、不遗余力地支持商业利益。全国制造商协会（NAM）是通过公共关系的方法获取政治权力的第一批商业联盟之一，其80个创始成员是美国商界的重要力量。全国制造商协会成立于1895年，旨在促进对外贸易，协会成立后很快将重点转向反对工会、支持雇主享有不受政府干预的提供工作环境和制定工资的权利。协会在其游说中反对旨在保护工人的立法，发起运动反对在选举中支持工人的候选人，并反对对使用童工的限制。20世纪前十年，该协会被一个国会委员会调查，因为该委员会发现协会通过贿赂国会议员来促进其计划的实施。20世纪30年代，该协会被大公司的"高层人员"接管，他们迅速制订了一项"商业救赎"计划，并开展了反对新政的大规模运动，令当时全国充斥了大量极端的宣传。该协会在反对哈罗德·拉格的社会学科教科书和其他进步主义时代的教科书方面发挥了主导作用，这些教科书都试图让学生对美国生活持"现实的"观点。[54]

一直以来，商业团体都在试图通过政策讨论和咨询小组的形式来制订计划并对政府施加影响。国家公民联合会、国家工业会议委员会、对外关系委员会、经济发展委员会和商业委员会等组织均成立于20世纪上半叶，这些组织有许多成员同时服务于多个组织。总的来说，与全国制造商协会和美国商会形成鲜明对比的是，他们的政策讨论和咨询小组采取了较为温和的立场，接受了一些国家福利，也适当保护劳动者权利。然而，20世纪70年代，随着商业圆桌组织的形成以及公司资金被大量投入商业组织，即使是温和的团体也开始支持市场驱动的改革。政策讨论团体提供了一个非正式的讨论平台，参与人可以私下讨论战略和政策立场，企业负责人也可以选择学术专家来推动他们的事业的发展，并将企业高管合法化为专家，使他们能够影响公共政策的制定。

另外，商业还借助智库和研究机构来施加影响力，他们经常利用大学学者的观点和理论来形成政策提案并传播出去，这些提案可能会被政府委员会采纳并起草到立法中。特别是近年来，利用其保守主义的和亲商业的计划，主要由公司和富有的保守派资助的保守的智库和基金会已经非常善于推广自由市场理念和政策。这些能够影响政策讨论（包括教育相关的讨论）的智库，主要包括美国企业协会、美国传统基金会、卡托研究所和胡佛研究所。他们主要由保守派基金会资助，如斯凯夫（Scaife）、布拉德利（Bradley）、奥林（Olin）、科赫（Koch）、史密斯·理查德森（Smith Richardson）和其他一些人，他们的目标是通过一对一的会面、会议、政策陈述、研究出版物、媒体露面和竞选资金支持来直接影响政策制定。[55]

商业圆桌组织

近几十年来，商业圆桌组织已成为维护美国企业利益一个最强大的声音，也是教育改革中商界的主要代言人。在20世纪60年代和70年代初期，企业自由民主党联盟遭受了一系列挫败，自由民主党联盟选举了约翰·肯尼迪和林登·约翰逊，他们的权力体现在"大社会"（Great Society）的计划中。之后的几十年，商业团体接受了这样一个事实，即他们对政策的看法会受到工人和其他人的质疑，而妥协是公共生活的必要特征。然而，环境的持续变化还是引起了恐慌。民权、反战和反文化运动引发了左派言论和运动的激增。之前因为能快速生产弹药而广受赞誉的企业突然被贴上了战犯和劳动剥削者的标签。

1971年，刘易斯·鲍威尔（Lewis Powell）还是一名公司律师（后来成为最高法院法官），他代理了几家烟草公司并在菲利普莫里斯公司董事会任职，当时他撰写了一份广为流传的备忘录，名为《对美国自由企业制度的攻击》。在备忘录中，作为美国商会教育委员会成员的鲍威尔语气强烈且非常雄辩地指出，企业和资本主义制度受到大范围攻击，需要行动起来、主张政治权力，以保护他们的利益并维护制度的持续。在一篇"充满活力和突破性的 6466 字分析"中,他敦促商界通过有组织的政治行动收复失地。[56] 他认为,力量需要取决于"组织""长期规划"和"一致性",为此他写道:

> 如果我们的制度要生存,最高管理层必须对保护制度和加固制度给予同样的关注……在广大的前线反抗对企业系统的攻击……企业必须吸取教训,这些教训都是很久以前劳动者和其他自利团体已经学到的。这些教训是:政治权利是必要的;政治权利必须得到勤勉(原文如此)的培养;必要时,必须积极且坚定地使用政治力量。[57]

鲍威尔备忘录提供了其他人称之为"企业统治美国民主的蓝图"和"阶级斗争的战斗号角"。[58] 尽管鲍威尔是众多推动重振商业的政治影响力的人物之一,但他的备忘录常常被认为标志着促进企业对政府和教育施加越来越大影响的时代到来,重振了可追溯到新政时代及更早期倡导的商业计划。[59] 尽管大多数公众在 20 世纪 60 年代后期看到了企业化美国的初步图景,并且看到了初期垄断导致的价格上涨,并怀疑军事、政府和商业利益的全球勾结,"现实却截然不同","总的来说",大企业在美国的政治中"是一个笨拙、不安、没有用的球员"。

商业圆桌组织和其他团体的调动改变了这一点。大量证据表明,在企业活动的每个方面,企业资源的快速流动影响了从 20 世纪 70 年代到目前的公共政策制定:商业组织的成员和预算大幅增长;企业在华盛顿特区设立公共事务办公室进行游说;商业团体也组成了新的更强大的联盟,建立起一个相互关联的基金会、政策讨论组和智囊团网络。[60] 尽管企业化美国在华盛顿的实体机构看起来很小,但事实上,它在实现亲商业计划方面投入了大量资源和顶尖商业和法律人才。"几乎不可避免地,该计划奏效了",长期担任企业内部人士的罗伯特·蒙克斯(Robert Monks)写道:

> 商业圆桌组织通过其发表并被广泛传播的研究,以及媒体、国会和行政部门的孜孜不倦的追求甚至有时实施的高压手段,成功地改变

了有关企业可触及范围和自决的限制的谈判条款。工会的力量削弱、话语权消失。企业被免除支付养老金义务……（且）最深远的是……（他们）创造了一群新的哲学家国王阶级。[61]

他们的活动产生了几个重要的额外效果：释放出数量惊人的薪酬和股票期权；限制了股东权限；增强了企业对政治和政府的影响。忽然之间，像李·艾科卡（Lee Iacocca）、罗斯·佩罗（Ross Perot）和唐纳德·特朗普（Donald Trump）这样的企业领导人成为商界的摇滚明星，写书、上电视，并就如何提升学校和其他一些机构提出建议和意见。

代表全国许多大公司的三个商业组织合并组成1972年的商业圆桌组织，其成员仅限于顶级企业的首席执行官。在五年内，商业圆桌组织召集了财富200强企业中的113家，这些企业占美国经济总量的近一半，成为一个强大的集体游说团体。此外，鲍威尔备忘录表明，企业更多地参与到大学校园和中学的教育中来，并且商业代表应该"坚持平等时间"。他认为企业应该不断评估社会科学教科书，以便"重建"保证"我们的企业体系"得到"公平和真实对待"所需要的"平衡"。[62]

商业团体与教育

商界参与似乎是一个很少有人能够抗拒的主导力量。在20世纪80年代期间，甚至到90年代，商业团体及其代理人撰写了源源不断的研究成果、报告、书籍和其他出版物，支持符合他们利益的、由市场和商业驱动的学校改革的愿景。这些撰写政策文件和学校改革报告的团体包括商业圆桌组织、经济发展委员会、美国商会、学校改革商业联盟（BCER）、教育信托（Education Trust）、美国传统基金会、美国企业协会、哈德逊研究所等。虽然看起来各自独立行事，但这些组织之间有大量的想法、资金和人员分享。

其中一个团体在为商业驱动的学校改革提供理论和知识基础方面发挥了尤为突出的作用，也就是前一章讨论的经济发展委员会，该委员会发布了一系列持续的研究和政策声明，旨在促进和维持美国在全球经济领域的竞争力。正如我们所看到的，20世纪80年代，该委员会发布了一份重要报告，名为《投资我们的孩子：商业和公立学校》（1985年），作者是该委员会的丹尼斯·多伊尔（Denis Doyle）。这篇报告提出了一种以商业为导向的学校改革方法，与早期的另一篇题为《美国工业竞争力战略》（1984年）的报告中阐述的全球工业竞争力愿景紧密关联。继《投资我们的孩子》，他们又开展了一项类似的旨在帮助教育弱势群体的研究，题为《需要帮助的儿童：为教育弱势群体投资》（1987年），以及另一份题为《工作的美国》（1999年）的报告，其中描绘了用"人力资本"的方法来对教育进行改进。

哈德逊研究所1987年发表的报告《2000年的劳动力：二十一世纪的工作与工人》在领导阶层中也有一定的影响力。该报告由美国劳工部公布，其中审查了造就美国经济的各种力量，重点关注劳动力市场趋势，包括预估的需求和挑战。它充分接受了为"人力资本"发展目的来开展教育的理念。在提高工人教育水平和技能的章节中，作者写道："必须大大提高在全国的学校中已经建立起来的教育标准……从经济角度来看，学校的更高标准等同于国际竞争力。"[63]

达成全国性的共识

由企业/政府联合领导的全国性共识开始形成，其核心点是市场力量和商业原则应该推动教育改革，强调结果和问责。商业支持的基本哲学中最明确的陈述之一是由戴维·卡恩斯（David Kearns）和丹尼斯·多伊尔（Denis Doyle）共同撰写的一本名为《赢得脑力比赛：提高学校竞争力的大胆设想》（1988年）的书。这本书的部分内容是基于卡恩斯1987年在底特律经济委员会发表的一次演讲。[64] 卡恩斯后来成为布什政府的副教育部长。卡恩斯和多伊尔认为，这些商业理念本身的应用会带来改进，虽然其几乎不关注任何学习理论或教育哲学，但会更多地支持研究什么能行之有效地提高成绩。引用亚当·斯密的观点，卡恩斯和多伊尔描述了一幅冒险资本主义不受限制地应用于学校的前景。

卡恩斯和多伊尔首先假设我们国家的学校"陷入危机"并代表了"一场失败的垄断"。虽然这让人联想到布鲁门菲尔德（Blumenfeld）的《公共教育是否必要》，卡恩斯和多伊尔认为，"商界必须制订新的计划"，这一计划要以"选择"、提高"标准"和严格的责任制为中心进行"完全重组"，计划中要包括年度考试和高利害后果。对此，他们提出了六点计划：倡导选择、重组、专业化、标准与责任制、灌输民主价值观，以及有针对性但同时受到限制的联邦角色定位，在这一过程中，"一直表现不佳的学校……（可能）会被关闭。"[65] 围绕"市场概念"他们开发了一种"经济模式的教育"，其中"绩效"的衡量是唯一最重要的贡献因素。

这本书和卡恩斯对学校改革的热情引发了布什总统的关注，布什总统任命卡恩斯担任副教育部长。布什回忆说："我不止一次亲自拜访过他，而且我不怕说我很倚重他。"[66]《赢得脑力比赛》中讨论的许多核心思想（虽然并不是所有具体提案）都成为推动新改革的责任制运动的核心，责任制运动逐渐登上历史中心舞台。

《政治，市场和美国学校》（1990 年）也是一本支持以市场为基础、以商业为导向的有关改革的比较有影响力的书，其在不断发展的学校改革运动中留下了不可磨灭的印记。这本书由约翰·丘伯（John Chubb）和特里·莫（Terry Moe）撰写，由布鲁金斯学会出版。20 世纪 90 年代，这本书成为被大量引用的关于教育改革的著作之一，其作者认为，相比丰厚的经济资源或较高的社会经济地位，良好的领导力、教学、高学术标准和目标，以及强大的父母支持的结合可以创造更为有效的学校教育。尽管在教育改革运动中出现过很多充满希望的言论，但他们认为大多数改革都注定要失败，因为大部分改革没有找对问题的根源，他们认为问题的根本在于一直以来对学校进行民主控制的体制。

丘伯和莫围绕几个国家统计数据库展开分析，以确定可以提高学校学业成绩的因素。他们得出的结论是，只有校长和老师能享有较高层面的不受官僚监管影响的自由权的情况下，才能实现真正的改变。因此，他们主张在私有化方向上进行较大的改革，并制定了选择权倡导者一直希望的研究合法性。丘伯和莫认为，保证学校效率的责任在于教师和家长，而不是政府。因此，提高学校效率要通过市场竞争和更积极的选择计划。他们建议"围绕家长－学生选择和学校竞赛建立新的公共教育体系，以促进学校自治，从而为实现真正的学校提升和卓越的学生成绩提供稳固的基础。"[67]

他们的发现和论点得到了学者和媒体超乎寻常的关注，后来被一位评论家称为"新自由主义教育圣经"，学术评论家将他们的作品描述为"以数字支撑的论证"。[68] 虽然切斯特·芬对他们的工作大加赞赏，但政治学家约翰·威特（John Witte）指责说："认为借助《高中及之后的学校教育》（High School and Beyond），我们可以推翻美国的公立学校系统，用选择系统取而代之，这简直是疯了。"[69]

商业圆桌组织的提议

围绕商业或市场驱动的学校教育改革存在各种观念，上述大部分工作是旨在就这些观念达成共识的运动中的一部分。正在形成的一项共识是在关于成功教育系统基本组成部分的一份商业圆桌组织声明（1989年）中提出的。该声明将标准、评估和责任制置于关于改革的九点建议的中心。在该声明起草后不久，商业圆桌组织于1990年启动了一项"50州倡议行动"，试图说服各州采用商业圆桌组织提出的系统改革的九个基本组成部分，试图建立一个"基于绩效或结果的"系统，在这一系统下，"成功的学校会受到奖励，而失败的学校将受到惩罚"，并得到帮助以改进不足。[70]

乍听起来，他们的九点建议很合理。但是，责任制的质量在很大程度上取决于评估的质量。在大多数情况下，评估仅依赖于对一些低级项目和事实记忆的考试，而不是"整合知识，理解主要思想，解决问题"。商业圆桌组织和其他企业集团背后的资金和权力意味着，世界上最富有、最有权势的人决定孩子会接受什么样的教育。这代表了哈克（Hacker）和皮尔森（Pierson）所描述的信奉赢家通吃政治的教育派别的观点，根据这一派的观点，政治和美国生活的很多方面都有企业权力的介入，包括供给侧经济，金融放松管制，为富人减税，财富、收入和权力的向上重新分配，各种公共服务的私有化，教育系统改革，以及企业利用其不受限制的支出来影响选举。此外，这也是一种全球现象，在其他国家也采用类似的模式，这是新自由主义和新保守主义改革者达成共识，共同倡导的"全球化"的一部分。[71]同时，这也是在更大范围内开展的私有化和降低政府干预运动，强化对社会制度和私人生活的以经济为中心的观点，采用可量化的方法来促进鲜明的个人主义，有赢家和输家的运动的一部分。这种做法有些自大地假设自由市场商业原则会改善许多问题。[72]

不断壮大的企业影响已经成为一个更大范围进行的商业调度模式的一部分，这一调度模式对随着20世纪70年代鲍威尔备忘录的发表和社会表达的类似担忧所衍生出来的力量进行调度。学校为商界提供了一种可以借以"反对"不利于他们的利益团体和政策的重要途径。在20世纪60年代和70年代期间，许多学校和教师接受了渐进式或探究式教育改革，激励学生质疑资本主义制度的价值。企业负责人们认为他们受到了攻击。归根结底，企业对教育不断增长的影响力并不是源自利他主义或更好的观念所产生的更大的影响和控制，从根本上来说，是源自对权力和利润的渴望。

系统改革

所谓的"系统改革"的概念越来越多地被提起，这为商业和政府的活动提供了支持和配合。在"美国2000年计划"听证期间，系统改革的概念出现在广泛的公众讨论中。[73]马歇尔·史密斯（Marshall Smith）和詹妮弗·奥戴（Jennifer O'Day）在他们具有开创意义的文章《系统学校改革》（1991年）中描述和推广了系统改革理论。随着国家改革运动在20世纪80年代的发展，人们越来越认识到改革必须是全面和综合的，零碎或分散的改革不会促进国家目标的实现。随着"系统改革"一词的普遍使用，其意义也开始有所不同。对于大多数人来说，这一概念包括强化各州在教育中发挥的作用、强调由内容和标准驱动的改革、制定高度综合性的且具有智力挑战性的课程和评估、相信所有学生都能够学习，并为学生提供学习的机会。[74]

在推动系统改革以及促进国家教育标准制定的不断发展的运动中，至少有三个因素发挥了主导作用。改革的第一推动力源于一种观念，即美国学生的学习表现在下降，且落后于其他国家的学生，尤其是在数学和科学方面。加之大众对学校教育失败的普遍认同，这为变革提供了强大的动力。系统改革的第二个压力源于20世纪80年代和90年代期间参与学校改革工作的州长、商界领袖和教育工作者的活动，他们参与了学校改革的战略规划过程。国家标准运动的第三个来源是全国数学教师委员会提供的一个例子，他们在1989年底自发制定了国家标准，这一标准得到了广泛支持和认可。[75] 第四个推动力是强大且有影响力的保守主义运动，该运动重塑了之前几十年美国的政治，并为后来形成的学校改革的共识方法提供了基础支持。系统改革与20世纪80年代商界在夏洛茨维尔教育峰会上所做的基础工作，以及在许多州（特别是加利福尼亚州、马里兰州、马萨诸塞州和纽约州）已经开展的改革努力建立起密切的联系。[76] 还与新保守派教育者，如拉维奇、芬、班尼特，以及其他支持并帮助设计和实施系统改革的人都有密切联系。[77]

除了这一商业、政府和制度结合产生的影响，还有一个在很大程度上被忽视、并且被认为对州立法机构的影响看似微不足道的力量，即美国立法交流委员会。该委员会通过为州立法者提供各州可以引入到各州立法实践中的立法示范，以及各种形式的支持，来提出其由公司支持的立法提案。立法交流委员会得到了大量富有的企业捐助者的支持，并在以州为单位开展的学校改革的战争中发挥了关键作用。此外，1990年7月，布什政府通过行政命令创建了国家教育目标小组，并通过监督进展情况对其进行管理。该小组由科罗拉多州州长罗伊·罗默（Roy Romer）担任主席，旨在促进共和党人和民主党人就共同的目标进行合作，并促进全国共识的形成。[78]

美国 2000 年计划

1991年4月18日，乔治·布什总统公布了他的学校计划，即"美国2000年计划：教育战略"。布什在发表该计划的讲话中说："如果我们希望美国继续保持领导地位……为了未来、我们的孩子和国家，我们必须改变美国的学校。目前的状况将得到改变。"当天早些时候，总统在白宫罗斯福厅会见了"商业核心小组"，并举行了午餐会，90多位商界和政府领导人参加了关于总统的教育改革计划的介绍会。[79] 布什总统、切斯特·芬、保罗·奥尼尔（Paul O'Neill）（美国铝业公司首席执行官）、约翰·埃克斯和戴维·卡恩斯（David Kearns）在会上发挥了主导作用。会议总结了商业团体的作用，强调了商业和政府合作的"协同作用"，并强调需要广泛的"非政治"和两党联合来"实施教育战略以实现国家的教育目标"，同时还强调了全国州长协会、国家教育目标小组、商业圆桌组织和教育部在"获取更广泛的改革支持上的关键作用"[80]。

"美国2000年计划"的发表已经筹备了一段时间，这其中涉及政府、商界和教育学者之间的合作，他们提出了"系统改革"的倡导并就此开展了合作。在劳伦·B.雷斯尼克（Lauren B. Resnick）和马克·塔克（Marc Tucker）致教育部长拉马尔·亚历山大（Lamar Alexander）的一封信中，他们简单描述了其所从事的制定"一套可以发展为全国考试制度评估方法"的工作，这项工作由一些基金会提供资助，这封信为包括标准、考试和学校战略重组的系统改革的关键组成部分的形成奠定了基础，而系统改革成为"美国2000年计划"的基石。[81]

"美国2000年计划"的核心是六大教育目标，这些目标源于1989年9月在弗吉尼亚州夏洛茨维尔举行的总统教育峰会。峰会期间，美国州长们就教育改革蓝图达成了预先确定的共识，并一致同意：建立起一套制定国家教育目标的程序，使用联邦资源时更强调灵活性和问责，逐州开展教育系统重建工作，以及出具全国教育情况发展的年度报告。[82] "美国2000年计划"提出的目标是夏洛茨维尔讨论的最初目标的增强版本，其制定的目标如下：

  目标一：为学校做好准备。到2000年，美国的所有孩子都会在做好学习准备的情况下开始接受学校教育。

  目标二：高中毕业率。到2000年，高中毕业率将至少提高到 90%。

目标三：学生成绩和公民身份。到 2000 年，所有的学生在结束四年级、八年级和十二年级的学习时应该具备应对挑战性科目的能力，包括英语、数学、科学、历史和地理；并且美国的每个学校要确保所有的学生能学会运用他们的思维，为了更好地服务于国家的现代经济发展做好准备，包括成为负责任的公民，具备深入学习的能力，以及能够富有成效的工作。

目标四：科学和数学。到 2000 年，将美国学生培养成在科学和数学成就方面最优秀的人。

目标五：成人扫盲和终身学习。到 2000 年，每个成年美国人都接受过教育，具备在全球经济中竞争以及行使公民权利和责任所需的知识和技能。

目标六：安全、有秩序和零吸毒的学校环境。到 2000 年，美国的每所学校都远离毒品和暴力，提供有利于学习的有秩序环境。[83]

"美国 2000 年计划"被认为是一项"国家战略"而"不是一项联邦计划"，"尊重地方控制权、依赖各州的主动权，并支持州和地方的工作"。这一"战略"有四个部分要同时进行，"我们的愿景是同时沿着四条平行轨道行驶的四列大火车，分别是：更美好、更负责的学校；新一代美国学校；学生们保持终身学习；有利于学习的社区环境。"[84]

因此，"美国 2000 年计划"的主要建议包括：若干帮助提高教师质量的战略；以学券制（voucher system）形式来支持选择，并将之作为学校改进的策略；通过"新的美国学校发展公司"来创建新的创新型学校；并制定新的"世界级标准"和成绩考试，以衡量学生在英语、数学、科学、历史和地理五个学科中的表现。

就像《国家风险报告》和 20 世纪 80 年代其他类似报道一样，"美国 2000 年计划"的前提是认定美国的学校处于"危机"状态，而且学校未能教育出知识渊博的技术工人是美国国际经济竞争力下滑的原因。虽然国会未将该计划制定为法律，但其创设出了可见的国家目标，并为布什时期的联邦政策奠定了基调。"美国 2000 年计划"的发表也在媒体和学术期刊上引发了各种各样的评论。

讨论和争辩

哈德逊研究所的高级研究员丹尼斯·P. 道尔（Dennis P. Doyle）写道，"美国 2000 年计划"是美国历史上第一个严肃的政策倡议，旨在解决联邦在教育方面的作用是否应该扩大的问题。在一个热情洋溢的评估报告中，道尔称该计划"完全不同……充满活力、乐观且积极向上"，并指出计划将私人领域包含进来，但并没有排斥公共领域应该发挥的作用。他称赞该报告将商业理念应用于教育，并将新美国学校发展公司定义为"风险投资家"，可迅速采取行动实现创新。道尔公开宣称他将学校视为"创造人力资本的社会机构"，并呼吁"像新车、新电脑、新软件或新飞机"一样，新学校也应该经过一定的准备和考试才能推出。他写道，问题的关键不是将学校视为一个生产过程，而是"如何将一个垂死的机构转变为一个高绩效的组织，一个有效运转的组织"。[85]

卓越教育网络的吉尔伯特·T. 赛沃尔（Gilbert T. Sewall）表示，该报告列出的五个基础，即"标准语言、数学、科学、历史和地理"，是有意义生活的"精神家具"。他引用了亚瑟·贝斯特（Arthur Bestor）在 20 世纪 50 年代呼吁的关注教育的知识层面和高学术标准。赛沃尔还指出，严格的学术考试是其他工业国家的通常做法。此外，他建议改革要建立起"对教育进行质量控制的机制"。[86]

其他人对此持批评态度。美国前教育委员哈罗德·豪二世（Harold Howe II）指责"美国 2000 年计划"是行政部门对"学校事务"施加强大影响的"肆意行动"，并未能解决学校财政问题、不断增长的贫困文化，以及文化和种族多样性问题。豪还批评该计划对学习考试的使用"有很多问题"。[87]埃文斯·克林奇（Evans Clinchy）是 20 世纪 60 年代改革的积极推动者，他指责布什"恢复了古老的学券概念"，将公共资金引入私立学校，还指出，"革命性改革"的措辞与为实现"任意、不切实际的主题分隔"而采取的"强制性课程"和"强制性考试"所强加的组织形式上的束缚相矛盾,并迫使教师继续依赖传统的教学方法。他预测,教师将被根据学生在标准化考试中的表现来进行评估,这意味着教师将继续依赖讲课、书本作业和测验,这无疑会抑制学生的智力发展。他认为,"美国 2000 年计划并不能实现结构重组","反而最终可能导致从本世纪早期几十年就已经形成,且一直困扰着当前的公共教育体系的教学结构更为固化,这一结构是等级化、自上而下且反民主的。"[88]

美国教育协会分析师杰拉尔德·W. 布鲁斯（Gerald W. Bracey）指责学校表现不佳的说法是关于教育的"大谎言"。布鲁斯公开表示："绝大多数证据表明美国学校当前取得的成就是前所未有的……一些指标显示他们表现得比以往任何时候都好。"他发现高中毕业率达到历史最高水平,国家教育进展评估（NAEP）得分非常稳定。他将《国家风险报告》描述为"与教育关系不大的仇视外国人心理",并得出结论认为委员会所谓的"平庸之潮"根本不存在。[89]

其他研究人员,包括哈罗德·霍奇金森（Harold Hodgkinson）、艾瑞斯·罗斯伯格（Iris Rothberg）和理查德·M. 耶格（Richard M. Jaeger）,重申了布鲁斯关于公共教育状况的报告。耶格通过国际比较,发现该国的分数与诸如贫困儿童、生活在单亲家庭的儿童、年轻人工作的平均百分占比等变量密切相关,这意味着与教学条件相比,考试分数能更好地衡量贫困率。[90] 耶格引用罗伯特·卡尔在《华尔街日报》上发表的一篇社论,将美国学校的问题追溯到"城市疫病、毒品、家庭的侵蚀",以及未能提供充足的资金。卡尔总结道,"我们应该停止在学校推行公司化模式",因为竞争"除了会有输家,同样也会产生赢家。"[91]

全国委员会

尽管进行了公开辩论,但到 1991 年中,当参议院和众议院还在对"美国 2000 年计划"进行辩论时,布什总统提交立法部门批准组建全国教育标准和考试委员会（NCEST）。作为一个两党组织,该委员会于 1992 年初发布了一份名为《提高美国的教育标准》的最终报告，这份报告明确了建立国家标准体系和自愿评估体系的可取性和可行性。该委员会并不建议在美国 2000 年计划中倡导的国家考试，而是建议各州保有自己的灵活性。[92] 委员会由州长卡罗尔·坎贝尔（Carroll Campbell）和罗伊·罗默共同担任主席，共有 32 名来自政府、教育界和商界的成员，包括新保守主义者和系统改革的强力倡导者，如琳恩·V. 切尼（Lynne V. Cheney）、小切斯特·芬、基思·盖格尔（Keith Geiger）、奥林·哈奇（Orrin Hatch）、戴维·卡恩斯、罗杰·波特、罗伦·雷斯尼克（Lauren Resnick）、艾伯特·尚卡尔（Albert Shanker）和马歇尔·史密斯（Marshall S. Smith）。这份报告为教育的责任制运动制定了工作蓝图。

美国学校的状况

对布鲁斯的主张的另一个支持恰巧来自布什政府委托进行的一项重要的教育研究，研究成果是"桑迪亚报告"。位于新墨西哥州的桑迪亚国家实验室是美国能源部的组成部分之一。"桑迪亚报告"的主要调查结果与布什政府宣扬的教育主张完全相反，因此报告被禁止发布。

桑迪亚报告的传奇故事及其被压制的方式很有意思。乔治·布什曾强势宣布他有意成为"教育总统"。因为实现这一目标意味着改善所谓的学校失败的问题，所以需要有关学校教育状况的证据。能源部长詹姆斯·沃特金斯（James Watkins）指示桑迪亚国家实验室（前身为原子能委员会的一个部门）对美国的教育状况进行全面研究。研究使用现有数据来源，最初于 1990 年底起草，之后在教育工作者和研究人员之间传播以征求他们的意见。当政府官员发现其许多发现与他们关于学校状况的说法相矛盾时，教育部官员和政府其他部门的官员要求不发布报告，而是由国家教育统计中心（NCES）和国家科学基金会（NSF）的人员进一步对报告进行审查。审核人在报告中发现了很微小的"不足"，建议重新编写报告，等待进一步审查，这推迟了报告的最终发布。与此同时，该报告的影印稿已被泄露并分发。报告的简版于 1991 年 9 月 24 日在《阿尔伯克基日报》上发表。

这迫使沃特金斯部长于 9 月 30 日发布了一份回复，指出该报告的结论"大错特错"。[93]

在报告的宣讲会议上，撰写桑迪亚报告的工程师向能源部、教育部和一些国会议员的工作人员，包括这一事件主要参与者们进行了报告内容的大概讲述，戴维·卡恩斯据称曾说，"你如果不把它埋了或许我就会埋了你。"黛安·拉维奇（Diane Ravitch）否认卡恩斯说过这句话，但撰写该报告的三位工程师之一的罗伯特·埃尔斯卡姆普（Robert Huelskamp）肯定他说过。[94] 此外，《教育周刊》的一篇文章报道说，"政府官员，尤其是卡恩斯先生，对会议表示愤怒。"该文章还对禁止发行做了辩解和否认。[95] 负责该报告的工程师一度被禁止离开新墨西哥州，怕他们对外讲他们的发现。官方的理由是该报告正在经过美国教育部和美国国家科学基金会的同行进行评审，尚未准备好发表。但该报告从未如所说进行发表，而是在近两年后出现在 1993 年的《教育研究期刊》上。同年，一篇摘要文章发表在《卡潘》上。[96]

《桑迪亚报告》的发现与布里斯的研究一样，与政府的观点截然不同，并且与国家越来越多的学校失败的假设形成鲜明对比。桑迪亚的研究人员发现了强有力的证据表明美国的学校表现良好，但为贫困和少数民族年轻人提供服务的众多学校除外。由于有更多的人参加考试，SAT 成绩有所下降。国际比较本质上是一种愚蠢的行为，是一种不公平的跨文化比较。如果把美国的优秀学生与其他国家的优秀学生进行比较，美国学生的表现同样好或更好。此外，在高等教育中，美国是毋庸置疑的领导者。[97] 这些发现与《国家风险报告》和改革议程的大部分内容完全相反，在学校改革的宴会桌上像幽灵一样徘徊。

伯利纳（Berliner）和比德尔（Biddle）认为，维护自身利益可能是布什政府倡导改革学校计划的一个考量因素。克里斯·惠特尔（Chris Whittle）是一位对学校感兴趣的商业大亨，他是拉马尔·亚历山大（Lamar Alexander）的朋友。拉马尔·亚历山大曾经为惠特尔董事会担任顾问，并从惠特尔的股票交易中获利颇丰。1991 年，继布什政府发表"2000 年美国计划"，要求提供学券后，惠特尔迅速成立了爱迪生项目，以建立一个由营利性学校组成的跨全国的网络；随即，前美国教育部助理部长兼"美国 2000 年计划"的主要缔造者切斯特·芬加入爱迪生项目。至少从以上看，人们有理由怀疑政府内是否存在利益冲突。[98]

无论"美国 2000 年计划"背后的动机是什么，它还是最终成为布什政府的教育计划，并成立了国家教育目标小组以监督进展情况。目标小组很快意识到，评估国家目标的实现需要明确和具体地理解"能力"和"具有挑战性的主题"的含义。因此，在 1991 年和 1992 年，美国教育部为其选定的小组提供了资助，命其制定科学、历史、艺术、公民、地理、外语和英语的自愿国家标准。数学标准已于 1989 年由全国数学教师委员会制定，也同时为其他学科小组指明了方向。[99]

关于社会学科的辩论

在关于学校的六个国家目标中，"社会学科"无处可寻，取而代之的是历史和地理。相比之前关于教育卓越时代的报告所描述的，这是个重大转变，之前的报告一直将"社会学科"作为核心主题之一。到了 20 世纪 90 年代，随着改革运动的蓬勃发展，一个将社会学科纳入包括历史和社会科学在内的更宽泛领域的时代显然已经结束。

证据明显表明，从社会学科到历史和地理的转变是新保守主义复兴历史及其与教育保守派在权力定位上结合的结果。正如我们所看到的，在 20 世纪 80 年代和 90 年代，传统历史的复兴由黛安·拉维奇、威廉姆·班尼特（William Bennett）、切斯特·芬、保罗·加尼翁（Paul Gagnon）、比尔·霍尼格（Bill Honig）等人领导，并得到了布拉德利基金会和其他人的大量资助。[100] 历史学科的复兴源于社会学科被当成替罪羊，以及社会学科应该为学生在标准化考试中历史考试成绩不佳承担责任的论点。这一旨在重申传统历史的主导地位的举措，进一步强化了国家委员会报告中强调的要形成一个支持对历史－地理学科的人力资本投入，反对更广泛且更具包容性和进步性的社会学科课程的政府倡导。加州框架的首席架构师黛安·拉维奇在布什任职期间担任助理教育部长。在 1991 年的一次全国会议上，拉维奇对国家社会研究监督员提出的有关国家标准运动的问题，以及没有将社会学科纳入进来的问题进行了评论，认为他们的抗议和问题于事无补，因为"火车已经离站"。[101]

到20世纪80年代中期，新的和更新的社会研究经历了自然发展，传统历史进行重新包装的倡导者开始主张领导权。社会研究因其低迷、定义和目标不明确、似乎受时尚的引导而很容易被当成替罪羊。在20世纪80年代和90年代，历史科目复兴成为教育领域的主导趋势。布什政府通过"美国2000年计划"后不久，由查尔斯·奎格利（Charles Quigley）领导的一个公民教育的长期领导者——公民教育中心，组建了一个由公民学、美国政府和法律相关教育的教师组成的联盟，他们努力游说在"美国2000年计划"的目标三的历史和地理之外加入公民学。由于政府部门官员，包括教育部和国家人文学术基金会（NEH）的反对，国会在制定国家标准的学科清单中增加了公民学。到1994年，国家经济教育委员会成功获得联邦资助，用于制定经济学国家标准。[102]

社会学科负责人对这些发展的反应很复杂。20世纪90年代早期，社会学科全国委员会（NCSS）的领导者试图说服政策制定者，社会学科这个术语是一个有用的总称，历史、地理和其他社会科学可以在社会学科课程中共存，但最终没有达成什么效果。后来，作为对来自许多社会学科教师和课程专家的疯狂电话的回应，社会学科全国委员会采取了行动。被警告"火车正在离站，要么跳上火车继续前进，要么就只能落后"，一些社会学科全国委员会领导人接受任命，成为某个标准制定团队的成员，这些人因此被称为整合社会学科课程事业的叛徒。[103]

虽然对整体发展趋势有很多批评的声音，但是社会学科全国委员会选择通过制定新的共识定义，以及制定自己的一套标准声明并参与标准运动来回应历史学科复兴和对社会学科的批评，其目标是制定一套包含各社会学科科目内容的综合标准。[104]委员会领导层的想法是，基于标准化改革和高利害考试的转变是未来的趋势，如果不参与其中，将会对委员会的发展造成很不利的后果，而且会危及广义上的社会学科的存活。因此，作为对"美国2000年计划"的回应，委员会领导人决定，如果采用标准和考试是不可避免的，那么参与其中比不参与更为有益，因为参与其中至少会使社会学科倡导者对最终的标准和考试计划产生一些影响，并为教师在州和当地课程中实施标准声明有所助益。纳什、克拉布特里和邓恩这样评价他们在国家历史标准项目上的工作：

> 历史标准显然已列入国家议程……问题归结为由谁来把这一标准写下来。那些最初不愿意接受这一事业的人很快决定，如果他们没有加入，可能会牺牲他们自己的最佳利益。如果已经开始洗牌了，历史学家或社会学科教育工作者一定希望马上在桌子周围就座。[105, 106]

作为制定标准的努力的一部分，20世纪90年代初，社会学科全国委员会总裁玛吉特·麦奎尔（Margit McGuire）和董事会启动了一个确定新定义的流程。董事会希望建立一个"简洁、明确，并符合健全的民主和参与原则的社会学科的定义"。在1992年1月的会议上，董事会制定了一份简短的定义声明，以供发表评论和审查。最初的声明说道：

> 社会学科是一门历史、社会科学和人文科学的整合学科，其目的是提高公民能力。

从成员和附属团体对初步定义的评论来看，对社会学科专业的划分并不明确，存在很多分歧。来自个人、委员会和附属团体的回复总共有73条。其中，只有9条支持已写好的定义，6条拒绝接受，19条提交了新的或修订的定义，16条希望将地理也列在定义中。有些人建议不要将历史放在最重要的位置。其他少数几位前沿社会研究理论家，包括雪莉·H.恩格尔（Shirley H. Engle）、安娜·S.奥乔亚（Anna S. Ochoa）和詹姆斯·L.巴斯（James L. Barth）提出了意见和替代定义，他们都呼吁关注社会焦点或问题，批判性思维和反思性教学方法。[107]在审议了成员和附属机构的意见后，1992年董事会通过了一个由两部分组成的定义：

社会学科是一门社会科学和人文科学的综合研究，其目的是提高公民能力。

在学校计划中，社会学科是对人类学、考古学、经济学、地理学、历史、法律、哲学、政治学、心理学、宗教和社会学等学科的协调和系统的研究，并结合了人文学科、数学和自然科学的部分内容。社会学科的主要目的是帮助年轻人在一个相互依存的世界中，作为一个文化多元、民主社会的公民，培养为公共利益作出明智和合理决策的能力。[108]

委员会在1992年夏天处理这些意见和建议时，做了一些妥协，从最初的语句中删除了涉及的具体学科，并选择了一个尽可能少的避免矛盾产生的共识定义。此外，定义中避开社会焦点、社会问题或反思性教学方法等表述。[109] 詹姆斯·S. 莱明（James S. Leming）是委员会内部的反对者，他将其描述为"我们面临的问题的总和"。他表示，这一定义"说明了将社会学科等同于对公民设定的荒诞目标的趋势"，"背离了对主题的掌握以及共同历史和文化遗产的传播"，并且与其他组织正在准备的目标陈述相比，这一定义提供的是一种"薄弱而短视的视角"。[110]

尽管确定一个明确的定义和目的是值得作出的努力，但相比以"社会改善""社会正义"或"社会转型"为目标的进步、重建或批判教育者设想的长期潜力，"公民能力"这一目标的设定远远不够。在最初几年，社会学科全国委员会建立了一个共识性的、"保护伞"定义，也许部分是因为社会学科"运动"受到主张以学科为导向的批评者的推动和冲击。许多社会学科教育者多年来一直在挑战共识立场，包括20世纪20年代和30年代的哈罗德·拉格（Harold Rugg）以及20世纪60年代的新社会学科运动。然而，共识似乎具有很强的持久力。

结论

在布什总统任期结束时，至少有一些事情已经明朗——渐进式教育受到了遏制，学校的企业模式改革取得支配地位。企业模式的系统改革导致了更加保守的学校教育方式，其特点是强制执行标准、通过考试实现责任制，以及让社会学科回归传统到历史和地理上，这会造成反思性活动和课堂讨论的减少。布什总统任期是改革的一个关键时期，在此期间，商界和政府领导人将卓越改革推向新的方向，从以输入为中心的教育方法转向以结果为重点的改革方法，并通过考试成绩及其他形式的绩效责任制来衡量该结果。这其中，从企业借来的市场机制被用于改变教育系统的运作。商业领袖制订了一项十年的系统改革计划，计划重点是将该教育系统推向私有化，严格执行标准和考试，培养企业化公民。在此期间，商业影响成为主导趋势，学校教育越来越多地集中在实现经济目的上。简而言之，企业化美国正在学习如何拥有更强大、更普遍的影响力。

"系统改革"运动的发展是由一系列因素共同推动的。长期以来一直积极参与游说的商界，以前所未有的方式共同采取行动，试图影响美国人的生活。其对以市场为基础的学校改革的强调，成为商业圆桌组织和其他一些团体努力影响新一代的有形和积极的出口。从商业领袖的角度来看，学校在教育质量、学校系统所打造的毕业生的技能，以及生产所需的"人力资本"上，都存在严重的问题。此外，许多企业和政府领导人身上存在更深层次的关于教育哲学，以及由教育哲学不时引发的机构设立问题，这些问题在20世纪60年代和70年代很流行，他们希望的是强调文化素养和研究型学科的教育传统。

归结起来，教育系统改革的运动可以追溯到20世纪60年代以及当时对学校和社会中存在问题的反应，这其中许多问题在20世纪70年代早期到中期开始成型，包括：1971年刘易斯·鲍威尔备忘录以及随后的商业圆桌组织的崛起；商界的强烈抵制和权力争夺；基础教育委员会（CBE）及其对恢复传统基础教育的态度；保守派和新保守主义运动的崛起；以及新右派和福音派复兴，包括传统基金会和其他有影响力的群体。从某种意义上说，在经历了20世纪60年代和70年代的混乱和质疑之后，国家开始回击，朝着创造"新世界秩序"、朝着重新控制学校的方向发展，试图创建一个集中的、强大的、有可塑性的文化制度。[111]但是，工作还远未完成，在接下来的至少20年里改革运动还将持续发展。

注释：

1. 参见, DOE, *America 2000: An Education Strategy, Sourcebook* (Washington, DC: DOE, July 29, 1991), 2–3.
2. ABC News/Washington Post poll conducted October 28–November 1, 1988, and Gallup poll conducted April 1987, cited in Patrick J. McGuinn, *No Child Left Behind and The Transformation of Federal Education Policy, 1965–2005* (Lawrence: University of Kansas Press, 2006).
3. Jennifer Hochschild and Bridget Scott, "Trends: Governance and Reform of Pubic Education in the U.S.," *POQ 62*, no. 1 (Spring 1998): 79–120.
4. "The Basic Speech: George Bush," *NYT*, February 4, 1988, B10.
5. David Hoffman, "Bush Details Proposals on Education Spending," *WP*, June 15, 1988, A8.
6. McGuinn, *No Child*, 56–57.
7. Charles Kolb, *White House Daze: The Unmaking of Domestic Policy in the Bush Years* (New York: Free Press, 1994), 126.
8. 同上书，第132页。
9. Patricia M. Bryan to James C. Murr, Presidential Transmittal of "Educational Excellence Act of 1989," March 30, 1989, #021149, Box 2, Bush Papers.
10. Mike Cohen, "Governors' Education Meeting with President-elect Bush," NGA memo to Raymond Scheppach and Barry Van Lare, December 12, 1988, cited in Maris A. Vinovskis, *The Road to Charlottesville: The 1989 Education Summit* (Washington, DC: National Education Goals Panel, 1999), 26.
11. Vinovskis, *Road to Charlottesville*, 25.
12. 同上。
13. NGA, *Time for Results: The Governors' 1991 Report on Education* (Washington, DC: NGA, 1986).
14. NGA, "Synthesis of Pre-Summit Outreach Hearings," NGA, September 1989, cited in Vinovskis, Road to Charlottesville.
15. Bill Clinton, "Education Summit: Preparations and Expectations," to Democratic Governors' Association, September 25, 1989, cited in Vinovskis, *Road to Charlottesville*, 35.
16. Chester Finn interview with Patrick J. McGuinn, January 7, 2003, in McGuinn, *No Child*, 60.
17. McGuinn, *No Child*.
18. John F. Akers to the President, September 18, 1989, #74477, Box 6, Bush Papers.
19. 参见Kevin Phillips, *American Dynasty: Aristocracy, Fortune, and the Politics of*

Deceit in the House of Bush (New York: Viking, 2004). 另参见James J. Drummey, *The Establishment's Man* (Appleton, WI: Western Islands Publishers, 1991); Herbert S. Parmet, *George Bush: The Life of a Lone Star Yankee* (New York: Scribners, 1997); John Robert Greene, *The Presidency of George Bush* (Lawrence: University of Kansas Press, 2000); Martin J. Medhurst, *The Rhetorical Presidency of George H. W. Bush* (College Station: Texas A & M Press, 2006); and Kolb, *White House Daze*.

20. Kathy Emery, "The Business Roundtable and Systemic Reform: How Corporate-Engineered High-Stakes Testing Has Eliminated Community Participation in Developing Educational Goals and Policies" (Doctoral Dissertation, University of California, Davis, 2002).

21. Edward Rust, *No Turning Back: A Progress Report on the Business Roundtable Education Initiative* (Washington, DC: Business Roundtable, 1999), 1, cited in Kathy Emery and Susan O'Hanian, *Why Is Corporate America Bashing Our Public Schools?* (Portsmouth, NH: Heinemann, 2004), 34, and in Emery, "The Business Roundtable," 46.

22. John F. Akers, "Business Roundtable Call to Action," undated memo, "08232-001 folder," Box 1, Nelson Files.

23. John F. Akers to the President, September 18, 1989, #74477, Box 6, Bush Papers.

24. BRT Task Force on Education, "The Education Decade: A Business Commitment to America's Children," attached to John F. Akers to the President, September 18, 1989, #74477, Box 6, Bush Papers.

25. Mike Cohen, "Governors' Education Meeting with President-elect Bush"; Ray Scheppach to David Demarest, January 24, 1989, in "#08232-001 folder," Box 1, Nelson Files.

26. Lanny Griffith to Steve Studdert, March 27, 1989, "#08232 folder," Box 1, Nelson Files.

27. Confidential, "Branstad Education Initiative for NGA," July 17, 1989; Draft, "Possible Scenario," NGA Conference and Summit, undated memo; Kate L. Moore to Roger B. Porter, March 23, 1989; and Kate L. Moore to Roger B. Porter, March 28, 1989, in "80232-001 folder," Box 1, Nelson Files.

28. Reagan Walker, "Education 'Summit' Scheduled for September, Governors Say," *EW*, May 24, 1989.

29. Roger B. Porter to Governor Sununu, September 20, 1989, and Summit Program Draft, 93–160, in "08232-001 folder," Box 2, Nelson Files.

30. New York State Education Department (NYSED), *Federal Education Policy and the States, 1945–2009: A Brief Synopsis* (Albany: New York State Archives, 2006, revised 2009), 55.

31. George H. W. Bush, "Remarks at the Education Summit Welcoming Ceremony at the University of Virginia in Charlottesville," September 27, 1989, Bush Public Papers.
32. "The Summit conference on Education Working Groups," 1989, "08232-055 folder," Box 1, Nelson Files. According to Vinovskis, Perpich did not attend the meeting.
33. Vinovskis, *Road to Charlottesville*, 38; David Hoffman and David S. Broder, "Summit Sets 7 Main Goals for Education," *WP*, September 29, 1989, "08781 folder," Box 2, Nelson Files.
34. "A Jeffersonian Compact," *NYT*, October 1, 1989, 22.
35. 同上。
36. Vinovskis, *Road to Charlottesville*, 42.
37. Deirdre Carmody, "Teachers Praise Bush's Effort to Set a New Education Agenda," *NYT*, September 30, 1989; Bernard Weiraub, "Bush and Governors Set Education Goals," *NYT*, September 29, 1989, "08781 folder," Box 2, Nelson Files.
38. Frank Swoboda, "A First Step Toward National School Reform," *WP*, September 29, 1989, "08781 folder," Box 2, Nelson Files.
39. James P. Gannon, "Would Jefferson Believe Bush's Education Summit?" *DN*, September 29, 1989, "08781 folder," Box 2, Nelson Files.
40. Carol Innerst, "Reaction to Progress Mixed at Education Summit," *WT*, September 29, 1989; Dan Warrensford, "The Feds Can't Help Improve the Schools," *USAT*, September 29, 1989, "08781 folder," Box 2, Nelson Files.
41. Marshall Ingwersen, " 'Competition' Is Meeting's Byword," *CSM*, October 2, 1989, "08781 folder," Box 2, Nelson Files.
42. Terry Branstad to Bill Clinton, October 26, 1989, "National Education Goals—Development (1) 08232-005 folder," Box 2, Nelson Files.
43. Roger B. Porter to Governors on Education Task Force and Cabinet Members, December 5, 1989, "National Education Goals—Development (1) 08232-005 folder," Box 2, Nelson Files.
44. Ray Scheppach and Mike Cohen to Governors on Education Task Force and Administration Representatives, December 5, 1989, "National Education Goals—Development (1) 08232-005 folder," Box 2, Nelson Files.
45. 同上。
46. Roger B. Porter to Governor Campbell and Governor Clinton, January 7, 1990, "National Education Goals—Development (1) 08232-005 folder," Box 2, Nelson Files.
47. George H. W. Bush, Address Before a Joint Session of Congress on the State of the Union, January 31, 1990, APP.
48. McGuinn, *No Child*, 62.

49. 同上书，第63页。
50. 拉维奇和芬的文章提到了他们的公关活动和旨在改变美国教育发展方向的"十字军东征"运动。参见"*America 2000 Crusade*," attachment, John Crisp to Lamar Alexander, May 28, 1991, "America 2000" folder, Box 95, Finn Papers.
51. Amy L. Schwartz to Windy White, October 13, 1989, #081455, Box 6, Bush Papers.
52. Rhea F. Stein to Roger B. Porter, attached "Program" and "Participants," October 20, 1989, #091671, Box 7, Bush Papers.
53. 参见documents on California Education Summit, 1989, #101316, Box 8, and Illinois Education Summit, #121298, Box 11, Bush Papers.
54. Sharon Beder, *Suiting Themselves: How Corporations Drive the Global Agenda* (London: Earthscan, 2006); Ronald W. Evans, *This Happened in America: Harold Rugg and the Censure of Social Studies* (Charlotte, NC: Information Age, 2007).
55. Beder, *Suiting Themselves; see also* William Greider, *Who Will Tell the People: The Betrayal of American Democracy* (New York: Simon and Schuster, 1992); David Ricci, *The Transformation of American Politics: The New Washington and the Rise of the Think Tanks* (New Haven: Yale University Press, 1993); Sidney Blumenthal, *The Rise of the Counter-Establishment: From Conservative Ideology to Political Power* (New York: Time Books, 1986); G. William Domhoff, *Who Rules America? Power and Politics, 4th edition* (New York: McGraw Hill, 2002).
56. Robert G. Monks, *Corpocracy: How CEOs and the Business Roundtable Hijacked the World's Greatest Wealth Machine—And How to Get It Back* (New York: John Wiley and Sons, 2007), 45.
57. Lewis F. Powell to Eugene B. Snydor, "Confidential Memorandum: Attack on American Free Enterprise System," August 23, 1971, 1, 11, 25–26, Powell Papers.
58. Charlie Cray, "The Lewis Powell Memo—Corporate Blueprint to Dominate Democracy," August 23, 2011, http://www.greenpeace.org/usa/en/news-and-blogs/campaign-blog/the-lewis-powell-memo-corporate-blueprint-to-/blog/36466/; Stephen Higgs, "A Call to Arms for Class War: From the Top Down," May 11–13, 2012, http://www.counterpunch.org/2012/05/11/a-call-to-arms-for-class-war-from-the-top-down/.
59. Kim Phillips-Fein, *Invisible Hands: The Making of the Conservative Movement from the New Deal to Reagan* (New York: W.W. Norton, 2009); Lee Fang, *The Machine: A Field Guide to the New Right* (New York: New Press, 2013).
60. Jacob S. Hacker and Paul Pierson, *Winner-Take-All Politics: How Washington Made the Rich Richer—And Turned Its Back on the Middle Class* (New York: Simon and Schuster, 2010).
61. Monks, *Corpocracy*, 61.
62. Powell, "Confidential Memorandum," 16–17.

63. William B. Johnston and Arnold E. Packer, *Workforce 2000: Work and Workers for the Twenty-First Century* (Indianapolis, IN: Hudson Institute, 1987), 116–117; Stephen I. Danzansky to Diane Ravitch, August 5, 1991, "Workforce 2000, 1991" folder, Box 32, Ravitch Papers.
64. David T. Kearns, "The United States Educational System: An Educational Recovery Plan," delivered at the Economic Club of Detroit, Detroit, Michigan, October 26,1987, *Vital Speeches of the Day*, 150–153.
65. David Kearns and Denis Doyle, *Winning the Brain Race: A Bold Plan to Make Our Schools Competitive* (San Francisco: Institute for Contemporary Studies, 1988); Denis Doyle and Marsha Levine, "American Business and Public Education: The Question of Quality," *PJE* 63, no. 2 (Winter 1986): 17–26.
66. Tom Zeller, Jr., "David T. Kearns, Champion of Education Reform, Dies at 80," *NYT*, February 28, 2011.
67. John Chubb and Terry Moe, *Politics, Markets, and America's Schools* (Washington, DC: Brookings Institution, 1990), jacket.
68. Kenneth J. Saltman, "What (Might) Happen When Teachers and Other Academics Connect Reason to Power and Power to Resistance?" Rouge Forum Conference, April 2012, Vancouver, BC; Kenneth J. Saltman, *The Failure of Corporate School Reform* (New York: Paradigm Publishing, 2012); Gene V. Glass and Dewayne A. Matthews, "Are Data Enough? Review of Chubb and Moe's *Politics, Markets and America's Schools*," *ER* 20, no. 3 (1991): 24–27.
69. Chubb and Moe, *Politics*, book jacket; Anthony S. Bryk and Valerie E. Lee, "Is Politics the Problem and Markets the Answer? An Essay Review of *Politics, Markets and America's Schools*, *EER* 11, no. 4 (1992): 439–451; Glass and Matthews, "Are Data Enough?"
70. "Nine Essential Components of a Successful Education System," *Baltimore Sun*, April 24, 1991.
71. Hacker and Pierson, *Winner-Take-All* ; Beder, *Suiting Themselves* ; Bill Moyers, "How Wall Street Occupied America," *NAT*, November 11, 2011; Moyers, "Triggers of Economic Inequality," January 15, 2012, billmoyers.com; 另参见"Asia-Pacific Education Symposium," Boxes 2–4, Bruno Manno Papers, which suggests that participants sought to create a "new world order" with a "classical education" for all.
72. Monks, *Corpocracy*.
73. NYSED, *Federal Education Policy*, 58.
74. Marshall Smith and Jennifer O'Day, "Systemic School Reform," in Susan H. Fuhrman and Betty Malen, Eds., *Politics of Curriculum and Testing* (Bristol, PA; Falmer Press, 1991); Maris A. Vinovskis, "An Analysis of the Concept and Uses of Systemic

Educational Reform," *AER J* 33, no. 1 (Spring 1996): 53–85.
75. Diane Ravitch, "Developing National Standards in Education," paper presented at the American Sociological Association Meeting, Pittsburgh, PA, August 1992, cited in Vinovskis, "Systemic Reform," 55–56; NCTM, *Curriculum and Evaluation Standards for School Mathematics* (Washington, DC: NCTM Commission on Standards for School Mathematics, 1989).
76. Vinovskis, "Systemic Reform."
77. Diane Ravitch, *The Death and Life of the Great American School System: How Testing and Choice Are Undermining Education* (New York: Basic Books, 2010); Chester E. Finn, Jr., *Troublemaker: A Personal History of School Reform Since Sputnik* (Princeton, NJ: Princeton University Press, 2008). 另参见Ravitch Papers, Box 29, and Finn Papers, Box 95, for evidence regarding their roles.
78. NYSED, *Federal Education Policy*.
79. "Luncheon (Education Initiatives)" April 18, 1991, Folder 1, Box 95, Finn Papers.
80. "Agenda: Core Business Group Breakfast Meeting," April 18, 1991, Folder 1, Box 95, Finn Papers.
81. Lauren B. Resnick and Marc Tucker to Lamar Alexander, February 28, 1991, Folder 1, Box 95, Finn Papers.
82. "Joint Statement, the President's Education Summit with Governors, University of Virginia, Charlottesville, Virginia, September 27–28, 1989," *America 2000*, 73–80.
83. *America 2000*, 59–72.
84. 同上书，第13页。
85. Denis P. Doyle, "America 2000," *PDK* 73, no. 3 (November 1991): 184–191.
86. Gilbert T. Sewall, "America 2000: An Appraisal," *PDK* 73, no. 3 (November 1991): 204–209.
87. Harold Howe II, "America 2000: A Bumpy Ride on Four Trains," *PDK* 73, no. 3 (November 1991): 192–203.
88. Evans Clinchy, "America 2000: Reform, Revolution, or Just More Smoke and Mirrors?" *PDK* 73, no. 3 (November 1991): 210–218.
89. Gerald W. Bracey, "Why Can't They Be Like We Were," *PDK* 73, no. 2 (October 1991): 104–117; Gerald W. Bracey, *Bail Me Out! Handling Difficult Data and Tough Questions About Public Schools* (Thousand Oaks, CA: Corwin Press, 2000).
90. Richard M. Jaeger, "Weak Measurement Serving Presumptive Policy," *PDK* 74, no. 2 (October 1992): 118–126, 128.
91. 同上书，第126页。
92. NCEST, *Raising Standards for American Education* (Washington, DC: NCEST, 1992), 27–28.

93. Daniel Tanner, "A Nation Truly at Risk," *PDK* 75, no. 4 (December 1993): 288–297; David C. Berliner and Bruce J. Biddle, *The Manufactured Crisis: Myths, Fraud, and the Attack on America's Public Schools* (Reading, MA: Addison-Wesley, 1995), 165–168; David C. Berliner and Gene V. Glass, *50 Myths and Lies That Threaten America's Public Schools: The Real Crisis in Education* (New York: Teachers College, 2014).
94. Gerald Bracey, "Righting Wrongs," *HP*, December 3, 2007; Gerald Bracey, "Diane Does Rush," *HP*, December 6, 2007.
95. Julie A. Miller, "Report Questioning 'Crisis' in Education Triggers an Uproar," *EW*, October 9, 1991.
96. C. C. Carson, "Perspectives on Education in America: An Annotated Briefing," *JER* 86, no. 5 (May/June 1993): 259–265; Robert M. Huelskamp, "Perspectives on Education in America," *PDK* 74, no. 9 (May 1993): 718–721.
97. Carson, "Perspectives"; Huelskamp, "Perspectives."
98. Berliner and Biddle, *Manufactured Crisis*, 149–150.
99. Diane Ravitch, *National Standards in American Education: A Citizen's Guide* (Washington, DC: The Brookings Institution, 1995).
100. Diane Ravitch, "The Decline and Fall of History Teaching," *NYTM*, November 17, 1985, 50–53, 101, 117; Robert Stehle, "Righting Philanthropy," *NAT*, June 30, 1997, 15–20.
101. Judy Butler, Arkansas curriculum coordinator for social studies, in attendance at meeting, in interview with the author at AERA, 1998.
102. C. Frederick Risinger and Jesus Garcia, "National Assessment and the Social Studies," *The Clearing House* 68, no. 4 (March/April 1995): 225–228.
103. 同上书，第227页。
104. 同上。
105. Gary Nash, Charlotte Crabtree, and Ross Dunn, *History on Trial: Culture Wars and the Teaching of the Past* (New York: Knopf, 1997), 158; Kevin Vinson, "National Curriculum Standards and Social Studies Education: Dewey, Freire, Foucault, and the Construction of a Radical Critique," paper presented at the annual meeting of the National Council for the Social Studies, 1998, 9.
106. Vinson, "National Standards."
107. "Definition" folder, 1991–92, including James L. Barth to Margit McGuire, June 15, 1992, Shirley H. Engle to McGuire, March 7, 1992, and Anna S. Ochoa to McGuire, April 14, 1992, Accession #960307, File 2, McGuire Papers.
108. 同上。
109. 同上。

110. James S. Leming to George Mehaffy, November 1, 1993, Accession #960307, File 2, McGuire Papers.
111. 布什在任期间曾对国际维度的学校改革有过特别关注，主要着眼点是通过全球范围的教育改革建立"新世界秩序"。参见George Bush to Members of the Asia Pacific Economic Cooperation, August 5, 1992, and DOE, Asia-Pacific Education Symposium, "Education Standards for the 21st Century," Box 3, Manno Papers.

图一　**特雷尔·H. 贝尔与罗纳德·里根**（里根总统图书馆，编号：C.14184-21a）

图二　**威廉姆·J. 班尼特，教育部长，1985-1988**（乔治·布什总统图书馆）

图三　小切斯特·E.芬（由托马斯·B.福特汉姆基金会提供）

图四　乔治·H. W. 布什（摄于美国总统办公室）

图五　黛安·拉维奇与芭芭拉·布什（乔治·布什总统图书馆）

图六 戴维·T. 卡恩斯（罗切斯特大学拉修里斯图书馆）

图七 小刘易斯·F. 鲍威尔（国会图书馆，LC-USZ62-60140，1976年）

图八　威廉·J. 克林顿（鲍勃·麦克尼利摄于白宫）

图九　威廉姆·G. 斯帕蒂（由威廉姆·G. 斯帕蒂本人提供）

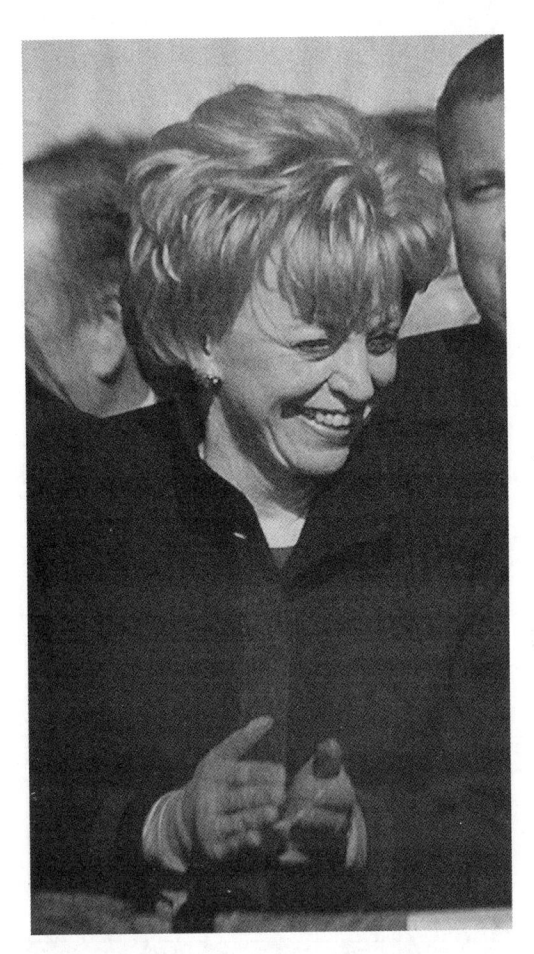

图十　琳恩·V. 切尼（Defense.gov_photo_essay_090110-D-7203C-014）

图十一　盖里·B. 纳什（由全国学校历史教学研究中心提供）

图十二　小路易斯·V. 格斯特纳（肯尼斯·V. 齐克尔提供，1995年）

第四章　商业接手改革 | 163

图十三　乔治·W. 布什（埃里克·德雷珀拍摄于白宫 _030114-O-0000D-001）

图十四　比尔·盖茨（世界经济论坛）

图十五　巴拉克·奥巴马和阿恩·邓肯（www.ed.gov: back-to-school-potus-1.jpg）

第五章 标准之战

到20世纪90年代，蓬勃发展的学校改革运动达到了一个新的强度。对于责任制的言论支持和立法努力在各州以及全国范围内持续增加。到1994年，随着《2000年目标》的通过以及《中小学教育法案》的再次获得授权，改革运动获得合法地位，成为联邦政府支持的"官方"改革方向。到20世纪90年代晚期，由于商业界和非政府组织的持续游说，以及克林顿政府和许多州长所做出的政治努力，出现了关于设立标准以及高利害考试的全国性共识，大家认为这应该是进行教育改革的主要手段。到2000年，几乎所有的州都设立了标准以及一些责任制度，尽管各州实施的力度不同，结果也千差万别。

就社会学科而言，随着越来越多的州修改了它们的课程和相关科目，传统历史和地理得以复兴，继续发挥着较大的影响力。从全国范围来看，自20世纪90年代早期开始，就有许多社会学团体在努力推动制定自愿性的全国标准。其中，《美国历史的全国标准》(National Standards for United States History) 就引起了长时间的全国性争议，导致制定标准的进程暂时中断。此外，还出现了一个关于结果导向教育（OBE）的争议，再加上一位鲜为人知的教育心理学家威廉姆·G.斯帕蒂（William G. Spady）的推动，这使得全国标准和考试运动被进一步延迟。但是，由于美国学生在国际竞争中一直表现平庸而带来的"危机"意识，以及美国的学校正在愈发衰退的整体情况，全国支持标准、考试和责任制的整体趋势仍在各州持续，且几乎没有丝毫减退的迹象。在看起来似乎是全国性共识的背后，还有大量的左翼或右翼的反对团体，他们不断提出关于改革方向的问题。

克林顿和基于标准的教育

1993年1月20日,乔治·H.W.布什(George H. W. Bush)政府下台,极受欢迎的阿肯色州前州长、民主党人威廉·杰斐逊·克林顿(William Jefferson Clinton)继任。前期,克林顿政府在教育项目上显然与其前任没有什么差异。克林顿曾经担任过1989年夏洛茨维尔峰会的联合主席,在该峰会上制定了改革的整体蓝图以及六项全国性目标。他还曾是1986年全国州长协会峰会的主要领导人之一,该峰会促成了《是时候给出答案了》(Time for Results)的出版,并且他也致力于整个联邦的教育改革运动。在竞选和执政过程中,他从夏洛茨维尔峰会以及他曾就职的国家教育目标委员会的工作中借鉴了很多想法,同时也采纳了前任国会以及各州中的许多措施。此外,作为民主党领导委员会的一员,他与企业界有着很强的联系,一直致力于继续推动教育改革运动。

民主党领导委员会建立于1985年,其建立的前提就是民主党自20世纪60年代开始采取的左倾态度转变为支持更加可行的中央集权或进步主义的管理方式。由于接连的竞选失败,民主党领导委员会开始主张财政责任制,即摆脱民主党广为人知的增加税收和开支的口号,采取更为稳健的社会和经济政策。1990年,该委员会发布了《新奥尔良宣告:20世纪90年代的民主议程》(New Orleans Declaration: A Democratic Agenda for the 1990s),该宣告将其使命描述为"扩展机会,而非扩展政府",并支持经济增长以及新的互惠"责任制"政策。同时,该宣告也支持"按照公共利益而调整的自由市场"以及"对我们的人民进行技能和创造力投资"。[1] 教育改革和"投资"是新民主党议程中非常重要的一部分。

对于教育改革进行支持是比尔·克林顿参加1992年总统竞选时的核心主题。他承诺"在克林顿政府执政期间,学生、父母以及老师将得到一个真正的教育型总统"。[2] 在当选之前,克林顿努力将其与乔治·布什区分开来。克林顿在言论上更多地谈到了教育公平问题,在学校开支问题方面引用了乔纳森·科左(Jonathan Kozol)关于学校开支"极度不公"的观点。[3] 他批判布什关于改革的崇高计划并未投入金钱来予以支持;布什提出的

"新发展学校"计划把我们大部分学校都置于改革进程之外;它只是一个"针对边缘进行修补"的计划,一种"涓滴式教育",并非一个针对所有学校进行重组并完善的完整计划。像布什一样,克林顿呼吁制定世界级的标准和国家教育目标,以及"一个有意义的全国考试系统"来支持目标的实现。[4] 克林顿在阿肯色州的执政经历,其对于全国州长协会活动的参与,及其提出的详细改革方案,包括实施标准和考试的政策,都使人们更加确信他是一个教育改革者。如他之后在回忆录中所述,"如果我们全国都处于危机之中,我们(阿肯色州)必须勉强维系下去。"[5] 克林顿的教育政策与他承诺的经济计划也是紧密相连的,即通过更好的教育和培训"在世界经济中竞争并繁荣发展的经济计划"。[6]

在竞选活动中,全国教育协会和美国教育联盟以多数票支持了克林顿,部分原因是因为他支持增加学校经费而反对学券制。但在1992年,教师工会"极力反对"克林顿对于加强公立学校选择的呼吁以及对国家标准和考试的支持。他们持续的反对声就像"刹车"一样,减缓了克林顿执政期间的学校改革。[7] 克林顿对于学校改革的支持是他竞选中的一个关键要素,并且其中包含了一个"超越传统民主对于使用权和资源重视"的举措。[8] 在演讲中,克林顿经常把教育和个人以及国家经济发展联系起来,将其视为一个顾问所称的"一个基本经济问题"。[9] 围绕着强调体制改革的新政策体制,一个中立的两党联盟开始出现,虽然在细节上还存在分歧。[10]

克林顿成功赢得选举之后,其过渡期政策的最显著特征就是延续前任的政策。不仅在体制改革上存在共性,甚至在很多方面以及很多任职人员上也都是相同的。1992年11月11日,即克林顿当选后不久,马克·塔克(Marc Tucker)给全国教育和经济中心委员会成员希拉里·克林顿写了一封18页的信。全国教育和经济中心正是马克·塔克于1988年创立的。这封"致希拉里"的信中列出的计划,被称为"教育改革",它适时地为学校重组提供了一个蓝图,作为"重塑整个美国人力资源发展系统"愿景的一部分。在塔克这项雄心勃勃的计划中,大部分内容在1994年以下三个主要法案被通过后成为法律:《2000年目标法案》(Goals 2000 Act);旨在更加有效地连接教育与就业的《从学校到工作机会法案》(School-to-Work Act);以及获得重新授权的《中小学教育法案》。塔克信中阐释的计划是由一些与全国教育和经济中心有"紧密关联"的领导人制订的，包括约翰·斯卡利（John Sculley）、大卫·洛克菲勒（David Rockefeller）、麦克·科恩（Mike Cohen）、大卫·霍恩贝克（David Hornbeck）、劳伦·雷斯尼克（Lauren Resnick）、麦克·史密斯（Mike Smith）等。该计划呼吁学校要有"明确的全国成绩标准"，该标准应"设置到最有成就的那些国家的水平"，即每个学生在16岁时将会达到的水平，以及一个"课程、教学、考试以及教师教育和执照制度与国家标准相关联的国家教育系统"，不同的州和地区允许存在较大的差异。该计划还呼吁学校放弃"美国的跟踪系统"，要求"学校达到标准"来保证"全国各地都具有高质量的教育"。他还提倡大力扩展公立学校的选择，并建议新的政府通过重新提交并继续进行国会已经开始的教育改革立法，来推进这个改革方案。[11] 塔克在写给希拉里的信中描绘的目标包含了很多与全国教育和经济中心的美国劳动力技能两党委员会在其1990年的报告《美国的选择：高技能还是低工资》[12]中所提出的建议相似的元素。

2000年目标

克林顿最早的举措之一就是任命南卡罗莱纳州的理查德·赖利（Richard Riley）为教育部长。理查德·赖利也是一位来自南方的州长，同时也是一位教育改革的活动家。当克林顿致力于新民主改革时，很多人，甚至是他政府的成员并非如此，自由民主党派人士希望扩展联邦项目，保守党派人士认为社会福利开支没有达到效果。公众对于克林顿的教育计划普遍持积极态度，并且支持联邦在教育改革中起到更强的作用。大多数人支持国家标准（70%）、国家课程（69%）和国家考试（77%）。但是，很多保守派和自由派人士对于全国教育改革仍然持非常谨慎的态度，保守派人士认为改革会导致联邦对教育的控制，自由派人士认为改革不能解决学校经费不平等的问题。[13]

在1992年出版的一本名为《变革的授权》（*Mandate for Change*）的书中，对全国教育改革的新民主计划进行了概述。其认为提高经费并不会解决学校的问题,并呼吁总统领导"一次对于美国教育的重新设计",该设计要强调公立学校选择和特许学校的发展。这些持中间立场的很多提案都遭到自由民主党、全国教育协会以及许多教育机构的反对。[14] 在1994年初,争议声打乱了克林顿早期的新政策,加上政府医疗计划的失败和预算的减少,此后,克林顿急需一场立法上的胜利,他重新振作并修改了布什的《美国2000年计划》,将其重新命名为《2000年目标》。其意图就是提供一个蓝图,让所有的K—12年级的联邦教育项目都专注于国家标准。[15]

《2000年目标》基于《美国2000年计划》中所描述的六项国家目标,呼吁制定非强制性的国家标准和评估。许多观察人士认为克林顿的计划只是一个重新命名、重新包装的《美国2000年计划》,但其实这两者之间存在非常大的差异。最重要的区别可能就是联邦在制定标准中所起的作用。按照克林顿的计划,各州需要在收到《2000年目标》拨款前向教育部提交标准。另外,克林顿的计划还提出创建联邦监督小组来监督并协助进行国家教育改革;该计划包含了一种不同的择校方式,它仅支持人们选择公立学校;并且该计划更加重视传统上民主党一直关注的投入问题,其提倡成立学习机会委员会(OTL),保证有足够的资金支持。[16]

在激烈的谈判过程中,众议院民主党人士在联合说客的压力下,不断地争取改革的资源。面对来自两方的反对,克林顿政府去掉或削弱了原始提议中的多项改革,不再强调国家统考并缓和修改了学习机会委员会的规定。最后,《2000年目标》在众议院和参议院均以较大优势通过,众议院票数比为306∶121,参议院票数比为63∶22。通过的原因主要有以下几个方面。首先,民主党有动力去支持克林顿在其有权签署的国内政策问题之一上获得立法胜利。很多共和党温和派支持这个法案是因为该法案最初是由布什提出,并有可能成为一个更加以结果为导向的政策。最重要的原因或许是,商界领袖和说客们认为该法案对于劳动力水平的提高和经济增长是一个至关重要的手段,所以他们尽力与两党成员一起争取该法案的通过。[17]《2000年目标》的最终版本得到了几乎所有重要的商业和教育团体的支持,但是许多之前提出的改革或者被删除或者进行了折中,将"2000年目标体制改进计划"的标准和参与定为非强制性的,并且用激励措施而非命令来鼓励改革。

随着国会批准了1994年的《2000年目标：美国教育法案》，由各州长和布什政府制定并达成一致意见的六项国家教育目标，在做出相对较小的修改之后正式成为法律。该法案于1994年2月份在国会通过并于1994年3月31日被签署成为法律。虽然与里根和布什执政期间的差异非常明显，但对于学校"处于危机之中"这一说法的保留也是非常值得注意。第三项目标进行了实质性的修改，并且还插入了两项关于教师培训以及家长参与的目标。第三项目标写道：

> 第三项目标：所有的学生在结束四年级、八年级和十二年级的学习之时应该具备应对有挑战性科目的能力，包括英语、数学、科学、外语、公民和政府学、经济学、艺术、历史和地理，并且美国的每个学校要确保所有的学生能学会很好地运用他们的思维，准备好成为负责任的公民、进一步学习，以及在我们国家的现代经济中从事富有成效的工作。[18]

对于第三项目标的改动是比较大的，现在其包含了更为广泛的科目领域。在社会学科领域，其包含了"公民与政府学"以及"经济学"。再次，它并没有提到社会学科这一更为宽泛的领域。而且，《2000年目标》明确说明各州以及各地的学区有责任创建他们自己的目标和标准，国家制定的标准公告，比如关于历史、地理和公民学的标准为自愿性质的标准。虽然没有经费与任何国家制定标准的实施挂钩，但是这些国家标准还是获得了言语上的支持，如这是"教师和学者认为学生应该了解的"。在社会学科科目中，特别提到了历史、地理和公民学的标准。社会学科全国委员会的社会学科标准没有被提到，并且"社会学科"这个术语也没有再出现。

《2000年目标》还确定了一个重要的执行机制，创立了全国教育标准与改进委员会，该委员会有权力"认证"各州的标准。在20世纪90年代中期，几乎所有的州都在制定符合《2000年目标》的标准公告。到1995年春天，只有三个州还未开始制定。[19]《2000年目标》授权的一个用于支持各州对于已经在进行的体制改革做出努力的补助计划,也正在获得预期效果。但是,依赖于各州的举措意味着不同的州、地区以及学校之间会存在很大的差异。这个计划受到了各州长和商业领袖的大力支持,尤其是那些参与过 1989 年峰会的州长和领袖们。拨款从最初的每年 9400 万美元攀升至 1999 年的 4.9 亿美元,并且另外还提供了 20 亿美元来促进基于标准的改革。虽然有几个州一开始以"州权利"为由拒绝拨款,但是在补助开始的两年内就已经有 48 个州接受了补助,到第三年,资金和改革就延伸至全国 15 000 个学区中超过三分之一的学区。[20]

1994 年《中小学教育法案》的重新授权

在《2000 年目标》的同时,克林顿总统提出对《中小学教育法案》进行修订并重新授权,想让这个法案在《2000 年目标》成为法律之后可以紧接着通过。他希望《2000 年目标》首先被确立为法律,然后将确定标准和考试的日程作为核心,《中小学教育法案》资金可用于支持帮助弱势群体的 I 类项目,以帮助贫困的孩子达到新的州标准。重新授权的新法律被重新命名为《改善美国学校法案》,该法案要求各州对所有的学生使用相同的学术标准。在其通过之前,I 类项目允许各州对于经济上比较薄弱的学生适用更宽松一点的成绩标准。数额达到 110 亿美元的《改善美国学校法案》拨款将依据各州和地区体制改革的进展进行授予。[21] 因为 50 个州都已经接受《中小学教育法案》拨款,而且数额比较大,这意味着法律的改变会迫使各州进行基于标准的改革。克林顿的提案在国会再次遭到反对,因为这看起来是在强制实行标准和评估。温和派基本支持重新授权,大部分民主党派人士也在总统的大力游说之后开始支持该法案。[22]

在很多人看来,《中小学教育法案》的这次修改是其自 1965 年制定以来修订最为显著的一次,因为其要求各州制订学校改进计划并针对核心科目制定挑战性的内容标准以获得联邦资金。各州还需要制定评估要求,确定 I 类学生"适当年度进步率"的"基准",并且公布分类考试的分数。连续两年未达到州目标的学校将被指定为"需要改进"的学校。此外,它还

172 | 学校教育：责任制改革对公民教育和民主管理的伤害

鼓励各州对未达目标的学校采取"纠正措施"，包括扣留拨款，转移并改组职工，创建新的管理机制，以及学生转学。该法还授予了教育部给各学区进行豁免以及提供灵活性的权力，并且通过向特许学校提供启动资金（第一年 1500 万美元）提高了公立学校的选择率。[23] 结合《2000 年目标》，《改善美国学校法案》在很大程度上将卡恩斯（Kearns）和道尔（Doyle）在《赢得脑力竞赛》（*Winning the Brain Race*）（1998 年）中描绘的体制改革蓝图中的精华确立为了法律。

在 1994 年 10 月 24 日《改善美国学校法案》签署之时，克林顿在其评述中说道，新法律

> "代表了一个根本上的改变……三十年以来，联邦政府向各州和各地学区输送资金试图帮助他们解决那些需要钱的问题……以学校必须遵循的规则和规定中所详细阐述的方式……这个法案改变了这一切。法案明确国家政府将设立目标。我们会制定衡量标准来确定你们是否达到了目标。但是你们要自己确定将如何达到这些目标。"[24]

虽然对于《2000 年目标》的辩论主要集中在"自愿性"标准，但新法案仅在六个月之后就改变这一点。体制改革的主要构成要素，即标准和评估，如今成了强制性命令。当时的教育部副部长麦克·史密斯注意到，结合来看，"《2000 年目标》和 1994 年《中小学教育法案》的修订给各州强加了一种特定的改革——为了合作，各州不得不赞同基于标准的改革。"[25] 尽管这是新规定，标准和评估仍在很多州存在争议，且仍处于争论之中。由于对新规定的普遍质疑，很多州建立了最低限度的责任制，以符合法律的规定。在许多情况下，其实并没有发生很大变化。根据新要求，各州拥有设计他们各自的责任制的自由，并且结果的差异也非常大。[26]

虽然有时候执行乏力，但克林顿政府在教育上的努力，包括《2000 年目标》和《中小学教育法案》的重新授权，进一步将教育政策以及政策制定过程进行了国家化。但是，克林顿执政期间，"产生了一个非常重大的遗留问题……将国家置于基于选择、高标准和结果问责的新教育政策之后。"[27]

很多新法案中体现的改革思想都是商业领袖和体制改革支持者在一段时间以来所大肆宣传的思想，包括标准、评估、适当年度进步率、成绩单以及纠正措施，它们在《中小学教育法案》重新授权后首次获得了国家授权。使这些政策成为可能的一部分原因是共和党州长们对于基于标准改革的支持有所增加，以及商业领袖和团体，如商会、全国企业联盟以及商业圆桌组织所进行的游说。尽管越来越多的人在教育问题上持中间派的改革立场，但政治发展可能很快就能瓦解正在达成的共识。

保守派的强烈反对

在1994年中期选举中，共和党人取得了历史性的胜利，获得了国会两院的控制权，其部分原因是克林顿失败的医疗提案遭到了强烈反对。在纽特·金里奇（Newt Gingrich）（共和党－乔治亚州）的引导下，共和党人宣布了一个新的"美国契约"，颇具野心地想要削弱联邦政府的规模和权力，废除几个内阁机构并削减税收。共和党的胜利部分要归功于金里奇大胆的领导作风，以及宗教右派越来越大的影响力。最近通过的关于联邦权力在教育领域中的扩张已成为他们日程上的重要项目，并在整个20世纪90年代都始终会是一个显眼且颇具争议的话题。

在1994年赢得历史性的胜利之后，共和党四十年以来首次获得了国会两院的控制权。教育是共和党竞选宣言中的一个突出议题，包括呼吁取缔《2000年目标》、废黜教育部，以及恢复地方的控制权。基督教联盟将教育作为其竞选的一个焦点，并强调其反对联邦影响力以及结果导向教育，支持学校祷告和学券制。结果导向教育意味着重点以实证的方式检验学生的成绩，要求学生展现出他们已经学到了所需的技能和内容，并且应该是与责任制相符的。[28] 但是，如当时很多学区所实施的那样，结果导向教育一般是推广基于建构主义方式的课程和评估，不鼓励传统的教学和直接教学法。结果导向教育的普及运动在美国很多地区引起了争议，这种争议还受到了宗教右派的煽动。一份蒙大拿州的报纸头条就反映了新右派的抵抗，该头条引用了一位反对《2000年目标》的女士的话："《2000年目标》使我沦为性奴。"[29]

结果导向教育通常也有不同的名称，如基于成绩的教育或基于标准的教育，它来源于教育社会学家兼课程理论家威廉姆·G. 斯帕蒂的想法。斯帕蒂与詹姆斯·布洛克（James Block）和本杰明·布鲁姆（Benjamin Bloom）对于掌握学习的研究使其发展了结果导向教育的理论。结果导向教育关注体制改革并强调学习成果，即学生在结束学习之后真正能做到什么。斯帕蒂在 20 世纪 80 年代至 90 年代宣扬要将结果导向教育作为所有学校体制改革和重组的一种形式，让学校转变为结果导向的学校。随着结果导向教育运动的发展，出现了各种各样的定义和方法，从保守派、学院派、内容导向派到斯帕蒂改进的版本，即倾向于强调与人生角色相关的真实学习和成绩目标。斯帕蒂倡导的结果导向教育是围绕着四个原则建立的，即"注重有意义的结果""更多的机会""高期望值"，以及"立足于你想达到的目标来进行设计"。[30] 斯帕蒂改进版本的结果导向教育则远远超出了基于内容的课程设置。但他并不是认为内容无关紧要，只是内容已不再是目的本身。相反，他着重于发展"自觉、有创造力、协作能力强、能干并且富有同情心"的"自主学习者、协同工作者、复合型的思想家、社区贡献者以及优质的生产者"。

到 20 世纪 90 年代的早些时候，结果导向教育风靡一时，美国有 26 个州的学校受斯帕蒂理论的影响，出现了结果导向教育的形式。这一形式的流行，部分原因是其实用和符合常识的吸引力，以及它将体制改革和重组的元素与责任制结合，并注重结果，这与商业驱动的改革运动产生了共鸣。在很多州，商业圆桌组织是结果导向教育改革的主要推动力。但是，斯帕蒂的理论在美国一些地区的应用引发了强烈的争议，并受到宗教右派煽动，他们认为结果导向教育是一个控制思想的阴谋，想要逐渐削弱基督教势力。

关于结果导向教育的争议

关于结果导向教育的争议始于宾夕法尼亚州。当时有一位名叫佩格·卢克什克（Peg Luksik）的家长，同时也是一位老师和基督教原教旨主义者，他指责道，专注于让学生"包容他人"的州教育目标，其目的是想要提倡同性恋。[31] 这种争议引起了全国媒体的关注以及宗教右派中的保守团体和个人的参与或评论，包括爱家协会、G.戈登·利迪（G. Gordon Liddy）、菲利斯·斯拉夫丽（Phyllis Schlafly）的鹰派论坛、帕特·布坎南（Pat Buchanan）、帕特·罗伯逊（Pat Roberson）的基督教联盟、贝弗莉·拉·海（Beverly La Haye）的关注妇女组织、拉什·林博（Rush Limbaugh）。并且，斯帕蒂在帕特·布坎南的节目上与布坎南就结果导向教育的优点进行了辩论，他针对认为结果导向教育是某种形式的思想控制或社会工程的控告进行了反击。[32] 一位评论员将斯帕蒂描述为"一个社会主义者、共产主义者、全球主义者、世界大同主义者、新时代主义者；一个反基督教、反传统价值观、反家庭、反美国、残酷并奸诈的颠覆分子。"[33] 基督教右派对结果导向教育的反对运动是其旨在改造美国社会的大改革运动的一部分。如大卫·白林纳（David Berliner）指出的那样，基督教右派的一些成员试图摧毁公共教育。许多他们提倡的强调"体罚、打破孩子意志以及服从权威"的育儿理论在实践中与许多教育家所推进的"建构主义学习模式无法相容"。[34] 就像其他的课程争议一样，该争议不仅反映了文化斗争，也反映了在孩子应该如何教、教什么以及他们将继承谁的美国这些问题上存在着真实深刻的分歧。

按照斯帕蒂自己的说法，很多批评者反对国家对"他们基督教徒孩子的信仰"施加任何影响。有一些批评者认为，任何涉及"年轻人的价值观和内在发展"的事情，要么缺少对于学术的看重，要么就是"心理精神的控制"。[35] 在两年时间内，结果导向教育遭到了许多人的反感，尤其是在农村地区，因为农村地区受基督教右派的影响最大。[36]

尽管引发了争议，斯帕蒂以及结果导向教育提倡的注重学校教育成果而非投入的理念为责任制改革奠定了基础，也促进了其实际的开展。一些更为保守的版本则几乎完全侧重于衡量学生对于学术内容的掌握，它们虽然是斯帕蒂结果导向教育的一种混杂版本，但是却成为两党共识的一种中心元素。如彼得·施拉格（Peter Schrag）所述，这与学校分散化的思想

"完全吻合"，并且对于自由主义人士不断强调的投入问题，即更多的钱，这也是"一个满意答复"。[37]从哲学上来说，结果导向教育与20世纪40年代和50年代流行的生活适应教育有很多共同点，生活适应教育强调"生活角色"以及理性主义、结构功能主义典范，这些都体现了强烈的社会控制元素。斯帕蒂关于结果导向教育的"改进"版本遭到猛烈攻击，并且这个争议影响了国家教育政策的走向，这都提醒了我们政治性的学校改革会是怎样一种情况。

尽管共和党在1994年的选举中收获颇丰，但其保守的教育提案与大部分选民的意见相左。民意调查显示有81%的人反对减少用于学校的联邦基金，并且对于民主党在教育问题上的主张有着明显更为有利的评价。[38]尽管如此，共和党评论员仍然要求大力削减克林顿的教育举措。美国传统基金会的一篇报道呼吁废除教育部，撤销《2000年目标》中的大部分法规（包括国家教育标准和改进委员会）和许多《中小学教育法案》的规定。该报道还提倡使用联邦拨款资助择校实验，并且认为"国会和各州中，权力的巨大转变可以给保守派提供前所未有的机遇来撤销过去30年以来的许多不良教育项目"[39]。共和党在试图削弱联邦政府的作用以及削弱《2000年目标》的行动中，成功通过了几个重大的修正案，降低了一些最为严苛的要求，并且将许多资金转为整笔拨款，给予各州在教育改革上的更大灵活性以及更大的权力。[40]

民主党的回应

虽然遭受到这些挫折，但是民意调查显示美国公众仍然支持联邦政府在教育上的支出，就如同在环境、医疗保险、医疗补助领域的重点项目那样，政府发挥一个更为积极的作用，保证教育上资金充足。[41]此外，持中间立场的民主党领导委员会呼吁用一个"进步主义的替代方案"来取代《与美国的契约》（Contract with America），将更多的权力转移到州政府以及地方政府，但是继续并扩大联邦政府在紧迫问题改革上的领导力。因为政府强调了教育改革对于个人经济机遇和国家经济增长的重要性，教育成为民主党反击的关键点。他们将共和党的立场描述为意识形态上的极端主义,并且完全脱离主流。克林顿在一系列的演讲中,尤其是他在 1995 年 1 月的国情咨文演说中,提出了一个中间立场,提倡积极但有限的政府,这是围绕着被称为"M2E2"而产生的一个概念:"以保护我们的价值并维护医疗保险(Medicare)、医疗补助(Medicaid)、教育(education)和环境(environment)的方式平衡开支"。在演讲中,克林顿采纳了许多共和党言辞,同时也呼吁联邦政府继续其在包括教育等许多领域中的积极性。他宣称,"大政府的时代已经结束","但是我们不能再回到让我们的公民自求多福的时代"。[42]

民主党对于教育改革项目的维护得到了共和党温和派的协助,共和党温和派警告道,扼杀《2000 年目标》或废除教育部会让人们认为我们党不关心学校教育。在这段时间里,很多商界有影响力的团体,如商业圆桌组织、商会、国家商业联盟、国家制造业联盟以及全国州长协会一直积极地支持《2000 年目标》并且游说国会继续支持旨在通过体制改革提高教育标准的联邦计划,并主张应该对联邦计划进行修改而不是废除。商业团体建立了一个教育改革商业联盟,并持续游说国会使用联邦政府的资金和权力来促使各州改进学校。[43]

尽管共和党人大力抵制教育改革,民意调查还是表明,公众仍然认为政府的提议是非常有利的。共和党关于学券和整笔拨款的提议被描述为是在猛烈攻击公共教育,并且在选民中越来越不受欢迎。随着 1996 年大选临近,共和党人意识到他们对克林顿教育政策的攻击会使他们在民意调查中的利益受损,于是他们基本上放弃了攻击。一位共和党总统,即乔治·H. W. 布什,已经开始在学校推进标准和责任制,并且"保守派想将精灵放回魔瓶已被证明是不可能的了"。[44]

历史标准争议

同时,随着克林顿政府忙于与共和党建立可能的共识,成群的学者和老师正在制定学校每一门核心科目的国家标准的草案。《1994 年国家历史标准》是许多历史学家思考的产物，他们与社会学科全国委员会的领导者们一样，都认为如果标准是不可避免的，那最好参与其中并产生影响。在布什执政期间，加州大学洛杉矶分校的美国历史教育中心被选定来制定历史教育的标准，概述学生学习的内容和过程。制定标准的两年过程由国家人文基金会资助 52.5 万美元，教育部资助 86.5 万美元。[45]

国家历史标准项目涉及分别制定美国历史、世界历史以及 K—4 年级基础教育课程的标准。虽然这些文件中的每一份都包含了关于历史教学内容和过程的有趣且有见地的建议，但 1994 年发行的《美国历史国家标准》引起了人们最大的兴趣。在该文件发布之前，关于它的报道就在媒体中掀起了一阵争议风暴，这个风暴的导火线就是 1994 年 10 月 20 日华尔街日报的林恩·切尼（Lynne Cheney）写的一篇社论，林恩·切尼是里根和布什执政期间国家人文基金会的主席。切尼指控道，这个标准是一份内容过多的文件，"作者将他们不合格的赞赏留给了政治上正确的人、地点和事件。"她认为这个标准对多元文化论着以重墨，并且痴迷于如麦卡锡主义（十九次引用）、种族主义（"三 K 党"被提到了十七次）和对原住民的虐待这些问题，却并不关注美国历史上一些核心的发展和人物。[46]切尼这篇社论的前言是黛安·拉维奇（Diane Ravitch）写给夏洛特·克莱布里特（Charlotte Crabtree）的一封信，信中对于许多基于标准的活动可能包含的偏见表达了担忧，切尼可能同时也收到了这封信。[47]

拉什·林博响应了切尼的批判，并且通过定义他自己学习历史的方式进一步展开了他的批判：

> 什么？……历史是一种探索？让我来教你们一点东西。历史其实非常简单。你们知道历史是什么吗？它其实就是发生过什么，别无其他……你们的问题就是，像主编加里·纳什（Gary Nash）这样的人在试图曲解历史，"来，让我们来解释一下所发生的事情，因为我们可能不喜欢所呈现的真相。所以我们稍微改变一下解释，让它成为我们希望的样子。"但是，那不是真正的历史。历史是发生过什么，并且历史应该仅仅是发生过什么。现在，如果你们想知道为什么会发生过去的

事情，这也是合理的，但是过去的事情发生的原因跟过去发生了什么没有任何关系。[48]

切尼和林博的评述还同时伴随着国家媒体上的一连串文章和社论，它们将关于标准的论战描述为一场政治辩论，一场关于美国中学的历史课程应该教授什么以及应该如何教授这些课程的辩论。评论家们认为，标准向年轻的学生们呈现了一幅关于美国历史的残酷画面，它将欧洲人和美国人演绎得非常"邪恶和残酷"。他们控诉道，世界历史标准"完全没有强调西方文明"，并且担心所述标准会成为一种"官方历史"。

大部分关于该争论的文章都将其置于政治框架中，认为这是关于学校教育和社会未来的文化和意识形态之战的一部分。比如，有一篇报道就说道，"这个结果与其说是一场关于新标准在激励孩子方面如何有效的辩论，不如说是一场相互针对隐藏的政治议程进行的愤怒指责。双方都谴责对方试图创造一个过去来对应他们各自不同的世界观。"[49]

这场争议风暴持续到了美国的参议院大厅，来自华盛顿州的共和党人斯莱德·戈顿（Slade Gorton）提出了废除标准的一项修正案。参议院以99:1的口头表决否决了标准。在演讲中，戈顿主张"这些标准是伪装成历史的意识形态"，并且宣称，"为阻止这种不正当的思想并保证其不会成为我们国家课堂事实上的指南，标准必须由国会公开并正式地否决。"投下唯一一"反对"票的是参议员贝内特·约翰斯顿（Bennett Johnston）（民主党–路易斯安那州），而他之所以反对是因为他认为谴责的语言太弱。[50]

这个以夏洛特·克莱布里特和加里·纳什为首在加州大学洛杉矶分校的美国历史教育中心制定的标准，是由老师、课程专家和历史学家历时两年共同协作的成果。项目的负责人尝试在各种对历史教学感兴趣的教育团体和民间团体之间建立一个广泛的参与共识。他们制定的标准包含两个要素：历史思维能力和历史理解能力。报告中特别强调要使学生突破被动了解日期、事实和概念的方式，对历史问题进行分析和决策。整体来说，这个标准尽力在制定一个可行的探究式方案。比如说，要求学生寻找证据、确定中心问题、研究重大社会问题并且解决道德问题。有些标准强调历史思维能力，包括时序思维能力、历史理解能力、历史分析和阐释能力、历史研究能力以及历史问题分析和决策。这些"思维能力"与特定的历史话题相关，因此被整合进整套标准中的各个不同的标准。[51] 这个文件反映了项目参与人对于优质历史教学的一个愿景。其旨在为学生提供"自己研究历史记载，对其提出问题，并且整理证据来支撑他们答案的机会"。[52] 标准还随附了"学生成绩的例子"，旨在给老师提供一个应用标准的具体模式。标准对于新的社会历史给予了空前的重视，新的社会历史来源于最新一代的历史学家，也需要得到重视。材料中也提出了之前一直被忽视的众多观点。在某种意义上，《美国历史标准》部分体现了加里·纳什、霍华德·津恩（Howard Zinn）和其他很多历史学家多年以来呼吁的观点的一个总括。[53]

但是，批评者都集中地攻击说明性的课堂活动，认为这些说明活动应该提供一个关于所包含内容的完整详细清单。加里·纳什和罗斯·邓恩（Ross Dunn）是其中两本标准书的第一作者，他们指控道，这些批评者，如切尼和林博，他们通过计算说明活动中提到的名字，"刻意试图让公众误以为这些指南是教科书，但其实它们根本不是。"相反，标准本身包括极少名字，因为它们的重点在于"大思想、运动、转折点、人口流动、经济转型、战争和改革、宗教运动等"。[54] 此外，纳什和邓恩还回应道，批评者们"试图在公众的脑海中将标准与极端的左翼修正主义联系起来，认为其是所有非美国事物的象征"。他们写道，批评者们草率地给整个标准贴上"政治上正确"的标签。纳什和邓恩得出结论，认为批评者们进行了所谓的"虚假信息宣传"。[55]

其他评论者对于标准则给出了更为公允的评价。社会学科全国委员会中的一个教育家焦点小组，他们签约参与了标准制定过程，他们认为这个标准是"一个非常保守的文件"，它更加具有包容性，但与20世纪所提出的大部分意见有点差异。[56] 比起其他许多关于社会学科内容和教学的可替代构想，这个标准完全处于主流传统的范围内。另一方面，这个经过修订并争议较少的版本被发布后，阿瑟·M. 施莱辛格（Arthur M. Schlesinger）发现，曾引起这样一阵风暴的标准文件原始稿远非"完美无瑕"，他认为"有偏见、带着倾向性的解释和强调有时候是值得怀疑的"。让他比较忧虑的是，这其中暗示美国历史是由欧洲、非洲和美国印第安人的文化平等融合而成。不过，他认为这些问题可以很容易得到纠正。纳什和他的同事也回应了，他还写道，"就如同学者应该做的那样。他们记录下了反对意见，重新考虑了各种观点并重新出了一个修改稿。修订后的标准看起来是一个可靠有价值的文件，严肃、审慎而周密。"而且，他告诫不能将历史作为"社会和政治疗法"，处于两个极端的人利用过去，以试图将历史转变为支持他们各自价值观的啦啦队。[57]

修订后的《国家历史标准》将美国历史标准、世界历史标准和K—4年级历史标准组成了一卷，替换了引起巨大争议的三卷。在这个版本里，作者们明智地删除了许多争议的源头，选择删去了原始卷中包含的大部分教学和课堂活动建议。如一个评论家所看待的那样，这是一个旨在避免引起冒犯的缓和版本。[58]它也产生了预期的效果，削弱了对于早期几卷的批评并且受到了更为积极的好评。[59]

纳什、克莱布里特和邓恩针对关于《被审判的历史：文化战争和关于过去的教学》中所述标准的争议，给出了全面的回应。对于他们的书中所述的产生如此大关注度的标准，其主要制定人员对于该标准的制定、加入其中的新学术、批评家的指控以及他们自己的反击做出了一个细致的说明，并且尝试从历史背景的角度来看待这个事件。他们认为标准运动对于鼓励历史学家中出现新的行动主义有积极作用，历史学家们再次更多地参与到与教师们的合作中。他们将自己的经历和20世纪30年代对于拉格教科书的争议进行了对比，尤其是记录下了这两段时间的保守派批评家们使用的非道德手段。他们记录下了标准的制定过程，并且呼吁采纳从最新的学术中成长起来的一个学习历史的更为全球化和多文化方法。同时，他们为自己的行动和选择进行了辩护。[60]遗憾的是，作者们都没有进行自我批评，并且未能深究关于标准的争议和更长时间的关于社会研究的斗争之间的联系。尤其讽刺的是，标准被反民主的煽动行为给打倒了。作为自上而下改革的一部分，随着通过国家评估考试的执行方式，这个披着标准外衣的工具实质上成了反民主的。关于美国历史标准的争议，就像一个攻其不备的战术，暂时地阻止了标准运动进入正轨。如果在历史科目上创设标准会导致如此大的争议，那么在其他科目上制定政治上受欢迎又具有实用性的可行标准是否还有可能？

众多的标准公告

社会学科全国委员会（NCSS）的社会学科标准工作组是由董事会在社会学科全国委员会前主席唐纳德·O.施耐德的领导下于1992年设立，工作组被任命去制定与新的社会学科全国委员会定义相符的标准公告。在制定社会学科全国委员会标准的几年间，广泛的社会学科领域还有三个同期的标准制定项目，包括制定公民/政府学、地理和历史的教学标准，每一个项目都获得了教育部的联邦资金。但是，社会学科全国委员会标准的制定并没有得到联邦资金支持，当然也没有被官方处罚。

社会学科全国委员会在查尔斯·奎格利（Charles Quigley）的指导下，连同公民教育中心一起在促进公民/政府学项目立项上发挥了重要作用。社会学科全国委员会还与制定历史标准的小组进行了合作，但合作方式比较有限，主要是通过委派由琳达·列夫斯蒂克（Linda Levstik）主持的一个被资助的焦点小组审阅标准的草案。社会学科全国委员会在制定地理标准中发挥的作用则比较有限。[61]

《全国公民和政府学标准》由公民教育中心制定，获得了教育部和皮尤慈善信托基金会的支持，并于1995年发布。这个标准文件包括内容标准、基本原理以及每个相关内容领域的标准公告。该标准主要围绕着五个问题来制定，旨在帮助学生探讨与公民生活、美国政治制度以及公民角色相关的重要概念。[62]

地理教育标准项目的工作获得了教育部和几个地理教育协会的支持，并以"生命的地理：国家地理标准"为标题发布。这本书确定了一套自愿性标准，即每个学校和地区都可以以此作为准则来制定它们自己的课程。该书详细介绍了K—4、5—8和9—12年级的十八个地理标准，并且阐述了相应的地理技能和学生成绩。[63] 与历史标准相比，这两套标准获得了来自政策制定者以及公众更为积极的反响。它们在数量上比历史标准的少，但在学生学习评估方面又更为具体。

至于社会学科标准,在1993年秋天,课程标准任务组发出了社会学科全国委员会的社会学科标准草案,并受到了各种不同的评价。拟定的标准提出了十条主题线,每条主题线关注以下一个主题:文化;时间、延续和变化;人、地点和环境;个人发展和认同;个人、团体和机构;权力、权威和治理;生产、分配和消费;科学、技术和社会;全球联系和公民理想和实践。

尽管许多从事该标准制定的人认为,这个标准是学科组织提出的标准公告的强大替代品,但还有一些人批评该标准对于课程设置做出了无力的折中,因为其提出的主题线显然是学科性的,且也未能制定出一个完全以问题为中心的跨学科方法。社会学科全国委员会学院和大学全体教职工大会的1993年年度商业会议提出了一个决议,要求课程标准工作组"重新考虑其工作"。决议的部分内容如下:

> 与其做出工作组报告中提出的折中,我们强烈建议作者为社会学科制定另一个目标,一个创新、富有活力、针对单一学习领域的目标,完全以问题为中心且具有跨学科性质,该目标旨在适用于反思型公民,而不是一个针对在很大程度上基于学科兴趣而衍生或折中的领域的目标。[64]

经过简短的讨论,该提议失败了,被三分之二的会议参与人投了反对票。

社会学科全国委员会标准于次年发布,标题为"卓越的期望:社会学科课程标准"。在题为"强大的教学和学习愿景"的部分,包含了工作组设想的优选教学材料。这部分包含了工作组早期工作中制定的材料,并清楚地阐述了最好的社会学科教师们所支持的有力且创新的教学,即"有意义、综合、基于价值、富于挑战、积极性的"教学和学习。这个标准还介绍了相关的定义和原理,以及社会学科标准的目的和用途。其希望教师和各标准委员会在为各自的州和地区制定课程标准时可以借鉴社会学科全国委员会标准。这本书的核心就在于其中的十大主题线，其保留了与初稿中相同的结构。随后还附有实践中的标准示例，试图帮助教师开展示范性的社会学科课程。[65]

因此，到20世纪90年代中期，社会学科领域已经有了许多关于课程标准的国家公告。社会学科领域的所有主要国家组织都通过他们的行动抓住了标准的精神。有些人认为在标准制定过程中发表意见是有益的，但另一些人则反对参与到他们不赞同的改革设想中。但是，正如一些学者所评述的，来自各个协会的众多不同的标准公告掩盖了对课程内容缺乏普遍共识的情况，使该领域似乎处于一种持续的"破碎"和混乱状态。[66]实际上，标准文件中的许可建议也是矛盾的。到1995年春天，发布的四套标准总共有1292页。历史和地理标准要求每个科目在5—12年级应该有不同的必修课程：历史学家希望有整整六年的历史课，地理学家则希望有两年的必修课和一年的高级选修课。双方也都认为，他们的标准应该全部整合进K—4年级的课程。行政人员、课程主管、教师以及课程委员会认为设计一个系统连贯的K—12年级课程前景不明，因为关于学校的社会学科方面存在太多的分歧主张。[67]

克林顿的第二个执政期

1996年的总统大选在很多方面来说是一场关于联邦教育政策的全民公投。民意调查显示，教育是选民们最想听候选人在竞选中讨论的问题，这不仅仅是因为教育本身，同时也是因为其与经济机遇和其他关键性的国内问题具有相关性。作为共和党提名人的议员鲍勃·多尔（Bob Dole）（共和党－堪萨斯州）直到1996年8月才在其竞选中强调教育，当时他以反对联邦干涉为由反驳民主党的提议。多尔遵循保守的教育政策路线，让人联想到罗纳尔多·里根的早期政策，即支持学券、学校祈祷和废除教育部。此外，多尔还曾投票反对《2000年目标》以及1994年的ESEA修正案。克林顿在竞选中称其完全不了解普通美国民众的需求。[68]同时，商业团体和全国州长协会继续努力支持强有力的州以及联邦的学校改革项目，在1996

年3月的帕利塞兹峰会上推广了一种具有前瞻性方式,这有助于促进共识的达成。

克林顿成功连任后,民主党在这场教育作为一个关键议题的竞选中取得了决定性胜利,大多数民主党人士将该结果解读为要求联邦政府更多参与提升教育的活动。共和党人进行了深刻的反省,认为他们不能再被民众认为是反教育的。因此,在克林顿第二个任期内关于教育的讨论从是否需要联邦起作用转移到联邦应该起到什么样的作用。随之出现的是一个"政策窗口",在此窗口可以建立一个新的联邦政策制度。新制度以一个共同观点为中心,即联邦政府和各州应该团结协作,通过公立学校选择、标准、评估、问责以及增加经费来促进学校改革以及学生成绩的提升。[69]

克林顿总统在1997年2月4日发表的国情咨文中,概述了其未来四年教育议程的重要组成部分,并且呼吁进行"全国教育标准改革":

> 今晚,我向全国发出挑战:每个州都应该采用较高的国家标准,到1999年,每个州都应该对每个四年级学生的阅读以及每个八年级学生的数学进行考试,以确保达到了这些标准。[70]

总统的演讲概述了学校改革的十大议程,其中包括认证10万名新的高级教师,"美国读书运动",强调早期学习、公立学校选择、品德教育、安全无毒的学校、终身学习、学校建设,为更多学生打开通往大学的大门,并且将每个教室和图书馆都连接到互联网。之后他还在演讲中阐述了其教育改革的动机:

> 我们必须了解这项努力的重要性。在整个冷战期间,我们最大的一个力量来源就是我们两党的外交政策。因为我们的未来正处在危急关头,政治分歧应该仅限于国内。现在我请您,请全国所有的州长、父母、老师和公民做出一个无党派的教育承诺,因为教育对于我们的未来而言是一个关键的国家安全问题,政治斗争不应该走进校园。[71]

在克林顿的第二个任期内，政府制定了一项促进其教育议程的战略，该战略重点关注国家标准和国家考试，同时还推广了相关的 K—12 教育计划，支持特许学校、教师标准、读写能力、教育技术和其他目标。[72]

1997年3月5日，白宫举行了一个"国家标准会议"，会议聚集了许多制度改革的主要参与者，他们借此机会来进行"头脑风暴"以制定战略并"推进相关的国家标准和考试议程"。"标准领域的专家"参与者名单揭示了一种两党联合的观点，该名单包括了黛安·拉维奇（Diane Ravitch）、唐（E.D）·赫希（Don (E.D.) Hirsch）、麦克·史密斯（Mike Smith）、马克·塔克（Marc Tucker）、罗伊·罗默（Roy Romer）和秘书赖利（Riley）等人，但也同时表明了强烈的新保守主义的影响。[73] 在那一年的晚些时候，克林顿任命拉维奇为国家评量管理委员会委员，其目的是监督四年级和八年级的基础考试。[74] 政府在努力进行学校改革的过程中制定了完善的"跨领域战略"，强调国家立法、各州立法改革战略以及选民群体支持。[75] 白宫的战略文件显示，重视获得两党支持的提案以创造势头，"以多管齐下的方式实现国家标准和考试"，以及保持"整个教育议程透明可见并利用白宫这个最佳平台来促进教育改革。"[76]

国家考试论战和古德林修正案

如上所述，在1996年大选之后，共和党放弃了其对于联邦在教育问题中起积极作用的异议，并且辩论也转移到了关于如何使改革更为有效的问题上。共和党和民主党都同意利用国家领导层来促进制度改革的观点，但是在联邦政府或各州是否要设立标准或建立责任制的问题上存在分歧。克林顿政府支持国家考试，但仅仅支持两个核心科目，即阅读和数学，并且仅提出两项必要考试，即四年级进行的阅读考试和八年级进行的数学考试。切斯特·芬（Chester Finn）认为"如果国家考试没能成功，可能是因为左翼的人民讨厌'考试'这个词，而右翼的人民讨厌'国家'这个词。"[77]

保守派警告道，即使有限的国家考试也势必会导致最终"中央政府控制教育的所有方面"，而自由主义者则担心，考试可能会不公平地使弱势学生不利,并且会被利用以支持私有化。这种争议导致产生了一种奇怪的同盟,即自由的民主党人士和保守的共和党人士联合起来反对政府。两党的温和派人士以及越来越多的活跃、有影响力的非政府组织及其说客,尤其是来自宗教右派的持一种观点,而商界则持另一种观点。随着不断地发展,争议以及白宫的大量精力都集中在了对一个教育和劳动拨款法案进行修改的古德林修正案。古德林修正案是国会议员比尔·古德林(Bill Goodling)(共和党-宾夕法尼亚)提出的,他提议禁止使用联邦基金制定或实施与总统的自愿国家标准计划相关的考试。古德林曾是一名教师和学校负责人,他反对搭上实施国家考试的"失控列车",因为它的发展是在没有获得具体国会授权的情况下进行的。在《华盛顿邮报》的一篇文章中,他提出了他的"常识性"观点,即因为学校已经有了足够的标准化考试,因此不需要更多考试,因为这可能会导致学校和学生之间"不适当和不公平的比较",也会导致教师采取"应试教育",并且可能导致制定国家课程。[78] 另一方面,包括威廉·贝内特(William Bennet)和切斯特·芬(Chester Fin)在内的对国家考试的支持者们认为对于核心科目领域的国家考试是实施严格标准的必要步骤,并且克林顿的计划应该进行修改,给予改进的且两党支持的国家评估管理委员会更多授权。[79] 关于古德林修正案和克林顿计划的争议对进行广泛制度改革的各种观点起到了一种避雷针的作用。最终,他们达成了妥协,即允许考试初步发展,但要以相对缓慢的速度进行,并且规定在考试开始实施前必须先获得具体的国会批准。尽管国家考试的计划仍会继续,但至少在一段时间内,这意味着该计划会将被推迟。[80]

针对再授权的竞争性方案

尽管国家考试的政策遭遇了挫折,克林顿还是下决心为学校改革留下一份深厚的基业。在1998年1月的国情咨文演讲中,他宣布了几项新的"小倡议"作为1999年ESEA重新授权计划的一部分。[81] 尽管国会中有许多人支持克林顿对于精简班级规模的呼吁,但包括传统基金会、进步政策研究所以及布鲁金斯学会在内的新兴联盟在致国会的一封信中,批评政府对教育投入的错误聚焦，认为其存在教师"质量"和"配置"的问题，即几乎没有最好的老师来教授最贫穷的孩子。[82] 虽然越来越多的人支持联邦在学校改革中发挥重要的作用，但他们的注意力也随之从投入转向结果。新民主党的编辑为民主党人推荐的一条简单规则时很好地抓住了这一点："在没有讨论学校责任制之前，永远不要谈增加对学校的支出。"[83]

共和党人公布了他们自己的提案，即"全优计划"或《全民学业成绩法案》，旨在提高各州的灵活性并增加资金，以此来代替责任制担保，即每年公开报告学生成绩并与成绩目标相关联。主要的保守派团体都支持全优计划，其中包括美国传统基金会、卡托研究所、授权美国、家庭研究理事会、鹰论坛、基督教联盟以及教育领导理事会——都是由约 30 个团体组成的被称为"期望"（EXPECT）（卓越的父母、孩子和老师）联盟的一部分。[84]

中间派民主党议员乔·利伯曼（Joe Lieberman）（民主党 – 康涅狄格州）和埃文·贝赫（Evan Bayh）（民主党 – 印第安纳州）于 1999 年 11 月提出了一个第三计划，即"公立教育再投资、再创造和责任法案"，被称为"三 R 提案"。这个法案是基于民主党领导委员会（DLC）在白宫的支持下提出的，它试图找到一个中间立场。这个提案呼吁大幅增加资金投入以及灵活性——各州要对学生成绩进步目标达成负责，成功则获得奖励，失败则进行惩罚。[85] 这个"三 R 提案"涵盖了一个正在形成的共识，将各州和地方当局置于实施变革的位置上，但以领导力和为责任制改革提供资金的形式给予联邦政府更大的权力。

到 20 世纪 90 年代后期，由民权组织和自由派民主党人士组成的长期联盟开始支持严格的标准和考试，要求联邦政府就提高学生成绩对各州进行问责。因此，来自左翼和右翼的压力将两党推向中心，并促使其围绕学校责任制达成一个新的共识。尽管三个计划均未被采纳，并且 ESEA 的重新授权也推迟到了 2000 年大选之后，但是在 1996 年至 1999 年期间，联邦对于教育的拨款增加了 38%，并且在 2000 年又增加了 15%，这表明了对于改善教育愈发重视，也反映了一段时间的经济增长。[86] 关于对 ESEA 重新授权的三个计划进行的辩论揭示了在如何改善学校的问题上正在形成一个广泛的共识，这为责任制改革创造了如一个观察者所称的"中间路线"。[87] 同时，在 20 世纪 90 年代后期，各州和各地方开始迅速采取标准和责任制措施，并在企业的强力支持下增进了改革势头，这种势头也将延续到下一届政府。

与日俱增的企业影响

在克林顿政府执政期间，商业界对于学校改革的影响不断加强，与 20 世纪 80 年代晚期商业圆桌组织制订的十年计划相吻合。20 世纪 90 年代，突然如雨后春笋般地出现了各种各样的利益团体、民间组织、智囊团以及与大学相关联的研究机构。这些满眼"字母组合"的团体包括一直以来都致力于改善学校教育而努力的著名老牌利益团体，如商业圆桌组织（BRT）、基础教育委员会（CBE）、经济发展委员会（CED）、国家教育和经济中心（NCEE）、全国制造商协会（NAM）、国家商业联合会（NAB）以及美国商会，还包括一些最新成立的团体，如学校改革商业联盟（BCER）、教育信托基金会以及达成公司（Achieve Inc.）。虽然这些团体并非独具一格，但往往拥有共同的成员，关键人物都在多个团体的董事会中任职，并且都是从富有企业和保守派捐助者那里获得资金来源。此外，它们还有一个共同点，就是都支持并主张一个相似的并受到广泛支持的系统学校改革蓝图，即围绕标准、考试和选择的学校改革。[88]

到 20 世纪 90 年代后期，数十个民间组织和智囊团都参与推动了学校改革。在没有联邦机构批准各州标准的情况下，一些组织开始对各州做出的努力进行评级。美国教师联合会（AFT）、基础教育委员会（CBE）、福特汉姆基金会以及达成公司开始发表关于各州标准的评论。[89] 在 20 世纪 90 年代出现了其他团体来支持系统性改革运动，它们通常领导或控制着单个学校、一组类似的学校甚至整个学校系统，其中包括由泰德·塞泽（Ted Sizer）领导的起源于布朗大学的要素学校联盟和由商业企业家克里斯·惠特尔（Chris Whittle）领导的爱迪生计划。这些团体中的大部分都支持高利害关系的考试和责任制，但也有一些持反对态度。保守派智囊团也开始在教育改革中变得越来越活跃，尤其是美国传统基金会、美国企业研究院、卡托研究所、曼哈顿研究所和布鲁金斯学会。虽然它们有很强烈的学术色彩，但这些团体通常都会提倡并主张新保守派或新自由主义的立场，即支持商业模式的体制改革，并获得了保守派和企业捐助人的大力支持。[90]

1996 年帕利塞兹教育峰会

在 20 世纪 90 年代，最具影响力的一个事件可能是 1996 年教育峰会。该活动由全国州长协会和商业圆桌组织赞助，在纽约州帕利塞兹的 IBM 总部举行，出席会议的人包括州长、商界领袖和教育工作者。从某种意义上说，它标志着标准运动"真正的"开始，并且标志着主要领导团体正在达成的一项共识——这是一个关键的转折点，企业领导者将在推动和支持系统性改革方面发挥更重要的作用。

1996 年峰会源于 1995 年在佛蒙特州伯灵顿举行的全国州长协会年度会议。全国州长协会邀请了 IBM 首席执行官路易斯·V. 格斯特纳（Louis V. Gerstner）先生发言。在 1994 年出版的名为《重塑教育：美国公立学校的企业家精神》中，格斯特纳根据他在 RJR 纳贝斯克基金会及其"下世纪学校"项目的经验，描述了一项改善美国学校的计划。该项目的特点包括通过学校之间的权力下放和市场竞争鼓励创业和创新，绕过官僚机构，专注于课堂和学生。这尤其符合且响应了对于公立学校选择、磁性学校和技术的创新使用的日益重视。[91]

格斯特纳强调了一种教学方法，即将教师塑造成学生"工作者"的"教练""辅导员"和"经理"。这本书是推动商业理念和市场化竞争应用于学校改革中的又一本著作，是与长期以来倡导商业驱动化改革的丹尼斯·道尔（Denis Doyle）合著而成。丹尼斯·道尔还与大卫·卡恩斯（David Kearns）合著了非常有影响力的《赢得大脑竞赛》（Winning the Brain Race）。在这两个案例中，曾领导大型公司如施乐、纳比斯克（RJR Nabisco）和 IBM 等大公司重组的公司领导者均采用了类似的方法进行学校改革，没有关注制度差异，也没有对教育理论或实践知识的深入了解。[92]

1995年7月，在伯灵顿与州长们会面时，格斯特纳提出了一个挑战：

> 您是资助和监督国家公立学校的组织的首席执行官，则意味着您要对这些公立学校的健康负责，而它们此刻病得很重。[93]

格斯特纳告诉州长们，课程标准之战必须在各州之间展开，而不是要等待任何教育标准的国家协议。在他发表讲话后的第二天，威斯康星州州长汤米·汤普森（Tommy Thompson）向格斯特纳致电，并请他"共同主持全国州长和美国顶级企业高管之间的教育峰会"。关于这个峰会的计划，汤普森道，"我知道这将会是一个强大的联盟……随着每个社区试图超越其他的社区，并且最终每个州试图超越其他的州，这个联盟将会引发一场冠军之争。"[94]

此次峰会于1996年3月27日至28日在纽约州帕利塞兹举行，地点位于树木繁茂的IBM园区内，共有41位州长、49位企业领导人和30位教育专家参加，旨在制定战略来激励学校制定严格、严谨的标准。出席会议的人包括来自各州的大公司的首席执行官以及一直以来支持体制改革的拥护者：琳恩·切尼（Lynne Cheney）（美国企业研究所）、克里斯多夫·克罗斯（Christopher Cross）（基础教育委员会）、丹尼斯·道尔（Denis Doyle）（传统基金会）、切斯特·芬（Chester Finn）（哈德森研究所）、基思·盖革（Keith Geiger）（全国教育协会）、大卫·霍恩贝克（David Hornbeck）（费城主管）、黛安·拉维奇（Diane Ravitch）（纽约大学）、劳伦·雷斯尼克（Lauren Resnick）（新标准）、艾尔·尚卡尔（Al Shanker）（美国教师联合会）、马克·塔克（Marc Tucker）（国家教育和经济中心）。[95]

会议主题围绕着格斯特纳在会议开幕式上所提出的一个主张：

> 是时候停止指责和推卸责任了，是时候停止辩论了，是时候停止找借口了，是时候制定标准并实现它们了。[96]

在为期两天的会议结束时，商界领袖和州长们同意了适用标准和成绩测试，并制定了一份政策声明，确定了一系列承诺，包括"有一个外部的、独立的、非政府实体领导，以基准评估并报告每个州的进展情况"。[97]

第二天，克林顿总统在峰会上发表了讲话。与布什总统主持的 1989 年夏洛茨维尔峰会不同，在这次峰会上，总统作为特邀发言人发挥了支持作用，格斯特纳发挥了领导作用，这是一个重要的象征性和实质性差异。作为改革的坚定支持者，克林顿在他的讲话中认同了以商业为导向的方式：

> 我听到格斯特纳在他关于标准的提出的观点中谈到了这个问题……下一个重要的步骤必须是制定一些有意义且适当的高标准，然后要求对标准负责……1983 年，我们说："我们的学校遇到了问题，我们需要学习更严格的课程……"1989 年，我们说，"我们需要知道我们要去哪里，我们需要目标。"到如今 1996 年，你说你可以实现世界上所有的目标，但除非真正拥有有意义的标准和衡量你是否符合这些标准的系统，否则你将无法实现目标。[98]

这是一个历史性事件，可以看作是教育体制改革努力的分水岭。这次峰会再次呼吁进行改革，并努力推动责任制运动重新开始。在克林顿政府执政初期取得进展的体制改革运动似乎因一些原因而停滞不前，包括政府角色的争议、联邦权力"下放"和地方控制力增强的主张、再次爆发的文化战争，包括宗教右派对于结果导向教育的攻击，以及关于历史标准的全国性争议。[99] 在过去的几年中，商业界对于基于标准的改革以及严格的问责措施一直给予了有力的支持。从某种意义上说，帕利塞兹峰会标志着在国家的指导下和随着更深入的商界参与，领导层从联邦层面向各州过渡。IBM 总裁路易斯·V. 格斯特纳（Louis V. Gerstner）在领奖台上发挥着主导作用，总统作为特邀嘉宾，这都表明商业界已经成为主导力量。

也许峰会中最值得注意的"新"倡议是成立"一个外部的、独立的、非政府实体"（以下称"实体"）通过"高调"的电视转播来评估和报告各州的进展。峰会之后，一群首席执行官和州长创立了达成公司（Achieve Inc.）作为负责指导制定和实施州级标准的非政府"实体"。达成公司将会是一个非营利性的两党合作实体。大约在同一时间，三个著名的商业团体，即商业圆桌组织、国家商业联合会和美国商业联合会宣布了他们的共同议程，以帮助教育工作者"制定适用于每所学校每个学生的严格学术标准……并利用这些信息来改善学校并建立责任制"。[100]

并非所有人都认可峰会的言论。在帕利塞兹峰会仍在进行时，关于结果导向教育的持续辩论正在逐渐浮出水面。州长们似乎谨慎地选择了他们的言辞，试图使他们的言论尽可能地笼统，以便让自由派和保守派都可以参与其中。首席执行官们似乎最担心的是将学校推向"底线"改革。峰会结束后不久，家庭研究委员会就针对格斯特纳进行了简洁明了的批判：

> IBM首席执行官路易斯·V.格斯特纳宣称，"争论的时间结束了。"……结束了？什么时候结束的？看看联邦中的任何一个州，你都会发现关于政府标准、自上而下的教育政策，以及——最重要的——谁控制孩子的激烈辩论。但是，在峰会上，父母们的观点并没有得到很好地体现，峰会随着一份文件的通过而结束，该文件说道："教育的主要目的是让学生为其在全球经济中成功地工作做好准备。"正如亚里士多德所说，教育不再是为了个人的"美好生活"，而是为了国家及其雇主的利益服务。[101]

1999年帕利塞兹峰会

1996年峰会之后，商界领袖在游说和帮助各州进行制度改革以及在联邦政策讨论中支持国家改革议程继续发挥着关键作用。到20世纪90年代后期，除了一个州之外，每个州都在核心学科领域设立了学术标准，大多数州都有了评估学生成绩的考试，至少在英语和数学两个学科上。随着改革接近"中间点"，大多数州还公开通报了考试结果。[102]

1999年全国教育峰会重申了1996年峰会设定的模式，但在117名参与者中增加了来自全国各州、学区和大学的更多教育领导人。峰会于1999

年9月30日至10月1日举行，为期两天，再次在纽约州帕利塞兹的IBM园区举行，由达成公司和成立于1996年峰会并由英美烟草公司、大城市学校理事会、学习第一联盟、国家商业联合会、国家教育目标小组和全国州长协会共同发起的指导改革的"实体"赞助。峰会联合主席包括1996年的汤普森和格斯特纳，以及州长小詹姆斯·B.亨特（James B. Hunt, Jr.）（共和党－北卡罗莱纳州）和保洁公司董事会主席约翰·E.佩珀（John E. Pepper）。参与者中还有几位体制改革的知识架构师，包括克里斯多夫·克罗斯（基础教育委员会）、丹尼斯·道尔（传统基金会）、切斯特·芬（哈德森研究所）、卡蒂·黑柯克（Kati Haycock）（教育信托）、劳伦·雷斯尼克（匹兹堡大学）、威廉·施密特（William Schmidt）[密歇根大学，美国国际数学和科学研究趋势（TIMSS）国家研究协调员]、沃伦·西蒙斯（Warren Simmons）（安嫩伯格研究所）和马克·塔克（国家教育和经济中心）。[103]

经过两天的对话和讨论，代表政府和企业界推动教育改革的新"共识"就优先事项达成了一致，并承诺继续努力提高学术标准。在峰会结束时，与会人员通过了一份五页的行动计划，"由24位州长，34位企业高管，21位州教育主管和两个最大的教师工会主席以及其他领导人批准。"[104]该计划包括三个重点领域："提高教师素质；为所有学生提供达到更高标准的公平机会；让学校对结果负责。"[105]

1999年峰会再次肯定了学校改革的商业模式，并表明尽管遭遇了一些挫折，但在企业和政府合作的领导下，不可抗拒的体制性改革仍将在各州乃至全国范围继续发展。1996年，只有14个州制定了标准，但是据预测，到2000年春季，将会有49个州采用至少某种形式的标准。[106]有人认为，1999年峰会要么是重申标准运动是改善美国学校的最佳方式这一观点，要么是通过实施企业型学校改革的商业驱动模式来加大标准化力度和加强对教师、管理人员和学生的控制。

格斯特纳作为20世纪90年代两次峰会的幕后"推动者"，他表示，1999年峰会将重点关注所谓的"痛苦"，即教师、校长和学生在意识到自己将被追究责任和相应处罚时会感受到的刺痛。在纽约时报的一篇报道中，引用了格斯特纳的这句话：

> 人们说"天啊！这些孩子会失败"或"他们做不到，所以我们需要降低标准，否则会伤害他们的自尊。"我们理解这种痛苦，我们也必须妥善处理，但我们不打算通过退缩来处理。[107]

其他人则对改革运动持批评态度。《我们的孩子应得的学校》的作者阿尔菲·科恩（Alfie Kohn）是一位进步的批评家，他认为标准限制了课堂教师的创造力和灵活性。"为爱荷华州感到幸运"，他说，因为爱荷华州是唯一一个拒绝制定全州标准的州，遵从地方和学校的意愿。"由于本次会议反映出的敏感性，全国各地的学校已经转变为巨型的考试准备中心，而没有经过太多的思考。"全国教育协会主席鲍勃·查斯（Bob Chase）表示，工会成员支持对他们进行问责的想法，但"太多政治家的普遍心态都过于'梦幻'，他们以为：'如果我们设定高标准，学生就能神奇地达到该标准。'他们其实是在自欺欺人。"[108]

关于标准和考试的辩论

由《美国历史国家标准》所引发的争议风暴以及对成果导向教育的争议，制定统一国家标准和评估的运动似乎已经消亡。总体上来说，焦点转移到了各州。大多数地区都制定了州和地方标准，并且到20世纪90年代后期，形成了州和地方的评估基础，即主要通过基于传统学科架构模式而进行的标准化考试。严格标准倡导者所提出的主要论点包括：

- "标准可以通过明确限定所要教授的内容和预期的表现来提高成绩。"
- "标准对于创造均等机会来说是必要的"，这样所有学生，无论种族、阶级或性别，都有着同等的高标准。
- "国家标准提供了一种有价值的协调功能"，使得搬迁家庭也能找到类似的课程。

● "标准和评估可以向学生、家长、教师、雇主和大学发出重要信号",它可以告知教育系统中的每个人关于对他们的期望,并提供有关"该期望已达到了什么程度"的信息。[109]

基于标准的责任制改革的倡导者中,最著名的包括马克·塔克、威廉·本内特、黛安·拉维奇、切斯特·芬、丹尼斯·道尔、大卫·基恩斯以及众多政客和商界领袖。在这些关于教育标准的论点背后,国家委员会的报告也一直明确而坚定地强调学校教育,认为学校教育是提升美国跨国公司在国际经济舞台中地位的一种手段。

反对基于标准改革的观点

并非所有人都支持标准运动。许多反对标准的人首先就认为,学校根本不需要这种粗线条的普遍解决方案。通过白林纳和比德尔在他们读者甚广的名为《制造危机:神话、欺诈和对美国公立学校的攻击》一书中所称的"制造的危机",标准运动已经取得了成果。[110]他们认为,与国家委员会报告和媒体对教育的报道中的言论相反,我们大多数学校都做得很好。《桑迪亚报告》中关于美国学校教育成果的深入和纵向视角提供了大量关于美国学校教育成果的实质性证据,其并不支持进行责任制改革。[111]

从很多角度来看,反对基于标准的改革的论点包括,标准将:

- 使教育成果降到最低的共同标准;
- 根据传统的主题学科规范缩小授课范围;
- 通过国家考试伤害儿童并扭曲优先事项;
- 无法帮助贫困的市中心学校;
- 无法扩大机会均等;
- 无法提高成绩,因为大多数教师会忽视标准而只做他们一直在做的事情;

● 破坏对公共教育的信任，导致学校教育私有化。[112]

反对的声音来自于那些对政治和教育持有多种观点的人，比如维护地方控制权、优先考虑公平的学校经费、重视多样性、质疑"学校广泛考试的价值"、不认为"外国学校系统是典范"。[113] 反对派引起了许多教育者对基于标准的改革的抵制，其中最著名的评论家包括阿尔菲·科恩（Alfie Kohn）、苏珊·奥哈尼安（Susan O'hanian）、白林纳和比德尔、黛博拉·迈耶（Deborah Meier）和乔纳森·科左尔（Jonathan Kozol）。到20世纪90年代后期，各种作者的批评文献越来越多，其中包括阿尔菲·科恩的《我们孩子应得的学校》和苏珊·奥哈尼安的《非普适性准则》（One Size Fits Few）。质疑标准和重大考试是否明智的也有越来越多的公众、家长、教师组织和学生，他们抵制并质疑标准和高利害考试的实施，一些学生甚至拒绝参加考试。但是，大多数人还是按规定参加了。在1998年的一篇文章中，批判教育家迈克尔·阿普尔（Michael Apple）尖锐地问道："市场和标准是民主的吗？"他将改革运动描述为"右派的、反学校并反公众的"。[114]

评论家指出，从广义的角度来看，标准运动的背后是一场虚构的有意制造的学校教育质量危机，学校成为以创造人力资本为目的的机器以及商业和工业的附属品。从20世纪80年代初开始，许多企业的高管担心高中毕业生缺乏工作技能，于是开始组织商业圆桌组织，以游说政策制定者改善学校状况。这使得企业参与到有关学校教育的报告中，以宣扬企业界对于应该采取什么行动的观点。在20世纪80年代以及90年代初期，人们创造出了一个神话，将国家经济问题与教育解决方案联系了起来。提出的解决方案就是向学生灌输使美国再次具有竞争力所需的必要知识、技能和工作习惯。同时，出现了一个"学校改革的秘籍"，即模仿成功企业的经验：为员工制定明确的目标和标准；权力下放，让制造产品的经理和员工自己决定方法；让经理和员工自行负责；对于达到或超过目标的进行奖励，对于未能达到目标的进行惩罚或令其感到惭愧，以摆脱无望的困境。将这种模式应用于学校只是意味着措辞上的一些变化。

改革的状态

到20世纪90年代晚期，关于标准、考试和责任制的运动已经被明确确立为改善学校的新模式。其倡导者也获得了以下成效：有49个州制定了标准和责任制考试；特许学校的数量不断增加，体现了公立学校的选择；教育转向了更为传统的以教师讲授、教科书和内容为重点的教学形式，从而加强了学校教育的标准实践和典型课堂的常规"法则"。

国家对教育改革的关注使得关于学校如何实施标准和责任制改革的报告和调查不断出现。总体而言，这些报告提供的情况喜忧参半，但也表明改革对学校教育的日常事务正在产生更大的影响。1997年和1998年发布的几份报告表明，虽然各州和教育工作者"说得头头是道"，但标准运动却"缺乏犀利武器"，几乎没有带来任何真正的改善。根据基础教育委员会的报告，只有七个州在英语语言艺术学科上制定了"非常严格"的标准，16个州在数学学科上制定了严格标准。教育周刊发表的另一份名为《98年质量统计》的报告详细描述了城市学校与郊区学校之间的显著差异。在城市学校中，只有不到一半的学生达到"基础"水平，而郊区的学校则有近三分之二的学生达到"基础"水平或更高的水平。大城市学校理事会执行董事迈克尔·卡塞利（Michael Casserly）表示："学生成绩、设施、合格教师、资金和其他资源的差距就是多年来国家不重视的结果。"[115]

随着各州、联邦、企业和非政府组织达成越来越多的支持改革总体思路的共识，更多的州正在实施责任制改革，至少在表面上，情况正在迅速地发生变化。根据达成公司发布并在2001年10月的教育峰会上分发的进度报告，有49个州设立了标准，"几乎所有的州"都在四个核心学科领域对学生进行考试。各州正在不断地增加问责措施，"让学校和学生对成绩负责"，并为教育的改善制定了"一系列激励措施"。达成公司还注意到许多资料显示"趋势正向着正确的方向发展"，全国教育进步评估显示的数学和阅读分数表明许多州普遍都有所改善。另一方面，国际间的对比也提供了一份更发人深省的评估，美国学生在国际数学和科学研究趋势（TIMSS）方面低于参与国家的平均水平。报告指出，"更令人担忧的"是城市和郊区学生之间存在的"巨大差距"。美国学生在阅读方面的表现仍然"顽固地持平",白人和少数民族学生之间的成绩差距很大,在某些情况下还在继续"扩大"。越来越多的州正在制作或要求制作"学校成绩单"(44个州),"高绩效或大有改进的学校"将获得奖励。相反,更多的州也开始有权"关闭或重建失败的学校"。[116]

在此期间,由商业圆桌组织、公共议程、美国教育考试服务中心和美国教师联合会发起的民意调查显示,在克林顿政府结束时,标准运动已"开始在全国的教室中占据一席之地"。但关于考试数据的使用,特别是在做出有关学生升学、毕业或教师专业地位的重要决策时,该调查持谨慎态度。[117]美国教师联合会的报告发现,在基于标准的改革已经"以多种方式实施"的同时,更多的州在强调学习成绩,并特别关注"有可能无法达到标准"的学生。但是,该报告指出"不统一"的现有考试正在推动改革,而各州尚未完成符合标准所必需的课程制定工作。美国教师联合会报告对某些州爆发的"考试反冲"表示担忧。根据该报告,民意调查和报纸文章表明,教师、家长和其他利益相关者普遍支持基于标准的改革,但对如何实施这一改革持保留意见。公众尤其担心考试数量的增加,相关人士仅基于单一考试而做出高利害关系的决策,以及考试结果的准确性和考试的质量。[118]

由美国教育考试服务中心发起的一项针对公众、教育工作者和政策制定者的调查于2001年发布,受访者们几乎一致认为"教育是当务之急,我们的学校没有取得好成绩,而且我们可以做得更好",但是受访者并不倾向于认为学校"陷入了危机"。许多人认为我们存在"经济/教育等级制度",高收入地区的学校为优质或优秀学校,中等收入地区的学校大致良好,低收入地区的学校则比较差。该调查发现公众大力支持加强标准、考试和责任制措施,但教育工作者和政策制定者的态度比较复杂,并不一致。虽然70%的公众支持以考试评估学生学习成绩的想法,并让教师和管理人员对学生的学习成绩负责,"但49%的教育工作者反对这一观点。"接受调查的教育工作者中一半的教师表示,他们对于将考试作为让教师负责的一种手段有三个方面的担忧:他们担心被"挑剔"地追责;问责措施会分散

"整体的教育实践";仅仅考试成绩"不足以衡量学生或教师的成绩。"[119]

对于考试,美国教育考试服务中心调查发现公众的态度也比较谨慎的。虽然大多数美国人赞同以考试来评估学生的成绩,并且大多数人也认可通过考试来识别需要额外关注的学生和学校,但他们担心我们过分地强调了考试成绩,使用考试取代更广泛的评估方法,以及"针对考试进行教学"。另一方面,教育工作者仍然"对考试表示怀疑和存在分歧"。总体而言,调查发现,大多数美国人支持"对教育改革作出审慎回应",并不支持"彻底改革"。调查还发现,大多数人反对税收资助的学券或税收抵免,以防止父母将孩子送到私立或宗教学校,公立学校的选择获得了更大的支持。[120]

教育周刊于2001年1月发布题为《2001年质量计数》的关于学校改革状况的年度报告,报告发现大多数家长和教师认为,提高学术标准的努力正朝着正确的方向发展,改革正在开始改变学校的做法:

- 将近有十分之八的教师说课程对学生的要求"有点高"或"非常高"。
- 十分之六以上的人表示对学生学习内容的期望"有点高"或"非常高"。
- 将近十分之七的受访者表示,他们学校的学生相互协作更多了。
- 超过六成的人表示学生写作更多了;近一半的人表示学生阅读更多了。

教师调查的结果还表明,过于重视考试并通过考试来"推动教学和学习的改变"可能会鼓励课堂上的许多不良行为。报告中,有大约29%的教师使用了"很多"考试准备材料,而三分之一的教师根本没有使用它们。近一半的教师花费了"大量"时间为学生准备应试技巧。还存在其他的一些问题,比如考试和标准与许多学校的课程不一致;国家考试倾向于强调标准中要求较低的"低级"知识和技能;并且许多州的标准数量过于庞大。十分之七的教师说,没有足够的时间"完成州标准中的所有内容",这个问题对于中小学教师来说尤为明显。[121]

对教学的影响

《2001年质量计数》中的另一项研究发现，尽管基于标准的教育正在进入更多的课堂，但并非所有结果都是积极的。报告重申了一个发现，即虽然一些结果是"积极的"，比如课程要求更高了以及考试成绩也提高了，但证据还表明教师"被迫过分地强调考试和考试准备活动"。许多考试都"过于关注低级的、多项选择的问题"并且与标准严重不相符。批评者断言，考试是"勉强逼出高质量的教学"，并产生了"学校中盲目和不良的标准化"。此外，一些专家警告说，考试成绩的提高可归因于教师花费额外时间为学生准备考试并教授他们考试技巧。[122]

一位研究人员报告称："人们正在做更多有关考试的内容"，但发现要让教师"改变他们的教学方式，以真正鼓励学生以数学或科学的方式来思考"更加困难。虽然报告中说教师在调查中使用"动手材料（如几何实体）来教数学"，但当研究人员实际进入教室并观察时，却"主要是很多的训练和练习"。另一份报道称，虽然教师们越来越了解标准，但他们并没有让标准"更深入地影响教学"。[123]

严重依赖国家考试来衡量学生的学习，并对教师和学校进行奖励和惩罚已经成为体制改革的核心特征。正如一位研究人员所说，"所有这些的承重墙不是标准文件，而是评估。"研究表明，教师正在改变教学方式，以使其与考试的内容保持一致：增加对特定主题的关注，将教学时间更多地集中到州考试中出现的主题上，并设计反映考试模式的练习。正如一位教师所说："学校正在改变他们的课程以适应考试，我认为这是不幸的，因为它不允许任何创造力。"评估专家指出，考试只是对学生应该学习的内容进行小范围的抽样检测，对考试内容的重点关注可能导致考试分数的"突增"，而无法反映学习中的实际收获。[124]

在许多课堂中，特别强调考试的内容可以缩小课程范围，消除或最大限度地减少使用进步主义的、以学生为中心的教学策略，更加注重记忆和传统的以教师为中心的方法。强调考试和责任制以及对成绩的重点关注意味着教师越来越强调以记忆或技术技能为中心的短期收益活动。涉及项目、

202 | 学校教育：责任制改革对公民教育和民主管理的伤害

论文、实验、探究活动或讨论等基于能力的活动和评估则变得越来越少。[125]

结论

  克林顿政府执政的年代改变了学校改革的强度，但没有改变总体方向。克林顿的议程通过重大的经济扩张和不断扩大的经济差距而得到了推动。民主党人和共和党人都支持看似是资本主义和工业主义的现实观点，以及通过学校教育扩大国家对强烈个人主义的支持。克林顿在教育方面的领导力，包括《2000年目标》、《改革美国学校法》、ESEA 的重新授权、《从学校到工作》的立法以及对基于标准的责任制的支持，改变了联邦教育政策的面貌，并极大地加强了在各州和地方实施体制改革的力度。到20世纪90年代后期，克林顿的领导，加上越来越多的企业、非政府组织、教育改革团体、基金会和研究机构的持续努力，使得以标准和责任制为导向的学校环境越来越浓重，这深刻影响了许多教师、管理人员和学校工作人员构思和开展学生工作的方式。

  有几个因素促成了这些转变和共识的达成。20世纪90年代，国会中的民主党人获得了越来越大的影响力，克林顿政府、全国州长协会、商业团体以及其他各种声音使公众相信了教育改革的必要性。共和党人放弃了废除教育部的提议，他们为克林顿的大部分优先事项提供了资金支持，甚至在几年内增加了额外的资金。在州一级，企业和政府的联盟使针对学业成绩的问责措施日益严格，学校、行政人员和教师都需要对标准化考试所评估的结果负责。

  到20世纪90年代晚期，人们已经达成了一个共识，即金钱是学校改革的一个必要因素，但并非一种充分的手段。来自少数民族群体和选民对于进行一场有意义的改革的压力越来越大。对此，由中间派和民主党领导委员会领导的民主党逐渐偏离其一贯关注的投入和公平问题，转而关注以商业为导向，结合基于标准的改革、责任制和公立学校选择的学校改革议程。所有这一切都基于两个关键假设：第一，公立学校垄断失败；第二，改善公立学校的关键是将商业原则应用于学校，制定明确的标准和目标，评估成绩，对制度参与人进行严格的问责。如果说改革需要一个理论知识基础，基于结果教育理论的一种形式可以作为其基础，如威廉姆·G. 斯帕蒂在其著作中提出的，但改革以更为传统的强调内容为中心取代了斯帕蒂的进步主义目标。虽然有一些州和学区仍在采用类似于斯帕蒂提出的成绩评估形式，但更为广泛的基于标准的改革运动关注的是内容标准，并要求学生、学校、教师和管理人员对具体的知识和技能负责。改革的其他主要参与者，包括威廉·贝内特、切斯特·芬、黛安·拉维奇、E.D. 赫希（E.D. Hirsch）、丹尼斯·道尔、马克·塔克、克里斯托夫·克罗斯等，他们组成了改革的骨干知识分子，并在整个时代贡献了关键的领导力，使改革呈现出新保守主义的色彩。

如美国立法交流委员会、商业圆桌组织、基础教育委员会和全国州长协会等非政府组织达成的企业–政府共识和进行的各州游说和发展努力，使得类似的制度改革几乎在每个州的学校都得以实行。改革整体的重点和方向似乎得到了当时政治现实的支持。民意调查显示出对改善学校的大力支持，教育也是全国政治运动中的首要问题之一。[126] 媒体报道和国际比较继续鼓动着"学校失败"的言论，给联邦、州和地方各级的行动施加压力。根据1989年夏洛茨维尔峰会的承诺，商业团体、州长及其联盟正在忙于实施十年战略，以进行制度改革。根据大多数媒体的报道，长期战略似乎正在发挥作用，并逐渐演变成改善学校的永久性力量。

到2001年，教育责任制改革似乎不再引起争议，因为许多州的改革已经进行了七年、八年甚至十年。但是，改革仍然受到许多教师、学者和教育政策制定者的争议，因为改革在很大程度上并未经过测试和验证，且具有强制性，反对进步主义，从而限制了教师的自由和创造力。改革代表了几十年来一直在反对进步主义教育的教育保守派和传统主义者的胜利，也代表了一种以经济目的为重点、侧重社会效率的教育的决定性胜利，使经济建设成为学校教育的中心驱动因素，将青年教育围绕人力资本理论来进行。

在20世纪90年代，关于大规模改革的各个方面存在两个重要的争议——历史标准和基于结果的教育——这两个争议均极大地影响了改革的速度和方向。对历史标准的争论意味着在某些科目上建立国家标准将会比较困难，并且导致了人们对联邦领导下的各州改革的强烈关注，但并没有国家标准或国家考试。它还促使人们更加关注那些更有可能达成共识的学科领域，例如文学、数学和科学等，尽管每个学科领域都有自己的内部斗争。对于进步主义版本的结果导向型教育的争论表明，人们反对通过致力于社会效率的变异教育来进行一种新式的、更强有力的社会控制。而通过以内容标准和责任制为重点的一种更为保守的基于结果的教育，在很大程度上克服了这种阻力。

在系统性学校改革运动的背景下，社会学科和公民教育似乎在很大程度上都稍显滞后。由于强调发展人力资本这一经济目的，即输出准备充分的劳动者，关注争议、问题和社会转型的进步主义社会学科被视为学校问题所在等。许多改革者对于进步主义的社会学科非常反感，他们支持强调传统历史和地理的社会教育方法。

美国教育历史上，这一时期的中心主题就是随着标准运动的开始，政府的参与度逐渐提升至前所未有的程度，并且，随之创造了一种技术，以实现对学校教育和美国生活的新保守主义愿景。如果学校被认为是一台机器，那么标准运动就是一列失控的火车，是美国学校教育园中的一台机器，而重新定位运动的可能性变得越来越小。[127]

通过采用考试技术，标准运动似乎排除了旨在培养有思想公民的社会学科替代方法，从而支持狭义上的历史和社会科学课程。整个标准运动的努力都是基于将学校教育作为杠杆来改善美国在国际经济竞争中地位的理念。保守派利益集团，如传统基金会、哈德森研究所、美国企业研究所、胡佛研究所，以及最著名的社会学科机构布拉德利基金会，与富裕的捐助者和商业组织合作，对改革产生了强烈的影响和推动力。新自由主义和新保守主义团体联合起来，促使全国形成了一个共识，即支持以可疑假设和活动为基础的基于标准的改革，如人力资本意识形态、危机言论、学校和教师的替罪羊、自私的幽灵、美国顽强个人主义的谬误，以及证据的滥用。这项改革是建立在谎言、宣传、证据压制、简单分析、不成熟的报道和媒体不负责任的基础上的纸牌屋。[128]

尽管人们普遍支持系统性改革，但许多教育工作者仍然强烈反对和抵制它，并且更多人对责任制改革的理念表示严重怀疑。学校仍在制造不平等现象。改革似乎在很大程度上并无效果，并将注意力从潜在问题上转移开了。联邦在教育方面的作用已从专注于公平的议程转变为创建考试和监管机器，以确定和惩罚未通过考试的学生、教师、行政人员和学校。但是，与教育政策和社会学科之争息息相关的许多声音仍然存在，并且不会轻易消失。一位教师的评论总结了学校资深人员的一个共同反应："令我感到恼火的是，几十年来，我们向人们展示了一种更好的方式来利用资源帮助我们培养专注、反思、富有同情心、批判性和积极的公民，但特殊的利益集团主导了教育改革，留给我们一个公立学校系统，这个系统最擅长的是生产听话的会做工作表的人。"[129]

注释：

1. Patrick J. McGuinn, *No Child Left Behind and the Transformation of Federal Education Policy, 1965–2005* (Lawrence: University of Kansas Press, 2006); "New Orleans Declaration: Statement Endorsed at the Fourth Annual Democratic Leadership Council Conference," March 1, 1990, and "The Hyde Park Declaration: A Statement of Principles and a PolicyAgenda for the 21st Century," August 1, 2000, http://www.dlc.org/print08fa.html?contentid=878.
2. Rupert Cornwell, "Bush Critics Do Their Homework on Schools," *IN*, October 1991, 16, cited in McGuinn, *No Child*, 230.
3. Jonathan Kozol, *Savage Inequalities* (New York: Crown, 1991).
4. Bill Clinton, "The Clinton Plan for Excellence in Education," *PDK* 74, no. 2 (October 1992): 131, 134–137.
5. Bill Clinton, *My Life* (NewYork: Alfred A. Knopf, 2004), 308; David Osborne, "Turning Around Arkansas' Schools: Bill Clinton and Education Reform," *AE* 16, no. 3 (Fall 1992): 6–17.
6. Bill Clinton for President 1992 Campaign Brochure, http://www.4president.org/brochures/billclinton1992brochure.htm; Democratic Party of the United States, "The New Covenant," *Historic Documents of 1992* (Washington, DC: Congressional Quarterly Press, 1993), 697–698; Chris Black, "Clinton Targets Schools," *BG*, May 15, 1992, 12, quoted in McGuinn, No Child, 80.
7. McGuinn, *No Child*, 80.

8. Will Marshall interview with McGuinn, March 27, 2003, quoted in McGuinn, *No Child*, 80.
9. Lynn Olson and Julie Miller, "Self-Styled 'Education President' Places His Record Before Voters," EW, February 12, 1992, cited in McGuinn, *No Child*, 82.
10. 这里要感谢麦吉恩提出的"政策体制"的用法。
11. Mark Tucker to Hillary Clinton, November 11, 1992, CR, September 17, 1998, E1819–E1825.
12. National Center on Education and the Economy, *America's Choice: High Skills or Low Wages!:The Report of the Commission on the Skills of the American Workforce* (Rochester, NY: National Center on Education and the Economy, 1990).
13. McGuinn, *No Child*, 84.
14. Ibid., 85; Staff, "Democratic Leadership Council will issue 'Mandate for Change' by early December with Policy Recommendations for incoming Clinton Administration," *PS* 54, no. 045 (November 9, 1992).
15. McGuinn, *No Child*, 86.
16. 同上书,第87页。
17. 同上书,第88—90页。
18. *Goals 2000:A Progress Report* (Washington, DC: DOE, Spring 1995), 1, 7–8.
19. 同上书,第6、9、10页。
20. New York State Education Department (NYSED), *Federal Education Policy and the States, 1945–2009: A Brief Synopsis* (Albany: New York State Archives, 2006, revised 2009), 66–67.
21. 同上书,第67页。
22. McGuinn, *No Child*, 93–94.
23. 同上书,第95页。
24. William J.Clinton,"Remarks on Signing IASA,"quoted in McGuinn,*No Child*, 95, 97; 另参见John F. Jennings, Ed., *National Issues in Education: Goals 2000 and School-to-Work* (Bloomington, IN: Phi Delta Kappa International, 1995).
25. 同上书,第97页。
26. 同上书,第98页。
27. Will Marshall, interview with McGuinn, March 27, 2003.
28. William G. Spady, *Outcome-Based Education: Critical Issues and Answers* (Arlington, VA: American Association of School Administrators, 1994); Spence Rogers and Bonnie Dana, *Outcome-Based Education: Concerns and Responses* (Bloomington, IN: Phi Delta Kappa Educational Foundation, 1995); Peter Schrag, "The New School Wars: How Outcome-Based Education Blew Up," *AP*, November 19, 2001, 2.
29. Richard W. Riley, "Education Reform Through Standards and Partnerships, 1993–

2000," *PDK* 83, no. 9 (May 2002): 702.
30. John A. Hader, "William G. Spady, Agent of Change: An Oral History" (Chicago: Loyola University, Chicago, Doctoral Dissertation, 2011), 72.
31. Peg Luksik and Pamela Hobbs Hoffecker, *Outcomes Based Education: The State's Assault on Our Children's Values* (Lafayette, LA: Huntington House Publishers, 1995).
32. Hader, "Spady," 1–2, 87–89; David Berliner, "Educational Psychology Meets the Christian Right," *TCR* 98, no. 3 (Spring 1997): 381–416.
33. Burron, as quoted in William G. Spady, *Paradigm Lost: Reclaiming America's Educational Future* (Arlington, VA: American Association of School Administrators, 1998), ix.
34. Berliner, "Educational Psychology."
35. Hader, "Spady," 88.
36. 这一争论与之前一些关于教育的争论极其类似，其中包括拉格的教材争论以及针对人类研究课程的争论。
37. Schrag, "New School Wars."
38. Kaiser/Harvard Election Night Survey of voters conducted November 8, 1994; ABC News/*Washington Post* poll conducted October 20–23, 1994; and NBC News/*Wall Street Journal* poll conducted October 14–18, 1994, cited in McGuinn, *No Child*, 106; Richard W. Riley, "Education Reform Through Standards and Partnerships, 1993–2000," *PDK* 83, no. 9 (May 2002): 702.
39. Lamar Alexander, William Bennett, and Daniel Coats, "Local Options: Congress Should Return Control of Education to States, School Boards, and Parents." *NR* 46, no. 42 (December 14, 1994): 3.
40. Chester Finn, cited in Lynn Olson, "The Future Looks Cloudy for Standards-Certification Panel," *EW*, April 12, 1995.
41. McGuinn, *No Child*, 111–112.
42. Bill Clinton, SOU, January 23, 1995, APP.
43. Kathy Emery and Susan O'Hanian, *Why Is Corporate America Bashing Our Public Schools?* (Portsmouth, NH: Heinemann, 2004); McGuinn, *No Child*.
44. McGuinn, *No Child*, 119.
45. H. Dellios, "Battle Over History May Itself Prove Historic," *CT*, October 30, 1994, 2C.
46. Lynne V. Cheney, "The End of History," *WSJ*, October 20, 1994.
47. Diane Ravitch to Charlotte Crabtree, undated fax, and Gary Nash to Diane Ravitch, June 17, 1994, "History Standards, 1994" folder, Box 50, Ravitch Papers.
48. Rush Limbaugh television show, October 28, 1994.
49. Dellios, "Battle Over History," 4; Cited in Theresa Johnson and Patricia G. Avery, "The Power of the Press: A Content and Discourse Analysis of the United States History Standards as Presented in Selected Newspapers," *TRSE* 27, no. 4, 457.

50. PBS, "Standards—Are We There Yet? Testing Our Schools," *Frontline*, http://www.pbs.org/wgbh/pages/frontline/shows/schools/standards/bp.html, page 3.
51. NCHS, *National Standards for United States History: Exploring the American Experience*, Grades 5–12 (Los Angeles: NCHS, 1994).
52. Gary Nash, Charlotte Crabtree, and Ross E. Dunn, *History on Trial: Culture Wars and the Teaching of the Past* (New York: Knopf, 1997), 175.
53. Howard Zinn, *A People's History of the United States* (New York: Harper and Row, 1980).
54. Gary B. Nash and Ross E. Dunn, "History Standards and Culture Wars," *SE* 59, no. 1 (January 1995): 6.
55. Ibid., 5, 7.
56. Linda Levstik, chair, *NEH History Standards: Report to the NCSS Board of Directors* (Washington, DC: NCSS Focus Group, 1994), 3.
57. Arthur Schlesinger, Jr.,"History as Therapy:A Dangerous Idea,"*NYT*, May 3, 1996.
58. National Center for History in the Schools, *National Standards for History, Basic Edition* (Los Angeles: National Center for History in the Schools, 1996). See also Robert Cohen,"Book Review of *History on Trial*," *SE* 62, no.2 (February 1998), 116–118.
59. Diane Ravitch, "Better Than Alternatives," *Society* 34, no. 2 (January/February 1997): 29–31.
60. Nash, Crabtree, and Dunn, *History on Trial;* Lynda Symcox, *Whose History? The Struggle for National Standards in American Classrooms* (NewYork: Teachers College, 2002).
61. Minutes of NCSS Board of Directors Meeting, July 25–26, 1992, NCSS Papers.
62. Center for Civic Education, *National Standards for Civics and Government* (Calabassas, CA: National Center for Civic Education, 1994).
63. Geography Education Standards Project, *Geography for Life: National Geography Standards, 1994, What Every Young American Should Know and Be Able to Do in Geography* (Washington, DC: National Geographic Research and Exploration, 1994).
64. *CUFA*, Fall 1993, 4. Resolution proposed by Ron Evans, seconded by Jack Nelson.
65. NCSS, *Expectations of Excellence: Curriculum Standards for Social Studies* (Washington, DC: NCSS, 1994).
66. Michael Hartoonian,"National Standards:A Common Purpose," *SE* 58, no. 1 (January 1994), 4.
67. C. Frederick Risinger and Jesus Garcia, "National Assessment and the Social Studies," *The Clearing House* 68, no. 4 (March/April 1995): 227. See also Stephen Buckles and Michael Watts, "National Standards in Economics, History, Social Studies, Civics, and Geography: Complementarities, Competition, or Peaceful Coexistence?" *JEE* 29, no. 2 (Spring 1998), 157–166.

第五章 标准之战 | 209

68. McGuinn, *No Child*, 119–126.
69. Ibid., 128. "Policy window" is John Kingdon's term from his multiple streams model for understanding the public policy process. 参见John W. Kingdon, *Agendas, Alternatives, and Public Policies,* 2nd edition (New York: Longman, 1995).
70. William J. Clinton, "Address Before a Joint Session of Congress on the State of the Union," February 4, 1997, APP; DOE, *Raising Standards for American Education: A Plan for Improving American Education,* 1997, "Plan for America's Schools" folder, 1–29, Box 93, Reed Collection.
71. 同上。
72. Bruce Reed and Mike Cohen to the President, "Strategy for Implementing Your Call to Action for American Education," February 24, 1997, "Strategy" folder, 78–81, Box 95, Reed Collection.
73. Bruce Reed and Michael Cohen to the President, "Meeting on Educational Standards," March 4, 1997, "Standards (1)" folder, Box 94, Reed Collection.
74. "Clinton's School Testing Plan," *WP*, November 23, 1997, "Testing (3)" folder, Box 96, Reed Collection.
75. Bruce Reed and Mike Cohen to the President, February 17, 1997, "Strategy" folder, 87–122, Box 95, Reed Collection.
76. Bruce Reed, Gene Sperling, Mike Cohen, and Bob Shireman to the President, "Education Strategy," March 15, 1998, "Strategy" folder, 1–9, Box 95, Reed Collection.
77. Chester Finn quoted in Romesh Ratnesar, "A Tempest Over Testing," *TM*, September 22, 1997, 168.
78. Bill Goodling to Colleagues, "Stop the Run-away Train: Co-Sponsor the Goodling Resolution to Put the Brakes on National Testing," August 6, 1997, "Testing (1)" folder, 115, Box 95, Reed Collection; Bill Goodling, "More Testing Is No Solution," August 13, 1997, *WP*, "Testing (3)" folder, 182, Box 96, Reed Collection. Opponents included the Christian Coalition, Eagle Forum, Family Research Council, and other conservative and New Right groups.
79. William Bennett and Chester Finn, "National Tests: A Yardstick to Learn By," *WP*, September 15, 1997, "Testing (3)" folder, 116, Box 96, Reed Collection. Supporters of Clinton's proposal included mainstream groups such as the BRT, AFT, NEA, CCSSO, NAESP, and NSBA.
80. McGuinn, *No Child*, 134.
81. William J. Clinton, "Address Before a Joint Session of Congress on the State of the Union," January 27, 1998, APP.
82. David Hoff, "Clinton's 100,000 Teacher Plan Faces Hurdles," *EW*, February 4, 1998.
83. The Editors, "An Education Primer," *ND*, March 1, 1998.

84. Jennifer Marshall, interview with Patrick McGuinn, March 26, 2003, quoted in McGuinn, *No Child*, 139–140.
85. McGuinn, *No Child*, 140.
86. NYSED, *Federal Education Policy*, 72.
87. Bob Sweet interview with Patrick McGuinn, April 30, 2003, quoted in McGuinn, *No Child*, 144.
88. NYSED, *Federal Education Policy,* 71–72; Kathy Emery,"The Business Roundtable and Systemic Reform: How Corporate-Engineered High-Stakes Testing Has Eliminated Community Participation in Developing Educational Goals and Policies" (Doctoral Dissertation, University of California, Davis, 2002); Emery and O'Hanian, *Bashing*.
89. The Fordham Institute began publishing ratings of standards in the 1990s. 参见 Sheldon M. Stern, *State Standards for U.S. History* (Washington, DC: Fordham Institute, 2003).
90. NYSED, *Federal Education Policy*, 72.
91. Louis V. Gerstner,Jr.,Roger D. Semerad,Denis P. Doyle,and William B.Johnson, *Reinventing Education: Entrepreneurship in America's Public Schools* (New York: Dutton, 1994), 256; See also Louis V. Gerstner, *Who Says Elephants Can't Dance: Inside IBM's Historic Turnaround* (New York: Harpers, 2002).
92. Louis V. Gerstner, Jr., "Public Schools Need to Go the Way of Business," *USAT*, March 4, 1998, "Business" folder, Box 88, Reed Collection.
93. PBS, "Standards—Are We There Yet?" 3.
94. Sybil Eakin, "Forum: National Education Summit," *TQ* 5, no. 2 (Summer 1996), 3, http://www.ait.net/technos/tq_05/2eakin.php.
95. *A Review of the 1996 National Education Summit,* 3, www.achieve.org/summits.
96. Peter Applebome,"Governors and Business Leaders Gather to Map Route to Elusive New Era of Education," *NYT*, March 26, 1996.
97. Adapted from *A Review of the 1996 National Education Summit*, 3, www.achieve.org/summits.
98. William J. Clinton, "Remarks to the NGA Education Summit in Palisades, New York," March 27, 1996, APP.
99. Eakin,"National Summit," 2.
100. PBS, "Standards—Yet?," 3; Ellen T. Hayden, "Standards Mean Business: 1996 Educa tion Summit," *SCBJ* 15, no. 4 (May 1996), 6; Nelson Smith, *Standards Mean Business* (New York: National Alliance of Business, 1996).
101. Chris Pipho,"The Standards Parade,"*PDK* 77, no.10 (June 1996),701.
102. Achieve, Inc., *1999 National Education Summit* (Washington, DC:Achieve, Inc., 1999), 3.

103. 同上书，第16页。
104. Jacques Steinberg, "Course of Action," *NYT*, October 2, 1999, 10.
105. *1999 National Education Summit*, 10.
106. Jacques Steinberg, "Educators Focus on 'Pain' of Standards," *NYT*, September 30, 1999.
107. 同上。
108. 同上。
109. Diane Ravitch, "The Case for National Standards and Assessments," *CH* 69, no. 3 (January/February 1996): 134–135.
110. David Berliner and Bruce J. Biddle, *The Manufactured Crisis: Myths, Fraud, and the Attack on America's Public Schools* (Reading, MA: Addison-Wesley, 1995).
111. Huleskamp, "Perspectives on Education in American Society," *PDK* 75 (May 1993), 718–721.
112. Diane Ravitch, *National Standards in American Education: A Citizen's Guide* (Washington, DC: Brookings Institution Press, 1995), 18–25.
113. M. Gittell, "National Standards Threaten Local Vitality," *CH* 69, no.3 (1996):148–150.
114. Michael Apple, "Are Markets and Standards Democratic?," *ER* (August/September 1998), 27.
115. Tamara Henry, "Schools Failing on Tough Standards," *USAT*, January 8, 1998.
116. Achieve, Inc., *2001 National Education Summit Briefing Book* (Washington, DC: Achieve, Inc., 2001), 11–17.
117. Public Agenda and Education Week, "Public Agenda: Reality Check 2001," *EW*, February 21, 2001.
118. AFT, *Making Standards Matter 2001* (Washington, DC: AFT, 2001).
119. ETS, *A Measured Response: Americans Speak on Education Reform* (Princeton, NJ: ETS, 2001), 2, 4, 15–16.
120. 同上书，第2、4、17页。
121. "Executive Summary: Seeking Stability for Standards-Based Education," and Lynn Olson, "Balancing Act: Finding the Right Mix," in *Quality Counts 2001, EW*, January 11, 2001, 8–9, 12–13.
122. Olson, "Balancing Act," *EW*, January 11, 2001, 12–13.
123. 同上书，第14—15页。
124. 同上书，第15—16页。
125. 同上。Sharon Beder, *This Little Kiddy Went to Market: The Corporate Capture of Childhood* (New York: Pluto Press, 2009), 89–90; Larry Cuban, *The Blackboard and the Bottom Line: Why Schools Can't Be Businesses* (Cambridge, MA: Harvard

University Press, 2004).
126. McGuinn, *No Child*.
127. Leo Marx, *The Machine in the Garden: Technology and the Pastoral Idea in America* (London: Oxford University Press, 1964), 227–229.
128. Berliner and Biddle, *Manufactured Crisis*; David C. Berliner and Gene V. Glass, *50 Myths and Lies That Threaten America's Public Schools* (New York: Teachers College, 2014).
129. Phillip Kovacs review of William G. Spady, *Paradigm Lost: Reclaiming America's Educational Future* (Washington, DC: AASA, 1998), as quoted on Amazon.com.

第六章　不让一个孩子掉队

2001年《不让一个孩子掉队法案》（NCLB）的通过将学校改革运动从主要采取自愿的改善尝试转变为强制性的自上而下的运动，其重点是强硬的新问责措施。联邦政府似乎从一夜之间，由注重投入转变为高度重视高利害性的产出措施。引导改革延续至今的假设仍存在：教育系统垄断失败；用商业管理方法对成绩进行管理；强制实施内容标准和问责考试。《不让一个孩子掉队法案》是工业时代教育范式下，改革运动和教育体系发展的必然结果，这一范式始于19世纪后期，对许多观察者来说，已经是不可改变的。在克林顿政府执政期间，旨在达成两党折中的联邦教育政策的运动取得了重大进展。鉴于教育问题成为选民最关注的问题之一，并且商业团体也在不断施加压力，至少对一些观察者而言，国家似乎不可避免地会对学校政策进行某种"大谈判"——增加资金，提高灵活性，从而实现严格的责任制，努力使系统化改革制度化。但是，这种折中办法的细节还尚未明确。我们接下来将看到，竞选活动期间和布什任期的第一年将解答遗留问题，并保证学校改革进程按照许多选民和利益集团认可的方向持续发展。

2000年竞选活动

在美国历史上，教育首次成为总统竞选中的主要问题。来自两个主要政党的候选人都制订了详细的教育改革计划，并选择在竞选中强调这一主题。更为引人注目的可能是，共和党候选人乔治·W. 布什和民主党候选人阿尔·戈尔都支持扩大联邦在教育中的作用。正如一位观察员在竞选期间所指出的，"这与最近的政治历史形成的鲜明对比，不容错过。没有人在争论联邦政府是否能够插手地方学校事宜,争论的焦点是联邦政府插手地方学校事宜的最佳方式和程度。"[1] 两位候选人都赞同的一点是,教育政策的重点应该是提升对所有学生的教育。

这两位候选人在竞选中采取了温和派立场,而教育成为竞选中"核心争夺"的最突出的问题。戈尔和布什似乎都借鉴了克林顿的中间派设定。此外,克林顿时期的一系列预算盈余使两位候选人都有可能提出新的计划,并将预算花费在其国内计划上,其中包括教育。[2]

两位候选人的顾问都敦促关注教育和联邦政府关于学校教育的政策,因为民意调查显示,在1999年和2000年,教育成为选民关注的首要问题。2000年8月进行的民意调查显示,超过90%的受访者表示,在决定投票时,K—12年级的教育问题要么非常重要,要么极度重要。[3] 鉴于民意调查中体现的教育的重要性,总统候选人面临着在教育改革问题上明确联邦重要作用的压力。两位候选人都提出了类似的中间派教育改革建议——标准和考试、责任制,增加资金、改进教师培训,这些建议"看起来是针对中位选民的"。[4]

虽然民主党人通常从选民对教育的担忧中受益,但布什在得克萨斯州教育改革方面的领导地位给了他一个强有力的卖点。布什和他的顾问认为,保守竞选可能会导致与1996年相同的结果,他们在整个竞选过程中一直宣扬他是一个新的、不一样的候选人,一个"富有同情心的保守派"[5],这是马文·奥拉斯基独创的一句话。1999年7月22日,布什在印第安纳波利斯的一次演讲中首次描述这一新的政府行动主义的原则,即"知道自己的极限,又全身心付出"。这与罗纳德·里根(Ronald Reagan)等传统保守派的有限政府哲学相比,至少在表述上有了明显的突破。[6]

这一战略还使布什能够突出他作为得克萨斯州州长时的教育改革经验,并宣传他所声称的学生成绩的显著改善,特别是在城市地区的黑人和拉丁裔学生。这也成了戈尔竞选期间和媒体热烈讨论的问题,尽管人们仍对这个所谓的"得克萨斯奇迹"存在争议。一些著名学者查阅了考试成绩,发现这一说法有问题。在波士顿学院的考试研究中心进行的一项研究发现,改革后得克萨斯州的辍学率提高了,尤其是少数民族学生,该研究还表明学校"将大量孩子排挤出局"以提高平均分数。哈佛大学的一位研究人员发现，得州阅读考试的标准在1995年至1998年期间每年都在下降，实际上只是创造了纸面上的奇迹。[7] 尽管存在争议，布什在竞选期间提出的教育方案似乎建立在他在得克萨斯州所倡导的改革之上，其改革涉及标准、考试、责任制和选择。[8]

在制订教育计划时，布什和他的工作人员还借用了新民主党进步政策研究所（PPI）的想法，从而借鉴了来自反对党中间派提出的温和观念，并表明了其中间立场。在政策上，这种方法几乎不可能遭到戈尔和民主党人的反驳，因为他们的计划非常相似，以至于进步政策研究所总裁威尔·马歇尔（Will Marshall）说："我不能批评该（布什）计划，因为那也是我们的计划。"[9] 戈尔在教育方面的立场与布什的非常类似，尽管他提出的建议明显多于布什。他的政策建议基本上是克林顿计划的延续。布什和戈尔都以"教育候选人"的身份参与竞选，都提出了中间派教育改革计划，提倡联邦政府发挥更大的作用的同时保持更高的学术标准，同时还提倡增加联邦出资、对委办学校和公立学校选择予以更大支持、通过严格的考试和责任制进行更有力的成绩评估。

最后，尽管在大众投票上失败，但布什在选举团投票中险胜，在这场选举中，美国最高法院介入解释了佛罗里达州的投票结果，最后结果依旧按照纸质选票统计。这场势均力敌的选举和布什的胜利，部分源于布什在教育方面的呼吁。他在得克萨斯州作为教育改革者享有很高的声誉——尽管也遭到批评——并将教育作为其竞选活动的核心。[10] 布什和戈尔在增加支出、标准、责任制和选择方面的趋同为两党在重新授权 ESEA 方面做出妥协奠定了基础，并促成了新的教育联邦政策制度。[11]

不让一个孩子掉队

在布什总统就职典礼三天后，即其上任的第二天，他就将教育提案提交到国会。《不让一个孩子掉队法案》是基于他竞选时的提案，其中提出了类似于他在得克萨斯州实施的计划。这个最终将促成一部超过600页的联邦法律通过的提案非常简短，只有 28 页。它以大纲形式提交给共和党控制的众议院和参议院，并邀请国会参与两党共同起草法案的活动。[12] 争取两党重新授权 ESEA 的决定是明智且合乎逻辑的选择。共和党人在国会占据微弱的多数席，特别是在参议院。随着两党在学校改革方面的妥协，布什可以以其中间派的"富有同情心的保守主义"的有力形象开始他的总统任期，这一形象与过去十年商业团体推动的系统学校改革完美地契合。他对责任制的大力支持部分是基于他作为棒球大联盟球队老板的经验，他称之为"一个问责是日常的世界"，任何人都可以"打开报纸，拿着得分统计表来分析你的表现，并要求你做出改变"。[13]

在就职典礼前，布什在得克萨斯州奥斯汀市的州长府召开的一次会议上邀请了一些民主党领导人就教育政策进行讨论。其中包括支持问责措施的自由派众议员乔治·米勒（George Miller）（民主党－加利福尼亚州），以及中间派参议员约瑟夫·利伯曼（Joseph Lieberman）（民主党－康涅狄格州）和埃文·贝赫（Evan Bayh）（民主党－印第安纳州），利伯曼和贝赫在上届国会提出的"三个 R"计划与布什的竞选提案类似。参议员特德·肯尼迪（Ted Kennedy）（民主党－马萨诸塞州）是主要的教育自由主义发声者和公平制度的支持者，但其并未受到邀请。布什的顾问们逐渐确信，利伯曼和贝赫等中间派新民主党人的支持不会吸引到足够的民主党支持。对肯尼迪而言，他开始逐渐意识到改善学校需要的不仅仅是金钱，并且也开始重新考虑他长期以来对考试和责任制改革的反对。布什与利伯曼和贝赫的早期谈话使得肯尼迪意识到，他可能会被拒绝参与这个近半个世纪以来最重要的教育法案的制定。2001 年 1 月，在布什的 NCLB 提案发布前一天，在白宫召开的会议上，布什和肯尼迪同意就教育改革展开合作，肯尼迪告诉记者，"他们有一些分歧，但是对于主要领域达成了有力的共识和支持"。[14] 因此，布什并没有妖魔化乔治·米勒和特德·肯尼迪等自由党人士，而是通过寻求妥协，对一般原则做出公开承诺，并保持特定立法语言的灵活性来拉拢他们。

布什的 NCLB 提案呼吁对三到八年级所有学生的阅读和数学进行年度考试；提供扩大学校选择的拨款；实行一个新的"读书优先"拨款计划；

各州和地区保持灵活性；实施问责措施，包括对取得进展的州给予财政奖励、对未达到目标的州实施惩罚；并鼓励努力提高教师质量。尽管该提案明确了重点关注领域，并包含了许多可能成为最终法案组成部分的想法，但其简洁性和对一般原则的关注意味着它可以在谈判中成为有用的起点。[15]

布什的提案结合了第106届国会两项主要提案的关键部分：利伯曼和贝赫提出的三个R计划以及共和党人提出的全A分类拨款。[16]差异主要集中在学券、资金增加量和目标贫困学校。与20世纪90年代一样，关于NCLB的辩论揭示了国会在教育政策方面的四个派系：自由民主党、新民主党、保守的共和党人和温和的共和党人。对于温和的共和党人和中间派民主党人来说，布什的提议与他们自己的政策建议十分类似，但保守的共和党人和自由派民主党人则有另外的想法，必须对他们进行拉拢，并且必须向他们妥协以获得支持。[17]长期以来一直反对考试和责任制的民主党人认为，由共和党占多数席位的众议院和参议院将意味着一项保守法案的必然产生，因此决定他们最好是参与进去并产生一些影响，而不是对其全面反对。

谈判和妥协

布什的计划包含每个派系都可以支持的要素。民主党人普遍支持其增加联邦支出的呼吁，而共和党人则支持其增强国家灵活性和加强责任制。另一方面，NCLB提案中也有各方反对的要素。民主党人表示反对私立学校学券计划和委办协议提案，批评提案中的固定拨款可能破坏对弱势学生的重点保护。布什呼吁联邦政府要求在三至八年级进行考试，民主党人对这一要求的影响以及如何组织考试表示担忧，同时，共和党人对联邦政权在学校如此大规模扩张表示担忧。尽管谈判持续了将近一年，但结果还远未确定，最终双方领导人对该法案许多长期对抗的内容做出了妥协。

NCLB最终获得批准的立法程序引起了极大的争议，其中涉及许多权衡和取舍。保守的共和党人和团体——包括家庭研究委员会、詹姆斯·多布森（James Dobson）的爱家协会、菲利斯·施莱芙的鹰派论坛、传统价值观联盟——将共和党占多数席位且控制白宫的情况视为学券制立法通过的历史性机遇。然而，温和的共和党人和民主党人则对此表示强烈反对。布什希望获得两党合作的胜利，这导致学券提案被过早地取消，同时，立法的其他方面也做了很多妥协，包括增加资金的提案。

有关考试的争议

尽管采取了两党合作的方式并就几个政策准则展开了谈判，但在考试方面几乎没有达成任何妥协。布什的 NCLB 提案的核心内容，即要求对三至八年级的阅读和数学进行考试，遭到了左右两派的反对。自由民主党人士和许多教育工作者认为，考试正在被滥用，并且考试结果对少数民族和弱势学生不公平。保守派长期以来一直认为，联邦考试要求将是快速导致全国统一课程的第一步，会终结地方控制。在众议院教育委员会审定会议期间，一些成员赞成众议员贝蒂·麦卡伦姆（Betty McCollum）（民主党－明尼苏达州）提出的修正案，提议完全取消法案中的考试条款，该提议在口头投票中被否决。修正案被提交至众议院后，考试条款再次受到挑战，这次是由保守派众议员彼得·霍克斯特拉（Peter Hoekstra）（共和党－密歇根州）和自由派众议员巴尼·弗兰克（Barney Frank）（民主党－马萨诸塞州）分别领导的保守派和自由派联盟提出的。但是，他们关于取消考试条款的修正案于 2001 年 5 月 23 日以 173：255 票的投票结果被否决。[18]

通过"白宫大量游说"以及国会领导人的努力，特别是博纳和米勒在众议院以及肯尼迪和贾德格·雷格（共和党－新罕布什尔州）在参议院所做出的努力，考试条款在面临来自左右两派压力的情况下，仍然被保留了。针对自由主义者和保守派淡化或删除标准、考试和责任制规定的要求，商业团体，包括国家商业联合会、商业圆桌组织、达成公司和卓越教育商业联盟，进行了大量游说，他们对法案表示支持。针对霍克斯特拉－弗兰克修正案，商业圆桌组织呼吁其成员要求国会否决任何试图取消 NCLB 考试条款的企图。在各种场合，包括与媒体的访谈、与参议员和代表的私人会晤以及国会听证会上，商界领袖都强调了其对该法案的支持及法案对国家经济的重要性。[19] 谈判期间的直接游说和口头支持与商业圆桌组织将商业导向型的责任制改革带入学校教育的十年计划十分相符。

谈判也受到了民意调查的影响，民意调查显示公众对该计划的支持率超过三比一。NCLB 的几个关键提案获得了非常有力的支持，77% 的人支持各州在决定如何使用资金方面具有更大的灵活性，75% 的人支持让学校对学生学习负责。对于增加使用标准化考试来评估成绩的支持力度较小，但仍达到 55%。尽管许多共和党人对于缺乏他们最初设想的私有化和分散化元素感到失望，但大多数还是投票支持这一点，以免削弱布什略显不稳的地位。正如众议员马克·索德（Mark Souder）（共和党－印第安纳州）所说，总统"（选举）取得的是险胜，我们不想破坏他的头号倡议，但这并不意味着我们喜欢他的倡议"。[20]

该法案以明显优势在国会参众两院通过，众议院于 2001 年 5 月 23 日以 384∶45 票通过，参议院于 6 月 14 日以 91∶8 票通过，之后法案进入会议委员会，该委员会的任务是在众议院版本和参议院版本之间找到共同点。参与协商谈判的关键人物包括参议员肯尼迪和格雷格、众议员博纳和米勒，以及布什顾问玛格丽特·斯佩林斯（Margaret Spellings）和桑迪·克雷斯（Sandy Kress）。众议院版本和参议院版本对于资金增加的要求在程度上有所不同，在责任制方面也存在重要差异。在其关于"适当年度进步率"（AYP）的规定中，众议院版本设定了无法实现的提升目标。此外，参议院版本中的责任制表述被认为过于复杂。针对法案的分歧已经公开，教育利益集团也在加倍努力地破坏立法。

一部战争法案

2001 年 9 月 11 日，当布什总统得知飞机撞击世界贸易中心的消息时，他正在一所小学推广 NCLB。虽然很难评估袭击对任何一项立法的影响，但 9·11 事件确实营造出一种感觉，即通过一项两党均支持的重大教育法案可以象征民族团结，证明政府运转良好，同时也让人觉得国家将恢复到正常状态。正如一位立法委员所说，"它加强了国会和政府继续开展人民事业的决心。"[21]10月中旬，布什召集会议领导人博纳、米勒、肯尼迪和贾德到总统办公室，敦促他们通过该法案，借以表明恐怖主义行为不会阻碍国家前进。会议之后，会议委员会的各个派系做出了必要的妥协，NCLB 得以通过。他们同意将资金增加 20%，并在责任制方面达成妥协，允许各州设计自己的考试并为学生的"熟练程度"设定自己的定义，但要求所有学生在 12 年内取得符合要求的年度进步。[22]

会议委员会确定的 NCLB 最终版本得到了众议院（381∶41）和参议院（87∶10）两党的绝大多数支持。制定该法案要求双方做出重大让步。共和党人放弃了他们的学券提案和大部分全"A"的固定拨款提案，而民主党则接受了关于考试和问责的新要求。尽管这是一项综合性法案，其中大量的条款规定了联邦政府在管理和奖励学校方面的作用，但其核心的新特点是要求所有州通过制定学术标准和符合联邦特定指导方针的考试和责任制度来实施系统改革。虽然大多数州已经制定了标准和一些考试要求，但 NCLB 提高了频率和奖惩程度。它要求对三到八年级的阅读和数学方面进行年度考试；每个教室都要有"高素质的老师"；对未达到目标成绩的学校要加强惩罚。它鼓励使用"科学的、以研究为基础"的教学方法，且教学要有明显的效果，并扩大了联邦对委办学校的支持。

NCLB 的通过和实施是国家历史上联邦政府在教育系统中的一次最大扩张。该法案获得批准是由几个重要原因导致的。它代表了一段时间以来所存在的发展趋势的必然结果：一个已经存在了一个多世纪的教育系统，以及一场二十年来一直寻求改进该系统的改革运动。NCLB 建立在之前的改革活动的基础之上，这些改革活动以卓越和责任制为中心，从《国家风险报告》到《美国 2000 年计划》和《2000 年目标》。它建立在联邦政府在教育领域的作用不断加强的基础上，自 1958 年《美国国防教育法》（NDEA）和 1965 年《中小学教育法案》通过以来，联邦政府在教育领域介入的姿态和力度就已经开始加强。在《2000 年目标》和《改革美国学校法》（IASA）通过之后，许多人认为的国家目标的缓慢进展也促进了这一发展。尽管到 2000 年已经有 48 个州实施了标准和考试，但只有 13 个州每年对三年级到八年级的阅读和数学进行考试，而实施强有力问责措施的州就更少了。

如果没有乔治·W.布什的当选和共和党在国会中占据多数席位，NCLB 不会通过。如果戈尔赢得了那次有争议的选举，可能会制定一项重新授权《中小学教育法案》的教育法案，但条款会有很多不同，尤其是关于考试和责任制的条款。布什能来到华盛顿坐在总统办公室的部分原因在于他在得克萨斯州建立了一个成功的学校问责模式。尽管少数学者曾警告说，得克萨斯州的奇迹不是真实的，考试成绩的上升是辍学率飙升的直接结果，但华盛顿的大多数人都没有留意这一警告。如果不是以上机缘，这场关于资金、关于在学校教育领域扩大联邦权力、着重强调考试以及极端且经常是惩罚性的问责形式的持久战都可能会拖延或破坏了立法。然而，9·11 事件对国家的情绪产生了深远的影响，NCLB 基于两党达成的广泛共识而获得了批准。

另一个关键因素则是商业游说。NCLB 首先是企业主导的改革压力累积的结果。从 20 世纪 70 年代开始，商业团体越来越有组织，形成了无数的压力团体、基金会和其他非政府组织，以推动教育改革。商业活动家一贯支持系统改革，并呼吁严格执行商业原则，包括标准、责任制和选择，以拯救他们认为垄断失败的教育体系。他们想要改善学校教育的努力得到了许多州长、学者和其他人的有力配合。此外，商业团体在国会审议期间通过施加公共和私人压力推动了 NCLB 的通过。[23]

不让一个孩子掉队法案

国会批准的 NCLB 实际上是一项类似于得克萨斯模型的国家计划。NCLB "通过责任制，灵活性和选择，缩小成绩差距的行为，来达到不让任何一个孩子掉队"，这是一个庞大而高度复杂的法案。曾被一个 28 页的大纲概括的法案，现在小号字体打印出来大约有 670 页。[24] 其学校改革计划包括"到 2005—2006 学年，通过在全州范围内对三到八年级的阅读和数学进行年度考试"来加强责任制；考试结果"按贫困、种族、民族、残疾和有限的英语水平来分类"，以确保每个小组都受到监控且没有人掉队；

所有的学生在12年级内都能达到一定的"学术水平";在K—12年级的学校教育期间对科学进行三次考试。这个法律还包括要求第一类学校的"每个小组都达到适当年度进步率(AYP)要求",否则会有处罚;包含进步主义的、但越来越严厉的"纠正措施",例如更换员工或将运营权移交给所在州或私人管理公司。附加条款规定人们可以通过"选择"进入某地区更好的公立或委办学校;在使用拨款上的"灵活性";支持将用于"科学、研究型的"方法用于阅读类课程;提出对"高素质"教师的要求;支持委办学校;支持为了改善美国历史和公民教学的拨款计划。[25] 由于其对考试和责任制的要求,该法律对联邦制度做出了新的规定,这种制度的指导方针是要求各州实施商业团体和改革者长期以来所呼吁的根本性系统改革。[26]

商业影响

商业和其他利益集团对NCLB谈判以及改革的总体方向产生了深远的影响。商业和其他利益集团的强烈游说在法案最终形式尚存在不确定性的情况下,保留了NCLB的考试和问责条款。在游说者的帮助下,霍克斯特拉-弗兰克修正案被否决,该修正案原本是要删除法案中要求对三至八年级学生进行阅读和数学考试的部分。[27] 游说工作的背后是一个支持系统改革的广泛商业组织网络。自1989年夏洛茨维尔峰会承诺支持系统改革以来,商界领袖帮助创建了一个密切相关的企业-政府-基金会-非营利网络,以促使实现其关于系统改革的"十年计划"。如果没有这一背后的网络,NCLB不会最终通过。

企业对学校改革的支持源于其在20世纪80年代所表达的相同理由,"因为他们的公司和每个美国人的福祉都面临风险"。在布鲁金斯学会的教育政策文件中,米尔顿·戈德堡(Milton Goldberg)和苏珊·特拉曼(Susan Traiman)总结了理由:

如果美国想要在严峻的国际经济中具有有效竞争力,并且要保证每个人都能为国家的经济成功做出贡献并从中受益,那么其竞争武器库中最有效的武器就是技能和智慧。国家不能依靠历史上一贯的好运来为劳动力提供这些武器。它们必须由教育系统来开发、培育和磨练。学生们需要清楚明确地知道现代世界期望他们了解和能够做到的事情。[28]

根据戈德堡和特拉曼的说法，对于基于标准的教育的成功应用包括"各年级都形成自己的标准，且教科书和课程与标准保持一致；所有学生都能达到相同的标准；实施与标准密切相关的全州范围内评估；实施与评估结果相关的责任制，包含对成绩的奖励和惩罚；放松管制和提高地方灵活性；积累用于持续改进的成绩数据；以及将资源重新分配给有更多弱势学生的学校"。[29]

支持系统改革并促成 NCLB 的商业网络包括一个不断扩大的新组织名单，但主要还是依赖于商业圆桌组织、国家商业联合会、全国州长协会和美国商会的工作。学校改革商业联盟（BCER）包括所有这些团体以及商业高等教育论坛、会议委员会、全国制造商协会和达成公司。此外，这个网络中的主要团体参与了与教育部、美国教师联合会、国家人文科学基金会和全国教育协会（NEA）的合作。[30] 在第 106 届和第 107 届国会中，一组"新的、有影响力的"利益集团向可以对 NCLB 投出关键票数的重要国会议员施加压力。这些利益集团包括一些主流团体，如教育信托基金会、中间派进步政策研究所和全国州长协会等，以及更加保守的团体，如教育领袖委员会（由州立学校院长组成）、传统基金会、福特汉姆基金会和父母、儿童与教师卓越组织（EXPECT）。虽然这些新的有影响力的团体对其他问题也持有一系列观点，但他们都团结一致地支持加强系统改革和高利害关系责任制。[31]

尽管他们在国家层面的工作很高调，但改革的大部分动力是来自于州和地方层级的商业圆桌会议和商业主导的教育联盟，他们得到了美国企业界人士捐赠的支持。[32] 从 20 世纪 80 年代开始，州和地方商业圆桌会议和组织就基于标准的教育改革进行了游说。他们的活动因为 1989 年夏洛茨维尔峰会和商业圆桌组织十年计划的发展而进一步活跃起来。几乎每个州都在这方面有一些活动，到 2000 年，几乎所有州都制定了州标准并采取了新的问责措施，尽管实施程度差异很大。像商业圆桌组织和美国立法交流委员会这样的团体为各州教育改革的通过展开了游说，并为推动和强化联邦的角色提供了支持。

到20世纪90年代中后期，州立农业保险公司首席执行官爱德华·鲁斯特（Edward Rust）已成为推动基于标准的责任制的领导人物之一，并担任商业圆桌组织教育工作组主席、卓越教育商业联盟联合主席，同时还是国家商业联合会、经济发展委员会、达成公司和美国企业研究所的董事会成员。商界领袖与州长和其他的州官员建立了亲密的关系，这有助于在系统的学校改革方面取得进展。[33] 鲁斯特于2001年3月8日向众议院教育和劳动力委员会提供了证言，他呼吁责任制通过"将评估系统与标准、年度状态考试结合起来"以及"将州责任制建立在提升的学生成绩之上，包含对于成绩提高的学校明确奖励，对持续达不到目标的学校进行惩罚"，来提高责任制的强度。[34] 作为商业圆桌组织推动系统性教育改革的核心人物之一，鲁斯特被任命为总统当选人布什的白宫过渡咨询小组教育委员会成员。[35]

商业圆桌组织还通过各州的公共关系活动为其议程争取了两党支持。通过与出版商联盟，争取到"头版"报道；而对增加考试的担忧则得到了演说局的支持。越来越多的反对声音引发了广泛的媒体和社区推广活动，其中包括为编辑作家和商会举办研讨会以争取支持。[36] 消除对新责任制议程的抵制是商业圆桌组织战略的关键部分。1999年10月，在聚集在帕利塞兹峰会的二十四位州长中，许多人都认为新的改革已经造成了"士气低落的影响，格斯特纳（Gerstner）称之为'痛苦'"。[37] 2001年春天，在国会正关于NCLB的进行辩论的时候，商业圆桌组织出版了一本名为《解决"对考试的抵制"》的小册子。这本小册子提供了一系列策略来"应对"反对新考试制度的家长和老师。它提供的解决方案包括："预见有组织的反对派"，"关注学生学习，而非考试"，以及"充分利用商业圆桌组织网络的优越组织和资源"。这些解决方案与其他策略相结合，用以转移有见地的反对意见，避免尖锐的问题。[38]

因为担心我们认为这些解决方案只是权力金字塔顶端的少数几个人传

播的极端政策，达成公司争取到了主流人士、企业赞助的基金会和慈善机构的资金支持。[39] 达成公司与全国州长协会合作，举办了1999年、2001年和2005年的峰会，2001年全国教育峰会范围广泛，其中包括与1999年峰会相同的许多主题，更加强调解决"对考试的反对"和其他实施问题。2005年在华盛顿哥伦比亚特区举行的峰会重点关注高中，以便学生能更好地接受接下来的更高等的教育。它提出一个确保所有毕业生都准备好接受高等教育和工作的"行动议程"，并提出一个全面的计划，让各州通过提高学术标准、课程和教师"重新设计美国高中教育"。它呼吁"通过设置有效基准，干预表现不佳的学校并要求加强高等教育机构的责任制，让高等学校和学院对学生的成功负责"。[40]

基金会

企业影响力的另一个重要来源是用于学校改革的新资金流入，这部分资金是由一个"亿万富翁俱乐部"支付的，这个俱乐部由决心通过应用商业和市场驱动的改革思想重塑和改善教育的基金会组成。在早几十年间，慈善基金会就为学校改善项目做出了贡献。卡内基公司、洛克菲勒基金会、福特基金会以及安嫩伯格挑战资助了很多学校和课程改进项目，并取得了不同程度的成功。在大多数情况下，基金会会审查学校、州和地方教育机构提交的资助申请并提供相应资助。[41]

随着新千年的到来，基金资助的源头和类型发生了重大变化。在1990年，改善学校的大部分资金来自传统的慈善基金会，这些基金会存在的部分原因是作为极度富裕者的避税手段，他们会花钱支持公共图书馆、非营利组织和教育提升等正当事业，最常见的是为地方项目和活动提供资金。到2002年，两个最重要的慈善机构是比尔和梅林达·盖茨基金会以及沃尔顿家族基金会，很快，伊莱与艾迪斯·布罗德基金会也加入对教育的资助。这几个关键基金会区别于其他基金会的不仅仅是它们的巨大财富，还有他们对待所谓的"风险慈善"的方式，在风险慈善中，这些组织主要针对的是某些预期会产生"可衡量的结果"或者"投资回报"的教育改革。沃尔顿、盖茨和布罗德基金会三方支持符合公司学校改革关键假设的市场驱动型改革，改革需要采取符合他们自己经验的策略，包括选择、激励、放松管制和类似的商业化方法。沃尔顿家族基金会由沃尔玛创始人萨姆·沃尔顿（Sam Walton）于1987年创立，为支持委办学校、委办学校连锁和学券计划提供了数百万资金。沃尔顿着重关注公共教育的替代方案，强调选择、竞争和私有化，因为私有企业能提供更好的服务。

盖茨基金会由微软创始人、世界首富比尔·盖茨创立，该基金会用其资金解决了一些世界上最严重的问题。从2000年开始，它支持旨在提高城市地区高中毕业率和大学入学率的教育项目，并通过支持小型学校的举措来实现这一目标。在这些举措中，大型高中被分成较小的、被冠以不同主题的单元，以使学校教育更加个性化，并与学生更为相关。然而，小型学校的实验的结果并不乐观。2005年，盖茨基金会将其重点转移到加强对倡导团体的资助，资助金额从2002年的276 000美元增加到2005年的5700万美元。捐赠涉及的范围很广，接受捐赠者包括达成公司和州首席教育官员理事会（CCSSO）、教育信托基金、全国州长协会、进步政策研究所、福特汉姆研究所以及其他在系统改革方面发挥重要作用的组织。[42]其中，最大的受助者是委办学校和重新设计高中的开发者。近年来，盖茨基金会更多地关注委办学校和教师能力，教师能力主要根据考试数据来判断。

布罗德基金会是以艾迪斯·布罗德的住房建设和其他投资的成功为基础而建立的，其拨款资金集中在强调有效管理、竞争、选择、放松管制、评估、数据、受激励措施引发的结果以及与成绩挂钩的惩罚等项目上。布罗德在学校改革方面的"投资"主要集中在对学校进行公司化运行的重新设计上，其理念是，学校领导者可以是并不具备教育知识的商业管理人。[43]这些基金会和其他基金会共同采取了一系列战略，旨在在社区学校实施一系列市场驱动的选择，从而不可避免地导致了学校教育的私有化。[44]除了这些慈善组织之外，还有一些保守的政治基金和团体更加明确其目的是影响政策制定。[45]

政府也对私有化努力施以援手。2005年12月，布什总统签署了一项援助卡特里娜飓风受害者的计划，其中包括学券，资助学生进入新奥尔良的教区学校。包括克利夫兰和华盛顿特区在内的一些城市也实施了学券项目，这些项目在 2002 年最高法院的裁决中被宣布为符合宪法，首席大法官威廉·伦奎斯特认为克利夫兰学券项目并不"构成对宗教的支持"，而是"俄亥俄州为一个失败学区的孩子们提供教育机会的一个综合且多方面的伟大事业的一部分"。[46]

一些人曾质疑 NCLB 是否是私有化的"阴谋"。尽管其论述中存在许多指控和反诉，但关于这一点的证据却存在相当的不确定性。尽管有许多有影响力的团体，但他们的大部分共谋都是受到公众监督的。共谋与阴谋并不相同。[47] 阴谋会导致更强有力的私有化措施。然而，法律确实包含支持委办学校、公立学校选择，以及私营公司和宗教组织在私有化方面发挥更大作用的条款。虽然 NCLB 和布什政府支持选择和私有化的政策可能不是一些批评者声称的破坏公共教育的"阴谋"，但政府和 NCLB 确实在使整个国家朝着让父母可以更广泛地选择学校的方向发展。[48] 此外，学校责任制改革背后的联盟的许多活动是在闭门造车的情况下进行的，其中包含许多未公开的秘密因素。[49]

凯西·埃默里（Kathy Emery）提供了一个更合理的解释，他表示企业领导人已经控制了公立学校的目标，以满足他们对美国经济基本调整后所带来的新型工人需求。商业圆桌组织改变美国学校体系的努力并不是一个阴谋，因为"商业圆桌组织的动机、意图和策略并没有任何隐藏"。[50] 至少自 20 世纪 80 年代后期以来，商业圆桌组织领导人一直认为，公共教育必须"从根本上得到改变"，并一直在努力协调各种政府领导人、非政府组织和私营企业领导人对他们愿景的支持，以持续推进他们提升学校教育的十年计划。正如爱德华·鲁斯特在 1999 年提出的，商业圆桌组织创立了

> 商业教育改革联盟（BCER），该联盟现在是一个由 13 个成员组成的团体，他们为企业界统一发声，并制定商业界认可的改革共同议程……圆桌组织的公司所从事的活动都是企业全国性活动中最前沿的，它们通过将招聘、慈善和定点定位实践与我们的教育改革议程相结合来促进学术进步。[51]

在这些大的活动中，国家教育委员会和其他一些团体努力将使州长们"社会化"，以推动高利害考试。埃默里写道，"放在当前的历史背景下看目前的证据，可以看出商业圆桌组织希望的是改变而非破坏公立学校——要创建一个新的跟踪系统［大学预科和监狱预科（college prep and prison prep）］，由一个更精简高效的官僚体制对其进行管理。"[52] 她将教育改革运动视为商界领导人努力控制教育目标和改革体制的活动，以"对全国的孩子进行分类"来适应新的工作类别并"将他们社会化以接受这些安排"。[53]

毫无疑问，商业圆桌组织及其盟友通过支持高利害的问责措施，试图改变国家的学校体系。他们是当前改革背后的推动力。问题仍然是将孩子按未来发展分类为诸如大学准备、监狱准备和其他一些后果是故意为之，还是因为狂妄与天真以及对教育理论和实践的无知。学校教育的分类功能当然不是什么新鲜事，但在我访问的学校中，它已经被更为公开地认可，"熟练"和"待改进"之间的界限比以往任何时候都更加明确和公开。更有可能的是，分类功能是天真的教育改革者在以他们认为最符合国家利益的方式行事后出现的非预期后果，他们仍是基于贯穿改革运动的核心假设：学校是一个企业，可以通过应用商业管理技巧得到改善；教育学者和教师工会在很大程度上应对美国学生"不可接受"的表现负责；要创造和实施有意义的改革，对教育工作者要么重新指派，要么彻底放弃。

最后，商界、政府和非政府组织结合形成了一个强大的联盟来支持NCLB和系统改革，这几乎保证了基于市场的改革的进行。他们有效地将长期以来对教育决策起到关键作用的批评者、父母、学校管理者和教师工会边缘化，并最终针对学校的教育现状进行了比许多改革者更为密切的投资。尽管其他利益团体确实在关于NCLB的谈判及其实施中发挥了作用，但全国教育协会和美国教师联合会的作用并不像之前关于重新授权的辩论中那样突出。

"日益高涨的反对浪潮"

在布什签署NCLB成为法律后的那个晚上，教育部长罗德里克·佩奇

（Roderick Paige）会见了30名州首席教育官员，告诫他们需要严格遵守法案条文，政府不允许违规发生，也不会对违规行为进行豁免。佩奇告诫道，教育部正在制定严格而详细的法规来支持NCLB的实施，对于未能遵守的州将扣除相关的联邦经费。[54] NCLB通过后，布什政府进入宣传模式，推出了一个新的网站以提供与"全国不让一个孩子掉队"相关的信息，其中佩奇和教育部在25个城市进行了巡回宣传，着重强调了法案的主要规定并竭力争取对法案实施的支持。[55]

尽管存在积极的变化，发出了不得违法的警告，政府也做出了宣传努力，但对基于标准的教育的反对已经持续了一段时间。新法案及其更严格的问责措施导致教育工作者的抗议声越来越大。进步主义教育论者的批评也许是最激烈的，他们认为NCLB强调国家规定的标准和考试，大大降低了教师个人提供有意义的课堂体验的自由。在NCLB通过之后的几年里，一个专门出版批评改革的书籍的小型行业诞生。一些进步主义批评家的著作诞生，如阿尔菲·科恩（Alfie Kohn）的《教育公司：将教育变成一种商业》批判了商业和市场对教育的影响，他的其他许多书籍和论文也对学校改革运动提供了透彻而深入的批判性观点；苏珊·奥哈尼安（Susan O'Hanian）与凯西·埃默里合著的《为什么美国企业正在痛击我们的学校？》详细介绍了企业组织和改革对学校的影响。有的著作作者是长期对改革持批评态度的评论家，如乔纳森·科佐尔（《国家的耻辱：美国种族隔离教育的恢复》）和杰拉尔德·布拉西（《针对美国公立学校的战争》）。还有一些著作作者是重要的教育工作者，如韦恩·罗斯（Wayne Ross）和里奇·吉布森（Rich Gibson）（《新自由主义和教育改革》）、雪莉·斯坦伯格（Shirley Steinberg）和乔·金可洛（Joe Kinchloe）（《你不了解的学校之事》）、迈克尔·阿普尔（Michael Apple）（《教育"正确"的方式：市场、标准、上帝和不平等》）。另外，还有一本由比尔·毕格罗（Bill Bigelow）和反思学派的作者们所著的重要批评作品集，题为《重新思考学校改革：来自课堂的观点》。在这些作品和其他一些书籍中，教育工作者谈论了NCLB推动的标准和考试制度。他们追溯并批评其起源，揭露改革背后的潜在力量，质疑其假设，并审视了其对学校、孩子、教师和教学的影响。[56]

另外，还有其他著名教育工作者的批评性著作，如黛博拉·迈耶（Deborah Meier），他参与编辑了一本题为《许多孩子已掉队："不让一个孩子掉队法案"如何危害了我们的孩子和学校》的文章合集。拉里·库班的《黑板和底线：为什么学校不能成为企业》对商业驱动型改革历史进行了深刻的分析和评论。还有一些长期以来批评改革的人士的著作，如大卫·伯力纳（David Berliner），他与莎伦·尼克尔斯（Sharon Nichols）共同撰写了一本详细描述NCLB影响的书，名为《间接破坏：高利害考试如何危害了美国的学校》。该书描述了高利害考试如何破坏了考试的有效性和教育系统的完整性，并揭露了许多作弊丑闻。[57] 还有许多由琳达·达林-哈蒙德（Linda Darling-Hammond）、加里·奥菲尔德（Gary Orfield）、玛丽琳·科克伦-史密斯（Marilyn Cochran-Smith）等众多备受推崇的研究人员所著的文章、书籍和报告，详细说明了新制度对学校的影响。他们的研究结果大多是负面的：改革并没有缩小成绩差距；导致了更高的辍学率；并对教学质量产生了负面影响。[58] 随着改革的发展，参与或支持基于标准的改革和NCLB的内部人士也提出了批评，其中包括弗雷德里克·H.赫斯和切斯特·芬的一部有趣的作品，名为《没有补救措施：NCLB半年的经验教训》，并对NCLB如何"即有用又无用"给出了一个清醒的评估。[59]

有趣的是，威廉姆·G.斯帕蒂（William G. Spady），作为基于标准的改革努力中的一个主要幕后参与者，同时也是最著名的成果导向教育（OBE）的倡导者，于2007年在《教育周刊》发表了一篇关于NCLB的评论，名为《范式陷阱》。斯帕蒂将NCLB描述为"一个世纪以来定义、塑造和维持我们公共教育体系范式的自然延伸"。这是一个体现19世纪后期工业时代主导思想的范例："按主题搭建的课程，基于年龄的年级组合和升级结构，基于时间的组织形式，以及明确统一的教学步伐"，这都是在模仿工厂的生产线。这个模式被变得非常"制度化、合法化、内化并得以强化"，以至于"几乎不可能发生什么改变"。我们只知道"学校"是：

> ……围绕着教育者、父母、政策制定者和学生自己的思想和行动设置了字面界限的巨大盒子。学校的这些严格限制并自我约束的"盒

子"包括内容主题盒子、年纪盒子、时间盒子、要求盒子、角色盒子、评分盒子、证书盒子、机会盒子、教室盒子，以及（如今日益重要的）考试得分盒子——所有这些都交织在一个互相强化的范围和限制内，也就是我们如今所说的一个封闭系统。

因此，每当我们谈到"学校"时，这些盒子就成了我们思考、交谈和行动的方式……这就是我们陷入的范式陷阱，因为这是我们大多数人曾经历过的关于教育的一切。我称之为"教育中心主义"——一种封闭的思维模式，它将这些盒子视为既定规则，然后将其视为基础，来定义其他所有内容，包括围绕它们所进行的教育变化，似乎不可能有其他替代方式。《不让一个孩子掉队》法案只是代表了极端的教育中心主义，其中包含了大量的威慑、强制、控制和惩罚。[60]

斯帕蒂接着简要地追溯了从《国家风险报告》开始发展的一场"大萧条"，该报告为改革确定了方向，即围绕以主题为中心的"新本源"进行，并确定了以下前提："如果暂时没有起到作用，那就重复更长时间、尝试更大难度、争取更好的后果"。接下来是20世纪90年代的内容标准潮流，它将卓越定义为"先进的内容和概念"，且专家认为这是每个学生"必不可少"的。下一步自然就是高利害的纸笔考试，它使"大萧条"进入最低潮，孩子们的价值被降低为一组数字。最后，斯帕蒂指出了学校受到影响的"可怕证据"：教师的"动力和士气"降低；"损失了大量有才华和创造力的教育工作者"；"严重缩小了课程设置；学生压力、不正常行为、失败率和辍学率大幅上升；非传统教育方法遭到大规模压制。"[61]

布什政府后期出现的最著名的 NCLB 评论家应该是教育历史学家黛安·拉维奇（Diane Ravitch），她是一位进步教育的新保守派批评家，长期倡导基于标准的改革，她在乔治·H.W.布什当政期间担任教育部副部长。[62]拉维奇至少从20世纪80年代中期就支持责任制改革以及其他保守和本质主义的教育方法，她一直是 NCLB 的坚定支持者，直到她参加福特汉姆基金会会议并审视了改革的发展进程后，她的观点出现了巨大变化。在《伟大的美国学校系统的生与死》中，拉维奇写道，NCLB 没起到什么作用，并且没有多少修补可能。它的假设是有缺陷的。考试和责任制正在破坏学校教育并伤害儿童和教师。选择和私有化正在削弱社区学校。市场驱动的改革在很大程度上是不合理的，不应将其用于学校教育，对学校教育中经常被当成小零件的教师和学生来说，真正能激发他们的是其他更为内在的事情，是更接近内心的事情。[63]

教师工会也对 NCLB 提出了质疑。在推动 NCLB 通过的国会谈判中，美国教师联合会和全国教育协会的立场分歧在于，美国教师联合会主要持支持态度，而全国教育协会持质疑态度。[64] 2003 年 7 月，全国教育协会宣布它将提起一项诉讼，控诉新法律是一项无资金支持的命令。2004 年 2 月，全国教育协会想"废除法律"的活动导致了与教育部秘书长罗德·佩奇（Rod Paige）的对抗，佩奇称全国教育协会是一个"恐怖组织"。佩奇后来在华盛顿邮报的社论中道歉，但他仍然批评工会的"阻挠恐吓战术"。[65]

到那时，两个教师工会都在呼吁对法律进行更大的调整，给予教育工作者更多的灵活性。全国教育协会坚持要求赋予父母决定其孩子不参加国家规定考试的权利，他们发起了"积极的游说活动"以阻止法律的实施，并试图争取各州对联邦政府提起诉讼以废除该法律。[66] 到 2004 年 7 月，两个工会都对 NCLB 持批评态度，全国教育协会要求采取其他方法，以促进更大的"灵活性……来确保对学生、教师和学校的评估不仅仅是基于考试成绩。"虽然认同 NCLB 的目标"值得称赞"，但全国教育协会认为，该法案关注惩罚、命令和私有化，这"阻碍了向学生和学校提供帮助"。美国教师联合会曾支持该法案的通过，但现在发现"这一法案存在严重缺陷"，认为其年度进步率（AYP）要求"过于混乱和不准确"，并且对贴以"待改进"标签的学校的干预"并非基于科学研究"且"不具有建设性意义"。[67]

批评者认为，该法案的责任制条款和由此产生的制裁是惩罚性的，弊大于利；选择条款基本上是海市蜃楼，对大多数人来说几乎没有什么真正的选择；对于要求"科学的"和"以研究为基础"的教学策略的条款设定的范围过窄；其所声称的学生成绩得到了提高是基于错误数据和各州对"熟练程度"调整的定义和降低的标准；要求学校向军队招聘人员提供学生联系信息和其他访问权限是不合适的。批评者认为，法律的实施导致课程范围缩小，仅专注于阅读、写作和数学方面的技能，这些学科被视为对学生取得经济意义上的成功最重要的学科，而其他学科领域未纳入 NCLB 的问责标准。他们指出，学校正在缩短历史、艺术、语言和音乐的教学时间，以延长数学和英语的教学时间。由于注重基本技能，针对有才能和有天赋的学生的项目被忽视或取消。最令人不安的是，法律不切实际的目标和惩罚性制裁促使学校降低期望值，以便更多学生通过强制性能力考试。此外，其奖惩制度使学校、学区和州有着很强的动力去操控考试结果。[68] 最后，而且最致命的是，如一些批评者抱怨的，通过向地方学区和州提出额外要求，该法律相当于规定了无资金支持的命令，这将带来额外费用，但却没有提供必要的资金。

批评者

到 2004 年，对法律的批评就像"不断高涨的反对浪潮"。到 2005 年，大量学校被归类为"待改进"，总计达到六千所，占到所有 I 类学校数量的 13%。在 2004 年期间，许多州的立法机构就以下决议进行了辩论：宣布 NCLB 侵犯了州权利，认为其"没有充分的资金资助"，或者其实施方式"不灵活"或"不可行"。有几个州通过了禁止他们的学校花费州或地方资金来实施法律的决议。[69] 此外，许多媒体报道发现公众舆论开始反对 NCLB。[70]

由于教育工作者的批评、实施方面的困难以及立法机关和法庭的活动，反对者成功地获得了一定程度的实施上的灵活性，但远未推翻该法案。只有三个州（犹他州、缅因州和佛蒙特州）的州长签署了批评 NCLB 的法案，并且只有犹他州宣布不会遵守与该州教育目标相冲突的 NCLB 规定。教育部通过派遣全国各地的代表传递了一个包含两部分内容的信息，回应了对该法案的广泛忧虑："NCLB 将被保留，所以停止抱怨并开始遵照执行"；不遵守的州"将丧失所在州会获得的联邦资金。"对许多州来说，要拒绝联邦资金是比较困难的，即使有附加条件要遵守，因为尽管资金不足该州资金的 10%，但它通常会增加数亿美元的资金，用于资助利益相关者所期望的补充项目。[71] 2005 年，康涅狄格州在法庭上对 NCLB 的合法性提出质疑（该法案后来在这个法庭和其他法院都被维持有效）。[72]

对 NCLB 的大量担忧集中在其实施的灵活性上。2004 年 3 月，布什和他的教育顾问在一次两小时的会议中与 35 个州的州立学校官员会面讨论了这些担忧。在那次会议后几天，以及随后几个月，教育部改变了考试参与率的规则，允许各州有更大的灵活性，以便更多的学校能够达到适当年度进步率的要求。[73] 在第二任期开始时，布什任命前国内政策顾问玛格丽特·斯佩林斯接替佩奇担任教育部长。斯佩林斯在 2005 年初提出了更多变化，宣布了"一种新的常识性方法"，使各州在实现预期目标时更加灵活，并指出，"重要的是结果，而不是你获得结果的官僚方式。"她宣布针对有学习障碍的学生，教育部将对他们的考试要求赋予更大的灵活性，并将研究适当年度进步率的替代模式。[74] 斯佩林斯将新指南称为"实施法案的一种综合方法"，但重申了法案的"界限"——例如"确定学生成绩的年度考试、根据学生分组报告结果、培养高素质教师——没有谈判的余地。"[75] 即使在实施上可以更加灵活，但 NCLB 的核心重点和几乎所有的关键条款都保持不变。在实施政策变化的一个月内，三个州（密歇根州、得克萨斯州和佛蒙特州）与全国教育协会针对 NCLB 共同对联邦政府提起诉讼，理由是这是一项"无资金支持的命令"。[76]

尽管存在大量争议，也有很多人宣称反对意见在增加，但一些民意调查显示，公众对 NCLB 虽然有支持有反对，但仍然倾向于支持立场。民意调查发现，正面看待 NCLB 的人仍多于负面看待的人（24% 比 20%），并且大多数受访者认为 NCLB 将有助于提高学生的成绩。一项民意调查发现受访者对该法案的意见有较大分歧。另一位研究人员发现，37% 的人认为 NCLB 对学校有积极的影响，而 21% 的人认为它会产生负面影响。[77]

虽然有批评、担忧，在实施上有微小调整，公众对其支持也大大降低，通过并支持 NCLB 的两党联盟基本上仍然完好无损。布什政府官员和国会共和党领导人仍然坚定不移地支持这项法案。虽然民主党人批评他们所谓的"资金不足"，并呼吁提高灵活性，但主要的自由派仍然支持该法律的一般原则和改革方法。[78] 肯尼迪在 2004 年提出一项将赋予州和地区更多实施上的灵活性的立法时，曾谨慎地说道，"重要的是要承认这项法案没有真正做什么，它并没有对《不让一个孩子掉队》的要求做出根本改变，那些改革对于改善我们的公立学校至关重要。"[79]

经过五年的实施，NCLB 开始出现一系列重要问题，需要在 2007 年对该法案的下一次再授权的讨论中解决，但在布什政府任期结束之前，国会不会着手此事。这项重要的新联邦教育战略是否着重关注标准、评估和责任制的成功？学生成绩是否有提高？学校和国家是否比之前更好？如果法案出现了意外的负面后果，那么它们是什么，该如何解决？如果整体战略存在缺陷，那需要用什么来取而代之？

陷入困境的社会学科

正如我们在前面的章节中所看到的，20 世纪最后 20 年社会学科的发展包括继续尝试以一个广泛和进步的学科领域取代现有社会学科，使其符合以传统历史、地理和公民教育为中心的更传统的社会教育形式。之前 25 年期间发生的大部分事件在 2001 年至 2008 年期间达到高潮，这些事件的起始点是针对人类研究课程（MACOS）争议、西弗吉尼亚州卡纳瓦县的动荡冲突和 20 世纪 70 年代由新的以及更新的社会学科激发的其他争议。

历史学科的复兴在历史学家、公众和许多教师中引起了轰动。改革议程的一部分包括回归本源和重新强调传统的教学方法，这是由新保守主义者和新右派推动的。在基于标准的改革时代，对各州在社会学科课程上的争议有定期报道，这些报道中经常涉及州课程框架和指导方针的修订，从学科界限交叉的进步"社会学科"框架，到重新编写课程文件以重点关注"历史与社会科学"。[80] 通常，这种修订会影响所研究的内容：是强调历史和学科内容还是更广泛的跨学科主题和问题，多元文化主义还是单一文化主义，重思考还是记忆，社会化还是反社会化，强加还是质疑。

社会学科被很多人称为优秀历史教学的克星，历史学家和历史教育研究人员为提升历史教学同时打压社会学科而进行的 20 多年的努力正在产生影响。对覆盖广泛的、跨学科社会学科的关注较少。在小学阶段，学校经常遗漏社会学科和历史，因为它们很少包括在国家规定的考试中。[81] 这种趋势可以被视为强调系统改革以及对着重关注被认为对学生经济意义上的成功非常关键的学习所带来的非预期效果。中学和初中教育通常不再强调社会学课程，特别是对于需要额外基础教学和更多时间专注于阅读、写作和数学的学生。

随着越来越多的州开始实施标准和考试制度，历史教育者正"悄悄地庆祝"他们对恢复和提升学校历史教学做出的努力正在产生影响。根据 2003 年《教育周刊》的一篇文章，政策制定者正在日益推动提升历史教学。全国历史教育委员会执行主任伊莱恩·韦里斯利·里德（Elaine Wrisley Reed）说道，"这是历史学科发展的一个高峰"，该委员会于 1990 年由布拉德利委员会的历史学家组建。"对美国历史的教学和学习从来没有被如此关注过"，里德说。另一方面，社会学科的学者对这种趋势并不感兴趣。罗纳德·W. 埃文斯（Ronald W. Evans）认为，"他们把社会学科当成了替罪羊。"埃文斯说，"历史学家现在在言辞上占了上风"，"事情正朝着缩小课程范围的方向发展。"[82]

有明确的迹象表明，历史科目的复兴正在对学校和政策讨论产生影响。从批准授权《美国历史教学拨款计划》的立法中可以看到，历史的"主导地位越来越强"。该计划在 2001 年获得了 1 亿美元的联邦预算分配，到 2006 年获得了 5 亿美元，其目的是促进历史教学成为"一个单独的学科（而不是社会学科的一个组成部分）"。[83] 批准第一批美国历史教学拨款的法案明确将社会学科项目排除在资助之外。[84] 在宣布该计划时，该法案的发起人，参议员罗伯特·C. 伯德（Robert C. Byrd）（民主党–西弗吉尼亚州）特别指出，将历史与其他学科混杂在一起是导致学生知识水平下降的原因。"如今有太多的学校将历史与其他学科混为一谈，并将其统称为'社会学科'课程"，伯德说。"这种融合当然没有给予历史学科应得且需要的重点研究。"[85]

其他人更加直率。凯·海默威茨（Kay Hymowitz）是保守的曼哈顿研究所出版的《每周标准》的撰稿人，她对社会学科进行了"严厉的批评"，社会学科全国委员会是海默威茨的主要支持者，他们认为社会学科宣传

"对国家历史的批判性观点"并且形成对"美国传统的可悲的无知",由此造成了她所谓的"背叛创始人的教育观点"。她认为教育应该借助传统的历史教学和政府,应该强调"对美国及其指导原则的热爱"。海默威茨对社会学科全国委员会和社会学科倡导者提出了严厉的批评,理由是他们呼吁在9·11事件后采取克制态度,并呼吁对美国"去特殊化"。她认为,使用社会学科全国委员会指南作为规范的州对"历史根本不做要求"。[86]

对1994年NCSS社会学科标准的另一个类似批评来自保罗·加尼翁(Paul Gagnon),他抱怨NCSS标准不再强调历史,因为"它们不是按主题(历史、地理、经济、公民教育)组织的,而是十个抽象的、有重叠的研究主题"。[87]加尼翁和海默威茨遭到菲普斯(Phipps)和阿德勒(Adler)的反击,他们表示批评者不理解"内容标准与课程标准之间的重要区别"。他们认为NCSS课程标准需要与内容标准"配合"使用,在教授具体内容的同时,要重点强调思考和决策。[88]

历史教育在学校的大部分发展也可以归因于保守派基金会的影响,这些基金会正在越来越多地游说回归传统历史,认为这可以缓解社会学科带来的进步影响。参与社会学科"论战"的保守派和右翼团体包括琳恩和哈里·布拉德利基金会、福特汉姆基金会、传统基金会、曼哈顿研究所和吉尔达·莱尔曼(Gilda Lehrman)研究所。另外,还有一些较小规模的团体也发表了自己的观点,包括美国企业研究所、奥林基金会和哈德逊研究所。[89]这些团体提供了源源不断的报告、文件和评论,它们批判社会学科,提倡历史教育,特别是传统历史教育。他们还提供资金,支持那些在重重困难中依然积极努力的组织和人们。[90]

教授"传统"美国历史拨款计划

鉴于历史学科复兴是社会学科中的主要趋势之一,政府对提升历史教学的支持是一个关键因素,在参议员罗伯特·C. 伯德(Robert C. Byrd)的领导下,在克林顿政府后期得到了发展。教授美国历史拨款计划(TAH)始于2000年6月30日参议员罗伯特·C. 伯德(民主党-西弗吉尼亚州)

对教育拨款预算的修订，其中提供 5000 万美元用于"制定、实施和加强对美国历史科目（不是社会学科）作为学校课程中的一个单独科目提供支持的计划"。通过告诫读者"被称为'社会学科'的混合科目已经在我们的学校中占据统治地位"，伯德进一步详述了该计划的理由。伯德提出"教授传统美国历史"计划（"传统"一词后来被删除）的目的是将历史科目恢复到在所有课程中应有的地位，从而确保"我们国家的核心理想——生命、自由、正义——得以延续"。[91] 三个月后，国会批准并资助了该法案。在一年内，TAH 补助计划批准并支持了一些项目，初始拨款为 5000 万美元。到 2009 年，该计划资助了约 900 个拨款项目，总资助费用约为 838 172 000 美元。[92] 这是迄今为止自新社会学科时代以来联邦政府对社会学科课程的最大干预，其明确意图是抵抗该领域的进步主义趋势。

该计划支持对地方教育机构给予竞争性拨款，旨在通过支持美国历史教师的职业发展来促进和提高"历史科目教学质量"。教授美国历史拨款计划的核心基础论点是"为了更好地教授历史，教师需要了解更多的历史"。因此，该计划的重点是提升教师的历史知识，而不是强调特定的教学方法或其他目标。[93] 拨款的目的是用于"帮助学校实施基于科学的研究方法"，以提高历史教学质量、发展和教师教育。地方教育机构与大学或学院、非营利性历史或人文组织、图书馆或博物馆合作开展活动。根据教育部的说法，目标是"展示具备美国历史专业知识的学区和机构"如何在三年内展开合作，以令人兴奋和引人入胜的方式培养教师获得教授美国历史所需的知识和技能。[94]

尽管围绕该计划进行了大量的宣传，但教育部的前期评估非常关键，计划的作者们发现 91% 的项目在评估中使用了自己报告的数据，项目可能无法覆盖那些"最需要帮助的教师"的"职业发展，并且所提供的经验并不总是与基于研究的有效职业发展定义相匹配"。[95] 此外，一位著名的历史教育家萨姆·怀恩伯格（Sam Wineburg）写道，虽然该计划"为历史教学注入了新的活力"，并且可能为教师知识的提升做出贡献，但所有这些职业努力与"可证实的学生学习收获"之间几乎没有关系。[96]

在美国历史学家组织（OAH）组织的一次演讲中，怀恩伯格毫无避讳地猜测该计划是否是一个 10 亿美元的"骗局",因为该计划通过对学生和教师进行关于美国历史基本事实知识的多项选择考试,对项目成果进行评估,而评估并没有体现什么重点。他说,老师需要的不是事实,而是如何将事实投入"有效的课堂使用",他引用了 2005 年的一项研究,其中,教师在被问及事实问题时获得了近乎完美的分数,但"当他们被要求研究历史时——制定关于因果关系和事件意义的课程计划——分数下降了一半"。[97] 怀恩伯格的评论强调了进一步稳固 TAH 大部分工作的"传统历史"框架存在的问题,还突出了教育教师的复杂性以及该计划对政策制定者所强调的"反社会学科"联盟的支持。其他学者也对该计划的效力感到疑惑,并发现很少有证据表明"二十年来对历史的推动和对社会学科的攻击"带来了教学的改善。此外,全国教育进步评估(NAEP)提供的美国历史分数也证明,自 1994 年以来,学生的"历史认识掌握""仅有微小的改善"。之后的评估研究导致了计划资金的终结。[98] 总而言之,尽管 TAH 拨款计划引起了历史学家对教学领域新的兴趣,给其倡导者带来了很多刺激,并且可能使很多教师在教学过程中从事更多有意义的活动,但几乎没有证据表明它改善了学校的历史教学。此外,计划在形成过程中大量地借用了近 25 年来一直在攻击社会学科的联盟的想法,但是,它对传统历史的强调表明,它对该计划在是否能提升国家青年更广泛的社会认知方面起到了很大的作用是持怀疑态度的。[99]

社会学科哪里出了问题

随着詹姆斯·莱明(James Leming)编辑的《社会学科哪里出了问题?》由福特汉姆基金会于 2003 年出版,保守派团体继续倡导用一门回归基础的课程,即传统历史,取代社会学科,并且继续强调传统。这本书是一群自称为社会学科领域中的"反对派"与切斯特·芬和黛安·拉维奇等社会学科的长期批评者合作产生的作品,其起源于卢西恩·艾灵顿(Lucien Ellington)和拉维奇几年前的一场对话。[100] 该书的论点是,社会学科理论和研究由理论家主导,他们使得该领域的教师强调事实内容的学习和过程，导致该领域出现了令人遗憾的糟糕状况。这本书的序言由切斯特·芬撰写，他将"美国学校社会学科的衰落"归咎于"接管庇护所"的"疯子们"，他们传授学生"数量少到荒谬的知识"，"不尊重西方文明"，并且倾向于"将美国的革命视为人类存在的问题，而不是人类的最后且最美好的希望"。[101] 在该书介绍中，编辑们宣称社会学科"深陷困境"，因为"社会学科教育教授的政治正确的……信仰系统"负责培养了未来的教师，而这种哲学观与大多数美国人的观念不一致，这最终导致社会学科领域"避开实质性内容，将重点放在实现教育和政治正确性的有效实践上"。此外，他们认为，"政治化的"主题和话题，如"和平研究、环境、性别平等问题、多元文化主义以及社会和经济正义"等在课程中占主导地位，导致学术内容被忽视。[102] 黛安·拉维奇撰写了一篇关于社会学科的历史的简短论文，这篇文章带有偏见，将社会学科描述为"极端功利主义"的混蛋形式，远不如她所偏爱和提倡的传统专业史学高尚。她把社会学科领域描绘成"充满混乱"的领域，并认为它"导致理论家和那些试图将自己观点强加于课堂的人占了上风"。[103] 在有些章节中，她批评"标准的崩溃"、一个"全球的教育意识形态"、激进的多元文化主义以及许多其他进步主义论的罪恶。其他一些章节则宣传"直接教学"、传统的"以教师为中心的教学"，并批评教授试图使社会学科成为"促进社会变革的工具"的想法。[104]

罗纳德·W.埃文斯的一篇评论文章指出，该书带有"煽动性言论"，"将社会学科作为整个领域的替罪羊"以进一步推动传统主义者们的议程。他写道，作者"旨在摧毁作为一个包含广泛的多学科领域的社会学科，用更狭窄的课程取而代之"，这与其他近期的批评者意见一致。[105] 罗斯（Ross）和马克（Marker）的一篇评论文章则将该书作为对社会学科"公民资质传递"模式的论证，该模式通过教授和学习从西方文化中汲取的离散的、事实性的信息碎片来促进"学生获得某些美国的或民主的价值观"。[106] 艾伦·辛格（Alan Singer）将该书描述为资金雄厚的基金会资助的保守派联盟的产物，这些基金会"向社会学科开战"至少已有二十年了。[107]

新的公民教育风气？

除了评论家持续不断地攻击进步主义的社会学科，支持回归传统教学方法，其他重大发展对社会学科领域和公民教育也产生了广泛的影响。关于公民教育的必要性有新的倡议和讨论，尽管这些倡议和讨论是从一系列不同的角度来看待这个领域的。NCLB 包含了一项用于改善教育的资金补助。它特别资助了"我们人民"（We the People）计划，这是公民教育中心的一项计划。从 2001 年到 2006 年，"我们人民"每年都获得了 1200 万美元到 1700 万美元的资助，这是在美国学校恢复和重振公民教学而开展的众多工作中的一部分。[108] 这是 1987 年开始的一项主流的两党合作活动，旨在改善涉及 3000 万学生和 9 万名教育工作者的公民教育。[109]

另外一个发展是《2004 年美国历史与公民法》，这一法律基于参议员拉马尔·亚历山大（Lamar Alexander）（共和党-田纳西州）提出的消灭"公民文盲"的法案，是为美国历史和公民学的教师和学生设立的一项法案。在介绍法案时，亚历山大谈到了该计划的新保守主义意图，并表示现在是时候"将美国历史和公民学的教学重新放回我们学校的正确地位上，这样我们的孩子就可以在成长过程中学习到作为一个美国人意味着什么"。他感叹道，"我们的孩子不知道是什么让美国变得如此卓越"，他认为美国历史被"淡化了"，并指出公民学"经常完全从课程中被剔除"。他指责 20 世纪 60 年代"所谓的改革"导致必修课程被普遍取消。[110]

除了"我们人民"和《2004 年美国历史与公民法》之外，还有一项由卡内基公司和公民学习和公民事业信息及研究中心（CIRCLE）资助的新倡议，该倡议涉及广泛的教育工作者、公民教育机构以及 2003 年报告《民主卫士：学校的公民使命》中所描述的其他人。报告全面介绍了公民学习在维护民主方面的作用。它审查了公民学习面临的主要问题，"经过验证的做法"，并为政策制定者、教育工作者和公民提供了建议。[111] 然而，十年过去后，越来越多的担忧出现：尽管付出了努力，但学校的公民学教学任务额正在被 NCLB 和使用多项选择考试的评估所破坏，这些考试"主要强调记忆信息，而不是展示公民技能"。研究表明，在 NCLB 开始实施之后的十年间，各州将教育资源从社会学科转向了全州评估中出现的科目，大多数情况下都强调阅读和数学，对学生社会学科的考试则没那么频繁。CIRCLE 研究发现，大多数州都不强调包括"了解公民身份、政府、法律、实事和相关主题"的公民教育。[112]

在布什政府期间，NCLB 还赞助过"信仰行动"，为宗教团体提供了新的入学途径，并为私立宗教学校提供了额外的支持，这是私有化趋势的一部分。信仰行动是政府倡导的更为保守的公民教育的一部分。这一行动对布什来说非常重要，2001 年，布什在上任后几天发布了行政令，要求建立白宫办事处来"为基于信仰的社区和其他社区组织提供更多机会，并加强他们更好地满足美国社区需求的能力"。[113] 虽然 NCLB 的最终草案中没有包含学券，但该法律包含若干条款，使宗教组织有机会在学校发挥更积极的作用，据称这是促进儿童教育的一种方式。NCLB 为宗教团体提供特定的拨款，为符合条件的低收入学生"提供辅导和促进更丰富的学术发展的服务"。资金可用于提升"阅读、语言艺术和数学"，课程可采取多种形式，包括课后扫盲、辅导计划或技术教育。佩奇部长提供的指导方针向学校行政人员提供了关于学校学生祷告、有组织的祷告团体、宗教俱乐部会议等的说明。毫无疑问，新的信仰行动允许宗教团体进入公立学校，也允许学生表达宗教信仰。[114] 这与政府对"唯禁欲"性教育计划的支持相结合，为公民教育的更大舞台赋予了一种绝对保守和爱国的"基调"。

课堂遭到的破坏

作为标准改革的最新发展，NCLB 对学校的社会学科实践造成了破坏。它包括在"高效学校"研究的基础上，为促进传统教学而进行的刻意努力，其强加的新的、更极端的责任制度对该领域造成间接破坏。在社会学科中强调内容标准和考试导致课堂强调训练和练习，重点是记忆教科书中的内容，以便为学生标准化考试做好准备。它比以往任何时候都更重视社会化而不是反社会化。[115] 虽然更加重点关注历史学科，但往往没有建立起概念性定位，概念性定位需要学生通过学习政治科学、地理学、社会学和其他研究领域的材料、概念和思想来建立。虽然倡导复兴历史作为社会学科核心的人们认为其他社会科学的内容将被纳入叙事史学，但几乎没有证据证明这一点得到了有效实施。[116]

教育部和一些观察员认为，NCLB 规定的新考试和问责措施在提高学生成绩的同时，也带来大量关于学校表现的新的有用数据。[117] 全国学校的学生花费在阅读和数学学习上的时间确实更多了。其他通常被视为积极的影响包括：更加注重使课程和教学与内容标准和评估保持一致；使用考试数据来修正教学；更加注重帮助成绩差的学生；重视低收入民族和少数民族学生的需求；解决了成绩差距；帮助英语学习者和有特殊需要的学生。[118] 然而，一些受人尊敬的学者很早就发出了警告：过分强调考试和责任制会导致非预期的后果。[119]

对 NCLB 影响的质疑

有关 NCLB 影响的证据表明，法律没有实现其提高美国学生成绩水平的核心目标。尽管学生在州成绩考试中的得分正在提高，但大多数州已经调整了他们对"熟练度"的定义，以达到更高的通过率，实际上就是将标准放宽到更现实的水平。阅读和数学方面的全国教育进步评估（NAEP）分数显示只有很少的或几乎没有实际的改善，特别是与前几年的增长相比。辍学率、被排挤出学校的学生以及不需要参加考试的学生比率都有增加，同时，对学生和学校进行分类的行为也在增加。[120] 虽然有更多的时间和精力花费在考试上，但成绩差距仍存在。如果考虑辍学率，情况则更加糟糕了。[121] 此外，极度强调考试及由此造成的提高分数的压力导致了大范围的作弊和腐败等间接后果，这使得任何认为有所改进的主张的可信度大打折扣，并且破坏了制度的诚信度。[122]

对于 NCLB 中关于年度进步率的条款及系统化改革责任制条款的效力，以及对进步进行奖励、对未能达到目标的学校进行惩罚，也存在严重怀疑。越来越多的学校被认定为"失败"而受到惩罚，批评者认为这个守法本位的系统"反而创造出了它原本想要解决的病态"，因而这一系统是"不现实的",且是"具有最大害处的缺陷"。[123] 根据可靠研究,仅仅是重组根本就没有用。在大多数"失败"的学校中,重组过程可以说是通过重新洗牌、重新分类以及转移人员来进行重组,虽然这促进了表面上的转变,但学生的成绩并未有实质性的改变,因为学校和州只是假装达到了年度进步率目标。[124] 主流和保守派观察家一致认为,"选择"虽然在一些学校产生了一些积极的迹象,却没有像预期的那样发挥作用。大多数家长和学生没有多少选择;越来越少的人使用学校应提供的补充私人辅导。此外,关于委办学校质量的证据也是好坏掺杂。充其量也只能算是有好有坏。[125]

就 NCLB 对教育工作者及其技能的影响而言,越来越多的证据表明,改革导致学术界对教育的漠视,并给支持系统改革模式的新保守派和其他人带来了特权。它剥夺了经验丰富的从业者的职业判断力,对教师的士气产生了负面影响,教师的专业程度被破坏,其中许多教师还具有较高学历,他们现在经常被要求遵循教科书上设定好的、防范教师主动性的课程,这些都是从教材公司购买的阅读、数学或科学课程包的一部分。[126] 它还导致"考试型教学",使得大量的课堂时间用于考试准备。正如一位研究人员指出的那样,这些变化"将教学过程"、研究和事件过分简化了,并使教师"失去作用"。[127]

课程范围缩小

NCLB 和高利害考试的一个主要后果是人们都注意到的课程范围的"缩小",花费在不是主要考试重点科目的时间减少。社会学科、历史、地理、社会科学、艺术和人文学,甚至科学都被 NCLB 要求边缘化,特别是在小学。[128] 此外,教学更多地侧重于低水平技能的训练和练习,最常见的是通过高利害考试来评估学生成绩,而不太关注资优学生的需求。在社会学科中,这意味着重新设计教学,强调记忆、测验和传统形式的以教师为中心的教学,严格限制论文、项目或其他引起思考或带来激励的活动。[129] 研究表明,当实施奖励和惩罚制度时,经常鼓励学生学习的内在动力会变得少得多,这导致批判性思维水平较低。高利害考试通常会"降低学生的学习动力"并导致学生辍学率上升。[130] 在社会学科课堂中,考试的影响尤为消极。大量研究表明,当社会学科不用进行考试时,其在小学阶段便被排在十分边缘的地位。当它被教授和考试时,人们便越来越关注对事实的反复记忆,而仅有较低水平的批判性思维。[131]

基于标准的教育、NCLB的责任制要求、保守主义以及传统历史的复兴,都对全国的课堂和教学实践产生了深远的影响。虽然各州和学校之间存在差异,但在典型的社会学科或历史课堂中,对于审视过程的关注变少——更少的讨论,更多的是教授学生应对考试,更多地按照教科书教学,更多地记忆,并且更多地强调传统的教学形式,这些多年来一直都是社会学科的保障和看似不可改变的法则:如教师谈话、教科书、商业教学计划、讲座和PPT演示。大多数情况下,银行业务方法占主导地位,强调将离散的、通常是碎片化的知识存入学生的脑海中。[132]

越来越多的小学教师被要求照本宣科,教师的每个行动都严格遵循教师指南,教师指南出自严格遵循标准的出版商制作的材料包,出版商还与地区或州缔结了购买材料的合同。此外,课程由管理员监督,管理员会定期到教室检查教师是否遵守了标准化课程,并查看黑板或公告板上有没有张贴书面标准,或强制执行"节奏指南"以使课程按计划进行并严格遵守课程和教科书。简而言之,标准、责任制和教科书在全国许多教室中以前所未有的方式主导着教学。更重要的是,强调"科学"和"有效的学校"研究意味着不再强调教师反思其目标和宗旨,以及制定将理论付诸实践的有效方法所需的定性的、历史性的和理性的讨论。看起来,新的口号以什么"有用"为中心,提倡基本教学理论以及由相关性和过程产品研究支持的社会效率驱动型实践。这通常有助于将传统的教学方法具体化,即注重传授内容供学生记忆,而几乎没有促进严谨的探究或以问题为中心的研究。

不幸的是,鉴于NCLB时代的任务,以及它似乎产生的教科书热潮,教学创造力的发展空间较小。报告发现,师生士气达到了新的低谷。改革在基调和目标上是反进步、反教师和反儿童的,导致以儿童为中心和兴趣培养的活动变得更少,这些活动通常可以激励教师和学生并使学校教育变得愉快。同时,可以激发思维、使学校变得有趣的批判性思维活动也在减少。这些活动通常原本可以产生的内在动机发生了转变，变为仅仅关注外在奖励。[133]

尽管大多数主流公立学校都符合这种描述，但也有例外。有一些委办和实验学校就专注于创新教学。例如，与西奥多·塞泽（Theodore Sizer）的"基本学校联盟"网络相关的委办学校联盟，如圣地亚哥的高科技高中，该学校专注于基于项目的学习或其他深思熟虑的方法。[134] 较富裕地区的学校可以较少关注考试结果，因为他们的分数很高，教师可以更自由地使用互动式学习方法。[135] 不幸的是，这些学校很少，而且大多数学生都上过受到改革深刻影响的传统社区学校，这些学校为了生存不得不重视考试成绩。

对假设的质疑

证明实施 NCLB 规定的新考试和惩罚制度的后果的证据很薄弱，这使一些观察者开始质疑改革所依据的基本假设。学者开始质疑以下观点：学校已经出了问题；考试可以激励教育成绩；通过提高标准、评估结果和实施严格的责任制，可以克服社会经济地位低下和贫困的残酷现实；恐惧和胁迫会带来一定的成效；从市场资本主义中汲取的商业原则可以成功地应用于学校。[136] 一些人质疑，基于工业时代的假设，目前的学校系统配置是否可以在没有重大范式转变的情况下得到改善。许多批评者认为，学校系统植根于对效率的狂热崇尚。在 NCLB 和考试制度下，现在的学校系统是一个更加强大的工业时代系统，将 20 世纪 60 年代的批评者非常鄙夷地指出的学校问题的严重性和非预期后果进一步放大：冷漠；不人道；对儿童的分类和标签化，使他们做好在工业和战争机器上工作的准备。[137] 对于许多批评者而言，商业模式的框架带来的问题是：以标准为基础的教育体现的整个学校改革方法，以及以责任制为重点的制度是否合适。另外一个问题是，除了考试公司、委办学校连锁店的运营商、教育管理公司以及获得更多与学龄儿童接触机会的企业，谁还会从新系统中受益？[138]

结论

NCLB 代表了联邦教育权力的一次重大扩展，但其强制将责任制应用到学校教育的做法仍然存在问题。支持联邦在教育方面发挥更大作用的政治核心力量已强大到足以支持法律通过，将得克萨斯模式推广到美国的所有公立学校，而不仅仅是最困难或面临最大危机的公立学校。NCLB 所要求的执行形式被证明是对责任制的一种混乱、有争议、自上而下的强制执行。

在企业对美国社会的影响日益扩大，财富、收入和权力的差距日益扩大的背景下，基于应用市场资本主义的商业原则的学校改革也成为向寡头政治转变的一部分。这意味着财富在普通美国机构（如学校）中的权力正在上升。[139] 顽固地拒绝对学校予以公平资助掩盖了国内潜在的、不断增长的经济不平等。[140]

批评者认为，根据可信证据，尽管 NCLB 法案主张这是改善学校并为所有人创造平等机会的一个步骤，但实际上被伤害的正是那些接受帮助的学生，他们给学生和穷人的孩子上的学校打上烙印，将他们引导到补救计划中，并给他们贴上"不熟练"和"待改进"的标签，最终导致许多人辍学或被排挤出学校。此外，国家的政治格局，以及按照市场方式来解决社会和经济问题的操作，正在削弱对公共机构的信任，导致公共教育的消失，并推动了私有化运动。

学校改革运动的核心假设仍在发挥作用：学校垄断失败的观念；应用商业原则和竞争将带来改革和进步的想法；以及包含标准、评估、责任制和惩罚等有力措施的"系统改革"将改善学校教育的假定。学校改革的范式是基于工业时代的假设、顽固的个人主义以及 18 世纪亚当·斯密的哲学。米尔顿·弗里德曼（Milton Friedman）将这一哲学进行了更符合当今时代的改编，他在 1955 年的论文《论政府在教育中的作用》中概述了一种基于市场的教育方法，与实际正在发生的情况非常相似。[141] 在这种学校教育方式中，每个教师、学生和学校都为自己的利益行事，自由市场竞争这只"看不见的手"将指导系统服务于所有人的最大利益。改革基于的观点是，教师、行政人员和学生能够通过底线问责制受到激励，其中强者生存并顽强生长，弱者要么适应要么淘汰。改革借助奖励和惩罚机制，强调由希望和恐惧带来的激励，这是一种对教育目的和实践的经济建设。其他人，特别是教师和学者，看到了改革中的缺陷，并质疑教育系统中的参与者是否主要受经济因素的驱动。他们认为，教师、学生和行政人员通过对主题及其与生活的相关性的兴趣，通过教学和学习的内在奖励，通过探究、发现和以儿童为中心的学习形式，通过关心孩子的大人的指导，可以得到最好的激励。[142]

NCLB 让商业领袖或他们的思维从事实上"控制"学校系统。虽然多年来似乎没有人真正地控制庞大的离散型学校系统，但基于 NCLB，这种情况开始发生变化。[143] 新的联邦政策制度赋予了教育部前所未有的管理学校的权力，有权进行强制要求、命令、奖励和惩罚。随着新改革的进行，企业和政府的邪恶同盟意味着企业家的、资本主义、自由市场的学校改革是这片土地上的新法则，有一段时间，学校因为改革遭到了挫败。

总的来说，NCLB 和基于标准的责任制对学校和孩子们到底是有益还是有害？其倡导者认为是有益的。他们认为，通过责任制，我们现在可以清楚地了解学校的运作方式。成绩目标意味着学校正在努力实现可衡量的目标。然而，目前尚不清楚改革是否有助于他们声称的要帮助处于危机中的学生。仅基于州考试得出学生成绩和表现有所提高的结论是值得怀疑的。因为最强大的指标—— 全国教育进步评估得分几乎没有实质性的改善。此外，辍学率正在上升，这表明改革实际上创造了一些拒绝最"高危"的学生入学的学校，而不是帮助他们的学校。

就社会学科而言，结果是毁灭性的。这一长期以来仅次于读写和数学的科目面临在小学阶段被取消，而在中学阶段地位更低的境况。广泛而全面的学校教育目标，包括基本技能和公民身份准备等，显然已经被重新设置，重点放在经济目标和人力资本培训上。这种重新定义对教育学和课程都产生了影响。阅读、写作、数学被提升到主要地位，科学也在较小程度上被提升了，而社会学科课程现在变成了次要的。强调广泛包含社会学科概念、历史和社会科学知识，以及在许多课堂中强调探究和批判性思维的社会学科，已经转变为将传统历史和地理学作为公民教育的重点。在教学方面，随着 NCLB 对"科学"和"循证实践"的重视，新的关注重点是关于"高效学校研究"的发现，该发现被认为高度可疑，因为其结果显示，使用以教师讲话、教科书和讲座为主的传统教学方法的课堂，考试成绩有所提升。这意味着更多地强调传统教学，减少学生讨论，并且减少有意义的、民主教育形式的学习活动；意味着更多的专制教学，更多的课本内容记忆，更少的提问或质疑；还意味着更多地强调社会化，更少关注反社会化或质疑。总而言之，这意味着服务于社会效率的教育的新旧变体已经肆意横生——它们控制了学校。意味着公民教育在很大程度上被重新定义为作为人力资本发展的一种形式的公民–工人培训。如今，学生为了工作而接受教育的现象达到了前所未有的程度。

注释：

1. Donald Kettl, "Schoolhouse Tango," *GM*, December 1999, 12, quoted in Patrick J. McGuinn, *No Child Left Behind and the Transformation of Federal Education Policy, 1965–2005* (Lawrence: University of Kansas Press, 2006), 146.
2. CNN/*USA Today* polls, August 4–5, 7–9, 24–27, 2000, and PDK/Gallup poll, 2000, cited in McGuinn, *No Child*, 148; Kathleen Frankovic and Monika McDermott, "Public Opinion in the 2000 Election: The Ambivalent Electorate," in Gerald Pomper, Ed., *The 2000 Election* (New York: Chatham House, 2001), 89.
3. CNN/*USA Today* poll, August 4–5, cited in McGuinn, *No Child*, 148.
4. Melissa Marshall and Robert McKee, "From Campaign Promises to Presidential Policy: Education Reform in the 2000 Election," *EP* 16 (January/March 2002): 110, cited in McGuinn, *No Child*, 150.
5. 参见Marvin Olasky, *The Tragedy of American Compassion* (Washington, DC: Regenery Gateway, 1992), and Marvin Olasky, *Compassionate Conservatism: What It Is, What It Does, and How It Can Transform America* (New York: Free Press, 2000).
6. McGuinn, *No Child*, 152.
7. William Hayes, *No Child Left Behind: Past, Present, and Future* (Lanham, MD: Rowman and Littlefield, 2008), 14; Walt Haney, "The Myth of the Texas Miracle in Education," *EPAA* 8 (August 19, 2000): 41; Stephen P. Klein et al., "What Do Test Scores Tell Us?" *RAND Issue Paper IP-202* (Santa Monica, CA: RAND, 2000), 2, 9–13.
8. As cited in Michael Kinsley, "…And His Wise-Fool Philosophy," *WP*, September 5,

2000, A25.
9. Eric Pooley, "Who Gets the 'A' in Education?" *TM*, March 27, 2000, 38; Jack Jennings interview, January 15, 2003, quoted in McGuinn, *No Child*, 157.
10. McGuinn, *No Child*, 163–164.
11. 同上。
12. White House, *Transforming the Federal Role in Education So That No Child Is Left Behind*, http://georgewbush-whitehouse.archives.gov/news/reports/no-child-left-behind.html.
13. George W. Bush, *Decision Points* (New York: Crown, 2010), 274.
14. Susan Crabtree, "Changing His Tune, Kennedy Starts Work with Bush on Education Bill," *RC*, January 25, 2001, quoted in McGuinn, *No Child*, 167.
15. Joetta L. Sack, "Bush Unveils Education Plan," *EW*, January 23, 2001.
16. David Nather, "Broad Support Is No Guarantee for Bush's Legislative Leadoff," *CQW*, January 27, 2001, 221, quoted in McGuinn, *No Child*, 168.
17. David Winston interview with Patrick McGuinn, May 9, 2003, quoted in McGuinn, *No Child*, 170.
18. McGuinn, *No Child*, 174.
19. Keith Bailey, "Testimony before the Committee on Education and the Workforce, U.S. House of Representatives," March 29, 2001, quoted in McGuinn, *No Child*, 175.
20. David Nather, "Compromises on ESEA Bills May Imperil Republican Strategy," *CQW*, May 5, 2001, 1009, quoted in McGuinn, *No Child*, 175.
21. 唐纳德·佩恩（民主党-新泽西州），家庭教育委员会成员，参见他的著作，"Reflections on Legislation: Reauthorization of ESEA, Challenges Throughout the Legislative Process," *SHLJ* 315 (2003): 26, quoted in McGuinn, *No Child*, 176.
22. McGuinn, *No Child*, 176.
23. George W. Bush, "Remarks on Signing the NCLB Act of 2001 in Hamilton, Ohio," January 8, 2002, APP.
24. "No Child Left Behind Act of 2001" Public Law 107–110, Jan. 8, 2002, p. 1425, http://www2.ed.gov/policy/elsec/leg/esea02/index.html.
25. Adapted from "No Child Left Behind Act of 2001" Public Law 107–110, Jan. 8, 2002, p. 1425, http://www2.ed.gov/policy/elsec/leg/esea02/index.html; "The No Child Left Behind Act of 2001: Executive Summary," January 7, 2002, http://www2.ed.gov/nclb/overview/intro/execsumm.html; and "An ESEA Primer," *EW*, January 9, 2002, http://www.edweek.org.
26. 这一关于《不让一个孩子掉队法案》的概述来源于《不让一个孩子掉队法案（2001年）》和《不让一个孩子掉队法案执行摘要》；《不让一个孩子掉队法案：桌面参考》；以及其它资源。

27. Frankie J. Petrosino, "The NAACP and Congress," *The Crisis*, September–October 2002, 60; McGuinn, *No Child*, 174.
28. Milton Goldberg and Susan L. Traiman, "Why Business Backs Education Standards," *BPEP* , no. 4 (2001): 75.
29. 同上书，第97页。
30. Kathy Emery and Susan O'Hanian, *Why Is Corporate America Bashing Our Public Schools?* (Portsmouth, NH: Heinemann, 2004), 209–210.
31. Elizabeth H. DeBray, "Partisanship and Ideology in the ESEA Reauthorization in the 106th and 107th Congresses: Foundations for the New Political Landscape of Federal Education Policy," *RRE* 29 (2005): 42–44.
32. Emery and O'Hanian, *Bashing* , 210–211.
33. BRT, *A Business Leader's Guide to Setting Academic Standards* (Washington, DC: BRT, 1996).
34. Quoted in Emery and O'Hanian, *Bashing* , 38.
35. 同上书，第34页。
36. BRT, *Building Support for Tests That Count* (Washington, DC: BRT, 1998); Emery and O'Hanian, *Bashing* , 38–42.
37. Jacques Steinberg, "Academic Standards Eased as a Fear of Failure Spreads," *NYT* , December 3, 1999.
38. BRT, *Addressing the "Testing Backlash": Practical Advice and Current Public Opinion Research for Business Coalitions and Standards Advocates* (Washington, DC: BRT, 2001).
39. Achieve, Inc., *National Education Summit on High Schools Briefing Book* (Washington, DC: Achieve, Inc., 2005), 2–4.
40. Achieve, Inc., *An Action Agenda for Improving America's High Schools* (Washington, DC: Achieve, Inc., 2005), 5.
41. Diane Ravitch, *The Death and Life of the Great American School System: How Testing and Choice Are Undermining Education* (New York: Basic Books, 2010), 195–222.
42. 同上书，第210页。另参见Erik W. Robelen, "Gates Learns to Think Big," *EW* , October 11, 2006; Phillip E. Kovacs, *The Gates Foundation and the Future of US "Public" Schools* (New York: Routledge, 2010).
43. 同上书，第212—217页。
44. 在众多有助于学校改革的非营利性基金会中，包括布罗德基金会、纽约卡内基公司、卡内基教学促进基金会、福特基金会、盖茨基金会、查尔斯·斯图尔特·莫特基金会、礼来基金会、皮尤慈善信托基金会、洛克菲勒基金会、史密斯理查森基金会、索罗斯基金会、斯图尔特基金会和斯宾塞基金会。所有这些基金会似乎都支持当前的改革框架，但在细节上可能有所不同。

45. DeBray, "Partisanship and Ideology in ESEA Reauthorization," 42–44; Alan Singer, "Strange Bedfellows: The Contradictory Goals of the Coalition Making War on Social Studies," *TSS* 95, no. 5 (September–October 2005); Ronald W. Evans, *The Tragedy of American School Reform: How Curriculum Politics and Entrenched Dilemmas Have Diverted Us from Democracy* (New York: Palgrave Macmillan, 2011).
46. Hayes, *NCLB*, 119; Linda Greenhouse, "Supreme Court, 5–4, Upholds Voucher System That Pays Private Schools' Tuition," *NYT*, June 28, 2002.
47. "阴谋"在字典上的一个定义为"加入秘密协议以进行非法或不法行为，或使用这种手段来实现合法目的。"
48. Alfie Kohn, "Test Today, Privatize Tomorrow," *PDK* 85, no. 8 (April 2004), 568–577; Ravitch, *Death and Life* .
49. Kim Phillips-Fein, *Invisible Hands: The Making of the Conservative Movement from the New Deal to Reagan* (New York: W.W. Norton, 2009); Lee Fang, *The Machine: A Field Guide to the Resurgent Right* (New York: New Press, 2013).
50. Kathy Emery, "Corporate Control of Public School Goals: High-Stakes Testing in Its Historical Perspective," *TEQ* 34, no. 2 (Spring 2007): 29.
51. Ibid., 30; Edward Rust, "No Turning Back: A Progress Report on the Business Roundtable," (Washington, DC: Business Roundtable, 1999), as quoted in Emery, "Corporate Control of Public School Goals," 30.
52. Emery, "Corporate Control of Public School Goals," 38. 其他人表示了对"校园到监狱流水线"的关注。参见*Federal Policy, ESEA Reauthorization, and the School-to-Prison Pipeline* (A joint position paper of Advancement Project, Education Law Center—PA, FairTest, the Forum for Education and Democracy Juvenile Law Center, NAACP Legal Defense and Educational Fund, Inc., March 2011, Revised).
53. 同上书，第25页。
54. McGuinn, *No Child* , 183.
55. "NCLB Update: Tour and New Web Site Launched," *ERV*, April 12, 2002, http://lobby.la.psu.edu/_107th/132_Math_Science_Funding/Agency_Activities/Dept_Ed/Dept_of_Ed_Archived_ED_Review_04_12_02.htm; "Fact Sheet: President Joins 'No Child Left Behind Tour Across America,'" May 2, 2002, APP.
56. Alfie Kohn and Patrick Shannon, *Education, Inc.: Turning Learning into a Business* (Portsmouth, NH: Heineman, 2002); Emery and O'Hanian, *Bashing* ; Jonathan Kozol, *Shame of the Nation: The Restoration of Apartheid Schooling in America* (New York: Three Rivers Press, 2005); Gerald Bracey, *The War Against America's Public Schools: Privatizing Schools, Commercializing Education* (Boston: Allyn and Bacon, 2002); E. Wayne Ross and Rich Gibson, *Neoliberalism and Education Reform* (Cresskill, NJ: Hampton Press, 2007); Shirley Steinberg and Joe Kinchloe, *What You Don't Know*

About Schools (New York: Palgrave Macmillan, 2006); Michael Apple, *Educating the " Right " Way: Markets, Standards, God, and Inequality* (New York: Routledge Falmer, 2001); Linda Christiansen and Stan Karp, *Rethinking School Reform: Views from the Classroom* (Milwaukee, WI: Rethinking Schools, 2003); Susan O'Hanian, "Capitalism, Calculus, and Conscience," *PDK* 84, no. 10 (June 2003), 736–747; Kathy Emery, "The Business Roundtable and Systemic Reform: How Corporate-Engineered High-Stakes Testing Has Eliminated Community Participation in Developing Educational Goals and Policies" (Doctoral Dissertation, University of California, Davis, 2002).

57. Deborah Meier and George Wood, *Many Children Left Behind: How the No Child Left Behind Act Is Damaging Our Children and Our Schools* (Boston: Beacon Press, 2004); Larry Cuban, *The Blackboard and the Bottom Line: Why Schools Can't Be Businesses* (Cambridge, MA: Harvard University Press, 2004); Sharon Nichols and David Berliner, *Collateral Damage: How High-Stakes Testing Corrupts America's Schools* (Cambridge, MA: Harvard Education Press, 2007).

58. Gary Orfield, *Losing Our Future: How Minority Youth Are Being Left Behind by the Graduation Rate Crisis* (Cambridge, MA: Civil Rights Project at Harvard University, 2007); Linda Darling-Hammond, "No Child Left Behind and High School Reform," *HER* 76, no. 4 (Winter 2006): 642–667; Linda Darling-Hammond, "Race, Inequality, and Educational Accountability: The Irony of 'No Child Left Behind,' " *REE* 10, no. 3 (September 2007): 245–260.

59. Frederick M. Hess and Chester E. Finn, Jr., *No Remedy Left Behind: Lessons from a Half-Decade of NCLB* (Washington, DC: AEI Press, 2007); Ravitch, *Death and Life*.

60. William G. Spady, "The Paradigm Trap," *Education Week* , 2007.

61. 同上。

62. 参见拉维奇的文章。黛安·拉维奇几年来一直获得奥林基金会的支持，并由此开始在布什政府担任职务。卓越教育网和国家历史教育委员会也获得了基金会赞助。针对社会学科和责任制改革的战争都得到了经验丰富的保守派利益集团的大力支持。

63. Diane Ravitch, *Death and Life*.尽管存在差异，但仍有人尝试将斯帕蒂和拉维奇与先前的改革家（如约翰·杜威和杰罗姆·布鲁纳）联系起来，这些改革家最终都是他们所推动的改革的批评者。

64. New York State Education Department (NYSED), *Federal Education Policy and the States, 1945–2009: A Brief Synopsis* (Albany: New York State Archives, 2006, revised 2009), 76 .

65. Robert Pear, "Education Chief Calls Union 'Terrorist,' Then Recants," *NYT* , February 24, 2004.

66. Fox News, "NEA Seeks to Undo No Child Left Behind," February 28, 2004, http:// www.foxnews.com/story/2004/02/28/nea-seeks-to-undo-no-child-left-behind/.
67. Wendy C. Lecker, "Teachers' Unions Critical of NCLB, Offer Other Approaches," July 22, 2004, National Access Network, Teachers College, Columbia University, http:// www.schoolfunding.info/news/federal/7-22-04Teachers
68. 近年来，作弊丑闻激增。
69. Patrick McGuinn, "The National Schoolmarm: No Child Left Behind and the New Educational Federalism," *PB* 35, no. 1 (Winter 2005): 57–60.
70. Erik Robelen, "Opposition to School Law Growing, Poll Says," *EW*, April 7, 2004.
71. McGuinn, "National Schoolmarm," 60.
72. NYSED, *Federal Education Policy*, 77.
73. McGuinn, "National Schoolmarm," 61; "Changing the Rules," *EW*, March 24, 2004.
74. Sam Dillon, "New U.S. Secretary Showing Flexibility on 'No Child' Act," *NYT*, February 14, 2005; "Secretary Spellings Announces More Workable, 'Common Sense' Approach To Implement No Child Left Behind Law," Press Release, April 7, 2005, http://www2.ed.gov/news/pressreleases/2005/04/04072005.html; "Raising Achievement: A New Path to NCLB," http://www2.ed.gov/policy/elsec/guid/raising/new-path-long.html
75. "Secretary Spellings Announces."
76. McGuinn, "National Schoolmarm," 62.
77. Rose and Gallup, 36th Annual Phi Delta Kappan/Gallup Poll, 2004; Educational Testing Service, "Equity and Adequacy: Americans Speak on Public School Funding" http://ftp.ets.org/pub/corp/2004summary.pdf; "Attitudes on No Child Left Behind Law," *EW* 21 (January 2004): 29; "State Views on No Child Left Behind Act," *EW*, February 4, 2004; McGuinn, "National Schoolmarm," 65–66.
78. 同上书，第63—64页。
79. 同上; NYSED, *Federal Education Policy*, 80.
80. Stephen J. Thornton and Keith C. Barton, "Can History Stand Alone? Drawbacks and Blind Spots of a 'Disciplinary' Curriculum," *TCR* 112, no. 9 (September 2010): 2483; 另参见S. G. Grant, *Measuring History: Cases of State-Level Testing Across the United States* (Greenwich, CT: Information Age, 2006); S. D. Brown and J. Patrick, *History Education in the United States: A Survey of Teacher Certification and State-Based Standards and Assessments for Teachers and Students* (Washington, DC: Organization of American Historians, 2006).
81. James Schul, "Unintended Consequences: Fundamental Flaws That Plague the No Child Left Behind Act," http://nau.edu/uploadedFiles/Academic/COE/About/Projects/Unintended%20Consequences.pdf.

82. Kathleen Manzo Kennedy, "History Invading Social Studies' Turf in Schools," *EW* 22, no. 19 (January 22, 2003): 1.
83. 同上。
84. Thornton and Barton, "Can History Stand Alone?" 2482.
85. Kennedy, "History Invading Social Studies."
86. Kay S. Hymowitz, "Anti-Social Studies," *WS,* May 6, 2002.
87. Paul Gagnon, *Educating Democracy: State Standards to Ensure a Civic Code* (Washington, DC: Albert Shanker Institute, 2003).
88. Stuart Phipps and Susan Adler, "Where's the History?" *SE* 67, no. 4 (September, 2003):296–297.
89. Singer, "Strange Bedfellows"; Vincent Stehle, "Righting Philanthropy," *NAT,* June 30, 1997, 15–20; Evans, *Tragedy* ; Ravitch, *Death and Life*. See also the Thomas B. Fordham Foundation Papers, Hoover Institution.
90. 参见拉维奇和芬的文章。
91. Cary D. Wintz, "Teaching American History: Observations from the Fringes," in Rachel G. Ragland and Kelly A. Woestman, Eds., *The Teaching American History Project: Lessons for History Educators and Historians* (New York: Routledge, 2009), 301–318.
92. Sam Wineburg, "The Teaching American History Program: A Venerable Past and a Challenging Future," in Ragland and Woestman, *The TAH Project* , ix–xii; Rachel G. Ragland and Kelly A. Woestman, "Preface," *The TAH Project* , xiii–xviii.
93. Ragland and Woestman, "Preface," xiii–xviii.
94. 同上书，第14页。
95. Daniel C. Humphrey, Christopher Chang-Ross, Mary Beth Donnelly, Lauren Hersh, and Heidi Skolnik, *Evaluation of the Teaching American History Program* (Washington, DC: DOE and SRI International, 2005).
96. Wineburg, "The Teaching American History Program," xi.
97. Rick Shenkman, "OAH 2009: Sam Wineburg Dares to Ask If the American History Program Is a Boondoggle," *HNN,* April 19, 2009, http://hnn.us/articles/76806.html.
98. Thornton and Barton, "Can History Stand Alone?" 2484; M.S. Lapp, W.S. Grigg, and B.S. Tay-Lim, *The Nation's Report Card: U.S. History 2001* , NCES 2002–483 (Washington, DC: OERI, DOE, 2002); J. Lee and A. Weiss, *The Nation's Report Card: U.S. History 2006* (Washington, DC: NCES, DOE, Publication No. 2007–474).
99. Maurice P. Hunt and Lawrence E. Metcalf, *Teaching High School Social Studies: Problems in Reflective Thinking and Social Understanding* (New York: Harper & Brothers, 1955, 1968).
100. James S. Leming, Lucien Ellington, and Kathleen Porter, Eds., *Where Did Social Studies Go Wrong?* (Washington, DC: Thomas B. Fordham Foundation, 2003). 除了

对为推动系统性改革、抨击社会学科等进步教条的教育工作者网络进行资助外，福德汉姆基金会还为教育事业颁发年度贡献奖。该奖项的提名名单读起来就像是新保守主义问责改革者的名人录。Boxes 15–19, Fordham Papers.

101. Chester E. Finn, Jr., "Foreword," in Leming et al., *Where Did Social Studies Go Wrong?*, i–vii.
102. James S. Leming and Lucien Ellington, "Passion Without Progress: What's Wrong with Social Studies Education?" in Leming et al., *Where Did Social Studies Go Wrong?*, i–vi.
103. Diane Ravitch, "A Brief History of Social Studies," in Leming et al., *Where Did Social Studies Go Wrong?*
104. Leming et al., *Where Did Social Studies Go Wrong?*
105. Ronald W. Evans, "The Social Studies Wars Revisited: Book Review of Leming, Ellington, and Porter, Eds., *Where Did Social Studies Go Wrong? TRSE* 31, no. 4 (Fall 2003): 525, 538.
106. E. Wayne Ross and Perry M. Marker, "Social Studies: Wrong, Right, or Left? A Critical Response to the Fordham Institute's *Where Did Social Studies Go Wrong?*," *TSS* 96, no. 4 (July/August 2005): 139, 141. 参见书中两部分特别章节的文章，*The Social Studies* responding to *Where Did Social Studies Go Wrong?* in *TSS* 96, no. 4 (July/August 2005) and no. 6 (September/October 2005).
107. Alan Singer, "Strange Bedfellows."
108. "We the People" Funding Status, Ed.Gov, http://www2.ed.gov/programs/wethepeople/funding.html; Donovan R. Walling, "The Return of Civic Education," *PDK* 89, no. 4 (December 2007): 285–289. Walling lists sixteen national organizations involved in the move to revitalize civic education, but does not list NCSS.
109. "We The People: The Citizen and the Constitution," http://new.civiced.org/wtp-the-program.
110. Senator Lamar Alexander, "Remarks of Senator Lamar Alexander on the introduction of his bill, The American History and Civics Education Act, March 4, 2003," http://www.congresslink.org/print_expert_amhist.htm.
111. Carnegie and CIRCLE, *The Civic Mission of Schools: A Report from Carnegie Corporation of New York and CIRCLE* (Washington, DC: CIRCLE and Carnegie Corporation of New York, 2003). CIRCLE was founded in 2001 with a grant from Pew Charitable Trusts.
112. "Civics Education Testing Only Required in 9 States for High School Graduation: CIRCLE Study," *HP*, October 12, 2012, http://www.huffingtonpost.com/2012/10/12/circle-study-finds-most-s_n_1959522.html.
113. Hayes, *NCLB*, 114.
114. 同上书，第114–117页。

115. Shirley H. Engle and Anna S. Ochoa, *Education for Democratic Citizenship: Decision Making in Social Studies* (New York: Teachers College Press, 1988).
116. Thornton and Barton, "Can History Stand Alone?"
117. DOE, *A Nation Accountable: Twenty-Five Years after a Nation at Risk* (Washington, DC: DOE, 2008).
118. Jack Jennings and Diane Stark Rentner, "Ten Big Effects of the No Child Left Behind Act on Public Schools," *PDK* 88, no. 2 (October 2006): 110–113.
119. Lorrie Shepard, "The Hazards of High-Stakes Testing," *IST* 19, no. 2 (Winter 2002–2003): 53–58; Audrey L. Amrein and David C. Berliner, "A Research Report: The Effects of High-Stakes Testing on Student Motivation and Learning," *EL* 60, no. 5 (February 2003); Audrey L. Amrein and David C. Berliner, *An Analysis of Some Unintended and Negative Consequences of High-Stakes Testing* (East Lansing, MI: Great Lakes Center for Educational Research and Practice, 2002); and William J. Mathis, "No Child Left Behind: What Are the Costs? Will We Realize Any Benefits?" (Washington, DC: EDRS, ERIC, 2003).
120. Orfield, *Losing Our Future*; Darling-Hammond, "No Child Left Behind and High School Reform"; Darling-Hammond, "Race, Inequality, and Educational Accountability."
121. Ravitch, *Death and Life*; Darling-Hammond, "No Child Left Behind and High School Reform," 642; Darling-Hammond, "Race, Inequality, and Educational Accountability," 245; Jennings and Rentner, "Ten Big Effects."
122. Nichols and Berliner, *Collateral Damage*; Schul, "Unintended Consequences"; there have been frequent media reports on cheating scandals.
123. Ravitch, *Death and Life* ; Caitlin Scott, *Managing More Than a Thousand Remodeling Projects: School Restructuring in California* (Washington, DC: Center on Education Policy, 2008); Frederick M. Hess and Chester E. Finn, Jr., Eds., *No Remedy Left Behind: Lessons from a Half-Decade of NCLB* (Washington, DC: AEI Press, 2007), 327–328.
124. Caitlin Scott, *A Call to Restructure Restructuring: Lessons from the No Child Left Behind Act in Five States* (Washington, DC: Center on Education Policy, 2008); Jennings and Rentner, "Ten Big Effects"; John Cronin, Michael Dahlin, Deborah Adkins, and G. Gage Kingsbury, *The Proficiency Illusion* (Washington, DC: Thomas B. Fordham Institute, 2007).
125. David C. Berliner and Gene V. Glass, *50 Myths and Lies That Threaten America's Public Schools* (New York: Teachers College, 2014), 22–26.
126. Marilyn Cochran-Smith and Susan L. Lytle, "Troubling Images of Teaching in No Child Left Behind," *HER* 76, no. 4 (Winter 2006): 668–697; Kozol, *Shame of the Nation* ; Schul, "Unintended Consequences."

127. Cochran-Smith and Lytle, "Troubling Images of Teaching"; Shepard, "Hazards of High-Stakes Testing"; Ravitch, *Death and Life*.
128. Jennifer McMurrer, *Choices, Changes, and Challenges* (Washington, DC: Center on Education Policy, 2007); Jennifer McMurrer, *Instructional Time in Elementary Schools* (Washington, DC: Center on Education Policy, 2008); Patricia V. Pedersen, "What Is Measured Is Treasured: The Impact of the No Child Left Behind Act on Nonassessed Subjects," *CH* 80, no. 6 (July/August 2007), 287–291; Schul, "Unintended Consequences"; Jennings and Rentner, "Ten Big Effects"; Kelly V. King and Sasha Zucker, *Policy Report: Curriculum Narrowing* (New York: Pearson Education, 2008); Cochran-Smith and Lytle, "Troubling Images of Teaching."
129. Shepard, "Hazards of High-Stakes Testing"; Darling-Hammond, "No Child Left Behind and High School Reform"; Darling-Hammond, "Race, Inequality, and Educational Accountability"; Barbara Knighton, Carol Warren, Rachel Sharpe, Bruce Damasio, Sue Blanchette, Timothy J. Tuttle, "No Child Left Behind: The Impact on Social Studies Classrooms," *SE* 67, no. 4 (September 2003): 291–295.
130. Amrein and Berliner, "Effects of High-Stakes Testing."
131. Pedersen, "What Is Measured Is Treasured"; Elizabeth R. Hinde, "The Tyranny of the Test: Elementary Teachers' Conceptualizations of the Effects of State Standards and Mandated Tests on Their Practice," *CIE* [online] 6, no. 10 (May 27, 2003); S. G. Grant, *History Lessons: Teaching, Learning, and Testing in U.S. High School Classrooms* (New York: Routledge, 2003); CIRCLE, 2012.
132. Paulo Freire, *Pedagogy of the Oppressed* (New York: Continuum, 1970).
133. Schul, "Unintended Consequences"; Sharon Beder, *This Little Kiddy Went to Market: The Corporate Capture of Childhood* (New York: Pluto Press, 2009); Cuban, *Blackboard* ; Evans, *Tragedy* ; Amrein and Berliner, "A Research Report: The Effects of High-Stakes Testing"; CIRCLE, "Civics Education Testing Only Required in 9 States"; Kozol, *Shame of the Nation* ; Lorrie Shepard, "Hazards of High-Stakes Testing"; Marguerite Clarke, Arnold Shore, Kathleen Rhoades, Lisa Abrams, Jing Miao, and Jie Li, *Perceived Effects of State-Mandated Testing Programs on Teaching and Learning: Findings from Interviews with Educators in Low-, Medium-, and High-Stakes States* (Boston: National Board on Educational Testing and Public Policy and Boston College, 2003).
134. Coalition of Essential Schools; High Tech High School, San Diego, California.
135. Shepard, "Hazards of High Stakes Testing."
136. John Marsh, *Class Dismissed: Why We Cannot Teach or Learn Our Way Out of Inequality* (New York: Monthly Review, 2011); Ravitch, *Death and Life*; Cuban, *Blackboard*; Theoni Soublis Smyth, "Who Is No Child Left Behind Leaving

第六章 不让一个孩子掉队 | 259

Behind?" *Clearing House 81,* no. 3 (January-February 2008): 133–137.
137. John Taylor Gatto, "Against School," *HA* , September 2003; Spady, "The Paradigm Trap"; 参见科佐尔、利奇、珀斯特曼、魏因加特纳以及其他"新浪潮"学校教育的批评者们在19世纪60年代和70年代期间的作品,正如埃文斯在自己的文章中所引用的,参见Evans, *Tragedy* , 35–46.
138. Alfie Kohn and Patrick Shannon, *Education, Inc.: Turning Learning into a Business* (Portsmouth, NH: Heineman, 2002); Alex Molnar, *Giving Kids the Bu$iness: The Commercialization of America's Schools* (Boulder, CO: Westview Press, 1996); Ravitch, *Death and Life* .
139. Kevin Phillips, *Wealth and Democracy: A Political History of the American Rich* (New York: Broadway Books, 2002); G. William Domhoff, *Who Rules America? Power and Politics, and Social Change* (Boston: McGraw Hill, 2006); G. William Domhoff, "Wealth, Income, and Power," http://www2.ucsc.edu/whorulesamerica/power/wealth.html (2006, updated 2013); Oxfam, *Working for the Few: Political Capture and Economic Inequality* (Oxford, UK: Oxfam International, 2014). *NCLB* ; Marsh, *Class Dismissed* ; Kozol, *Shame of the Nation* .
140. Hayes, *NCLB* ; Marsh, *Class Dismissed* ; Kozol, *Shame of the Nation* .
141. Adam Smith, *An Inquiry into the Nature and Causes of the Wealth of Nations* (London: W. Strahan, 1776); Milton Friedman, "The Role of Government in Education," in Robert A. Solo, Ed., *Economics and the Public Interest* (Newark, NJ: Rutgers University Press, 1955), cited by 989 books and articles according to Google Scholar: an indication of widespread influence.
142. John Dewey, *Democracy and Education* (New York: Macmillan, 1916); Jerome S. Bruner, *The Process of Education* (Cambridge, MA: Harvard University Press, 1960); Alfie Kohn, *The Schools Our Children Deserve: Moving Beyond Traditional Classrooms and Tougher Standards* (Boston: Houghton Mifflin, 1999); Nel Noddings, *Caring: A Feminine Approach to Ethics and Moral Education* (Berkeley: University of California Press, 1984).
143. Frederick M. Wirt and Michael W. Kirst, *Schools in Conflict: The Politics of Education* (Berkeley, CA: McCutchan, 1982).

第七章　徒劳之争

在2008年的总统大选中，时任伊利诺伊州第一任期民主党参议员的巴拉克·奥巴马（Barack Obama）当选，他是美国第一位非洲裔美国人总统，也是第一位混血儿总统，同时，他还是一名律师、社区组织者以及很有感染力的演说家。对于许多人来说，他的当选似乎证明了美国人仍然相信未来充满希望。尽管各方对奥巴马的政治和个人历史有着大量的说法和争议，但他在第一个任期的表现证明他是一位温和、进步的实用主义者，并且在很多方面很有领导能力。2008年大选的主要问题集中在国内政策、经济以及如何结束美国在中东参与的两场旷日持久的战争冲突。尽管国内政策问题获得了很多关注，但教育不再是美国人关心的首要问题。不过，在初选和大选期间，这个话题仍然受到了很多关注。

2007年11月20日，巴拉克·奥巴马在新罕布什尔州曼彻斯特发表的一次演讲中表达了他的教育构想和观点，他提出了一份详细的美国公立学校改革计划，该计划由三部分组成。虽然他支持《不让一个孩子掉队法案》（NCLB）的总体目标，包括"更多的责任制"和"更高的标准"，但他批评了法案的许多细节及其实施，并呼吁做出改变，以纠正他所认为的长期存在的改革问题。奥巴马在当天的讲话中指责布什和国会破坏了改革，说他们"不让一分钱乱花"，导致的结果是未能提供必要的财政资源和合格的教师。奥巴马同时说道，布什和国会指责学校"失败"，然后就转身走开了。他的演讲提到了自法案启动以来一直存在的一系列问题。他批评过度使用标准化考试、课程范围缩小以及陷入困境的学校使学生和教师士气低落。奥巴马计划的三个主要部分包括"提供优质、负担得起的幼儿教育"；在"招聘、支持和奖励教师和校长"的同时，以教学"职业本该有的样子"来开展教学，制订"职业阶梯计划"，奖励最优秀的、给予他人指导的教师；确立新的评估形式，通过"教给我们的孩子参与21世纪知识经济竞争所需的各种研究、科学调查和解决问题的方法"来提高成绩。[1]

奥巴马的演讲还随附一份长达15页的竞选文件和政策简报，其中提供了关于一项"全面"计划的详细信息。[2] 演讲和政策声明提供了一个前瞻性的、对《不让一个孩子掉队法案》进行全面修改的愿景，提到了教育工作者的诸多抱怨和批评，目的是推动责任制更积极地运转，并建立一种"支持学校提升，而不是专注惩罚"的方法。奥巴马的计划保留了法案大部分关键且有争议的条款，包括法案要求的三至八年级学生必须参加阅读和数学问责考试。但是，它也呼吁"进行范围更广的考试，用以评估更高阶的技能"，包括评估学生"使用技术、进行研究、参与科学调查、解决问题，以及表达和捍卫自己的想法"的能力，同时，教师要提供"即时反馈"，以便可以"立即改善学生的学习情况"。[3]

奥巴马的计划是在选举造势和预选阶段提出的，虽然他呼吁采用更为典型的民主党方法进行改革，但保留了《不让一个孩子掉队法案》的核心思想，以及商业驱动的基于标准的改革的核心设想，其计划看起来就是进行修订后的布什计划的延续。在预选期间，奥巴马最强硬的竞争对手是前第一夫人、纽约州参议员希拉里·罗德姆·克林顿。希拉里的教育计划呼吁一种截然不同的方法，并明确表示要终止《不让一个孩子掉队法案》。希拉里认为《不让一个孩子掉队法案》已被证明对教师、校长和孩子来说"过于僵化和不可行"。她表示，"是时候结束这种一刀切的教育改革方式，开启一个新的开端了，我们要让每个孩子都能在全球经济中获得成功。"虽然她在反对《不让一个孩子掉队法案》的言论上比奥巴马更进一步，但希拉里提出了许多跟奥巴马措施类似的补救措施来改善学校教育，包括加大对学校的资助；将标准直接与"大学预备需求"相关联，以实现让学生走进大学这个最终目标；以及更加努力地"聘用和留住优秀教师，特别是在城市和资源缺乏的地区"。[4]

在2008年总统竞选期间，双方候选人总体上均支持《不让一个孩子掉队法案》关于高标准和学校责任制的规定。但是，他们提出了一系列关于如何实施的意见。前面已经说过，希拉里·克林顿表示她将"终止"《不让一个孩子掉队法案》，因为该法案"不可行"。巴拉克·奥巴马呼吁在保留改革基本框架的前提下进行"根本性"改革。民主党候选人约翰·爱德华兹（John Edwards）批评法案过分强调考试，并表示，"你不能通过称重量来让一只猪长膘。"与一些共和党议员一样，共和党总统候选人迈克·赫卡比（Mike Huckabee）反对《不让一个孩子掉队法案》对各州权利的侵犯，并表示他希望各州制定自己的标准和责任制度。

共和党提名人约翰·麦凯恩（John McCain）的教育政策没有奥巴马的政策那么详细，但他呼吁采取更加保守的共和党方法来开展教育。麦凯恩支持一系列关于学校的保守立场，包括学校祷告、赋予私立学校选择权的学券制，以及各州在进行非限制性经济补助时可以决定使用联邦资金的权利。[5] 关于《不让一个孩子掉队法案》，他认为该法案获得了充足的资金支持，但要求取消"强制没有实现改善的学校去另一所学校开展辅导或招生"的惩罚。他支持提供可以"立即获得"联邦政府资助的辅导，私人企业可以直接向家长营销这些辅导，并表示他可能会改变原定的在 2014 年实现阅读和数学达到 100% 熟练程度的目标，将这一日期推后。[6]

部分由于公众对国家经济和伊拉克和阿富汗战争的强烈关注，教育不是这次竞选的重大问题之一。由于《不让一个孩子掉队法案》已成为一个"忌讳之词"，两位候选人似乎都没有对法案做过多评论。[7] 主要因为联邦教育政策以外的其他因素，奥巴马赢得了 2018 年 11 月 4 日的投票选举，累计 1.313 亿人参与了这次投票，相当于 63% 的有投票权的人口数，这是个破纪录的数字。在这场因投票压制和媒体偏见而饱受争议的选举中，奥巴马赢得了 52.93% 的民众投票，而麦凯恩获得的投票率为 45.65%，奥巴马以压倒性优势获胜。尽管此次竞选中教育并不像以前竞选中表现得那么突出，但各方和候选人关于教育的总体方向可能会对选民的决定有一定影响。[8]

奥巴马计划

在奥巴马总统任期的前几个月，公众和奥巴马政府的大部分精力都集中在经济复苏上。尽管如此，政府还是采取了措施将教育支出和重要政策计划纳入其第一项主要法案——经济刺激法案，法案正式名称为《美国复苏与再投资法案》，该法案于2009年2月17日签署通过，成为正式法律。[9]决定将教育改革纳入经济刺激法案是奥巴马过渡团队在12月"繁忙"工作期间做出的"即时决策"，当时许多州长正在请求联邦政府提供帮助，以防范经济危机期间的裁员问题。过渡团队由斯坦福大学教育学教授琳达·达林 – 哈蒙德（Linda Darling-Hammond）领导，她是系统改革的长期倡导者，但她批评《不让一个孩子掉队法案》在实施上有问题。[10] 2009年1月7日，在奥巴马就职典礼前夕，前芝加哥学校主管、新任命的教育部长阿恩·邓肯（Arne Duncan）宣布政府打算向各州提供数十亿美元的刺激资金，以换取州长承诺对教育改革的"坚定立场"。[11]

这笔刺激资金总额为8310亿美元，其中教育资金为1000亿美元，借此保留了许多教师岗位，特别是在那些面临预算赤字的州。[12]刺激法案的细则中包含了奥巴马政府关于教育改革新方向的线索。要获得应急教育资助，州长必须保证做到以下四条：提高标准化考试的质量；提高标准；将最有能力的教师"公平地分配给所有学生，无论贫富情况"；最后一项规定赋予邓肯对"力争上游"项目超过50亿美元资金的控制权，这些资金可以用来奖励之前"未达到项目要求"但取得进步的州。[13]

随着奥巴马的教育改革计划的展开，有线索表明，奥巴马和邓肯计划使用与资助直接挂钩的激励措施和宏观调控来严格各项要求。政府看起来是在准备补救其所认为的《不让一个孩子掉队法案》存在的最严重的问题。然而，其逐渐呈现的政策规划令批评者们感到失望，这些批评者本希望新的计划相比布什的法案有较大突破。一位观察家评论说，"在教育政策方面，奥巴马给了布什第三个任期。"[14]《教育周刊》的一篇报道指出了政策相似性并认为，尽管奥巴马在竞选中传递了"变革信息"，但对基础教育（K—12），他"似乎还是在追随几位前任的脚步"，体现在基于标准和评估的虚夸的责任制主题、基于绩效的教师薪酬，以及扩张委办学校。[15]

邓肯作为芝加哥公立学校的负责人，与芝加哥商业俱乐部合作，建立起一套强大的商业驱动型系统改革的数据追踪记录。正如一位观察家所指出的，"奥巴马选择阿恩·邓肯是有原因的，其中部分原因是邓肯在芝加哥开展的实验以及他对数据和结果的真正关注。"另一位人士则预测，"该实验有望在全国范围内继续开展。"[16]

另一方面，批评邓肯在芝加哥的活动的人士则将他的领导视为支持私有化计划的一部分。他们认为，如果强调将"失败"的公立学校作为委办学校重新开放，相当于"剔除"教育系统中的很大一部分学校，并将其交给私人机构。[17] 批评者引用了 2003 年商业俱乐部的一篇名为《落后》的报告，报告认为城市学校问题的根源在于它是公共垄断，建议通过将学校移交给市场力量，促进竞争和创新来打破这种垄断。[18] 迈克尔·阿普尔将芝加哥和其他主要城市的私有化趋势视为民主"被变成一个完全的经济概念"的一种实例，这种转变借由新自由主义政治推动的学券和选择计划得以实现，同时也掩盖了资本对于日常生活日益增强的控制。[19]

批评者认为对于许多新自由主义政治家来说，教育改革的目标是将教育系统推向市场，并尽可能将教育服务私有化。这一目标多年来一直得到保守派基金会的支持，而私有化是很多参与教育改革的企业领导人的主要目标，对这一目标他们也并不避讳。米尔顿·弗里德曼（Milton Fridman）等人赞成采取措施实现教育私有化和许多其他政府服务，并支持将学券制作为"从政府体制过渡到市场体制"的一种方式。[20]

力争上游计划

奥巴马教育改革计划以一个名为"力争上游"（RTT）的竞争性拨款项目的形式展开，各州可通过该项目提交提案。该项目的细节直到 2009 年 7 月 24 日的演讲才公开发布，在演讲中，奥巴马和邓肯宣布，那些"在学校改革方面处于领先地位"的州将有资格竞争力争上游的拨款，用以"支持教育改革和课堂创新"，拨款总额为 43.5 亿美元。[21] "力争上游"基金被视为"奥巴马政府教育改革工作的核心"，旨在"强化和复制有效的教育改革战略"，包括四个方面的战略：

- 采用国际基准的标准和评估，为学生做好在大学和工作上取得成功的准备；
- 招聘、培养、奖励和留住有能力的教师和校长；
- 建立衡量学生表现的数据系统，并告知教师和校长如何改进他们的实践；
- 彻底改变表现最差的学校。[22]

根据邓肯的说法，"我们今天公布的43.5亿美元的力争上游计划对各州和地区都是一种挑战。我们希望推动改革、奖励卓越并大力改善我们国家的学校。"除了"力争上游"基金外，教育部还计划对支持政府优先事项的项目给予超过56亿美元的竞争性拨款奖励，其中包括旨在缩小成绩差距的"基于研究"的创新项目；用"教师激励基金"支持"绩效工资和教师晋升"；跟踪学生成绩的数据系统，并将其与教师和校长联系起来；改变表现最差学校的教学方式；教育技术拨款。一部分"力争上游"基金还被预留出来用于资助建立一般评估方法。[23] 政府宣布，要获得申请"力争上游"基金的资格，在申请时，"在州一级不能有妨碍将学生成绩数据"与教师和校长评估挂钩的任何法律、法规或规定，这一要求导致除两个州外的所有州都对州立法进行了调整。[24]

该计划对制定旨在提高学生成绩、缩小成绩差距、提高毕业率的"全面"改革方法的州给予了"绝对优先权"。计划还优先考虑强调科学、技术、工程和数学（统称为"STEM"）的州，以及那些强调创新以改善早期学习成果、扩展纵向数据系统、提高项目一致性以及在教育创新中倡导"灵活性和自主性"的州。[25] 计划指南包括详细的选择标准，明确表明政府将采取强硬态度，仅向符合其规定和优先事项的州提供"力争上游"基金，这些优先事项包括在教师评估和绩效工资中使用考试数据、学校提升、开设更多委办学校、强调STEM以及改革教师教育。

由"力争上游"和其他竞争性拨款支持的奥巴马教育改革计划的直接效果是说服各州通过积极使用经济刺激资金来重新制定教育法。该计划引发了关于联邦在教育中的正确角色以及标准化考试成绩使用的激烈辩论，延续了乔治·W.布什在任期间频繁发起的争论。指导"力争上游"基金申请的规则通过将学生成绩与教师评估挂钩，使标准化成绩考试变得更加重要，这引发了大量抱怨。弗吉尼亚州的一位州政府官员写道，规则"过于烦琐，它们给人的印象是刺激资金使联邦政府拥有了施加宏观调控要求的无节制权利"，并且会导致"考试风暴"的恶化。[26] 具有讽刺意味的是，"力争上游"项目和规则令许多人大吃一惊，他们原本希望奥巴马声称对《不让一个孩子掉队法案》进行变革意味着减少联邦的干预、降低对标准考试的过分强调。[27] 支持者则认为"力争上游"体现了"大胆的、革命性的领导力"，旨在"打破传统的'破败'的学校系统自上而下的垄断"。批评者呼吁政府"尊重联邦制度的要求"而不是"强制执行政策"。[28]

在2009年和2010年期间，因为"力争上游"拨款的激励，邓肯获得了来自48个州和哥伦比亚特区参与国家共同标准的承诺，特拉华州和田纳西州在第一轮竞争后获得了"力争上游"拨款，第二轮又有九个州获得拨款。[29] 有几个州没有参加任何轮次的申请。得克萨斯州州长里克佩里在宣布得州不参与该计划时说："如果将我们孩子的未来置于千里之外的华盛顿未经选举的官员和特殊利益集团手中，那我们就是愚蠢和不负责任的。"[30]

批评者认为，改革未经验证，在过去一直没有取得成功，是"行不通"的。[31] 也有人从中嗅到了"地域偏见"，认为改革偏袒美国东海岸和城市地区。[32] 全国教育协会则对于将竞争性拨款计划用于资助教育表示担忧，认为这样会创造了一种强调输赢的文化，并认为该计划可能会阻碍资源用于最需要的学校和儿童。一些评论家抱怨该计划并非基于合理的教育科学，只是奖励了"当下一时的狂热"。[33] 还有一位观察家认为，"力争上游""基本上是在做两件事：为州教育改革者进行创新提供政治掩护，以及帮助各州建立能有效实施这些创新措施的行政能力。"[34]

其他人则认为"力争上游"是一个有"严重问题"的改革计划，强化了"标准化、集中化和基于考试的责任制"。约瑟夫·奥诺索科（Joseph Onosko）说出了许多教育工作者的心声，他指责共同的国家标准将课堂教学和学习同质化；破坏了教学，使其变得不专业；进一步加强了私有化；并且使贫困和少数民族学生受到最大伤害。[35]

"力争上游"计划最显著的特征就在于它是系统性和商业驱动型改革的延续,建立在与二十年来的改革相同的假设基础上,即公立学校垄断失败,也同样采取了将标准、评估、严谨、竞争和选择等商业原则应用于改革的补救措施。它增加了对委办学校的支持,并将竞争提升到一个新的水平,促使各州之间根据行政指导方针展开"创新"竞争。它利用宏观调控和激励措施来强制进行改变,对教育施加压力而不是坚持一贯的教育理论。[36] 它还提高了教育中的社会效率和控制,这与课堂创新所需的自由相矛盾。此外,它继续根据21世纪经济的"需要"将儿童分为以下类型:基本型、低于基本型、熟练型、优秀型。

重新授权的蓝图

奥巴马总统对教育改革最初的计划重点是刺激资金支持的基金项目,部分原因是,所有相关人士都清楚,《不让一个孩子掉队法案》—《中小学教育法案》的重新授权将会很困难,特别是考虑到国会分歧比较大,还有其他紧迫的优先事项以及进行医疗改革的决定等现状。到2010年,政府决定推进重新授权提案的时机已成熟。1月下旬,在准备预算请求时,政府宣布将争取对《不让一个孩子掉队法案》进行大幅修改,包括根据考试成绩修改其经常被诟病的学校适当年度进步率(AYP)评级系统。[37]

2010年3月,奥巴马政府呼吁对《不让一个孩子掉队法案》进行"全面改革",提出进行重大变革的同时保留法律的关键点,包括要求三年级至八年级学生参加阅读和数学年度考试。奥巴马对其他领域也提出了意义深远的变革提议,包括在遵守关键政策上可以保留灵活性。2010年3月14日,星期一,政府向国会提交了《改革蓝图:对〈中小学教育法案〉的重新授权》,简要介绍了其对《不让一个孩子掉队法案》进行改革的计划,这是一份45页的文件,概述了"重新构想的"联邦角色。蓝图的序言重申了政府的目标和基本理念:

美国曾经是世界上拥有最好教育的国家。一代人以前,我们在大学教育完成率方面领先所有国家,但今天有 10 个国家超过了我们。并不是说他们的学生比我们的学生聪明,而是这些国家在如何教育学生方面变得更加聪明了。今天教育上领先于我们的国家,明天将在竞争力上超越我们。"[38]

这个蓝图侧重于四个主要方面:教师和校长的能力;使用数据进行改进;大学和职业准备标准;提高表现最差的学校的成绩。对以上每个方面,蓝图都设定了高调的前瞻性目标,要应用其商业模式的改革版本,使《不让一个孩子掉队法案》更加可行,并解决适当年度进步率、应试教学和课程范围缩小等最广为人知的问题。蓝图对激励和竞争施以浓墨重彩,以"力争上游"项目为基础进一步推进激励和竞争。[39] 该计划的一个关键特征是将学校进行分类,重点关注一万所需要某种形式的州干预的、或失败或步履维艰的学校。这取代了《不让一个孩子掉队法案》的惩罚性制裁,采取了有力的干预措施。拟议的计划旨在取消《不让一个孩子掉队法案》中规定的在 2014 年之前每个孩子完全熟练掌握阅读和数学这个不切实际的目标,奥巴马政府官员将其认定为"乌托邦式"的目标,并将其替换为所有学生都能高中毕业、为大学和职业做好准备的新目标,一个用更现实的语言来表达的目标。[40]

回应

对上述计划的反应毁誉参半。教师工会认为该计划令人失望,一位工会领导人表示,重视考试和资源竞争意味着继续关注"赢家和输家"。但是,一位商业圆桌组织发言人认为其"向前迈出了积极的一步",能帮助所有从高中毕业的学生为大学和职业做好准备。参议员汤姆哈金(民主党-爱荷华州)称该计划是一个"大胆的愿景",可以"帮助解决《不让一个孩子掉队法案》存在的问题"。

传统基金会的一位博主认为,该蓝图"为改革和灵活性提供了更多说辞","选择采用共同标准"变得"越来越没有自主性",并将减少父母和学生的选择。[41] 福特汉姆基金会的博主认为，对于绝大多数学校来说，新提出的联邦角色将"增加针对性，降低规定性"。[42] 另一位评论家则担忧，"校园到监狱"流水线将使得"犯罪化和监禁"可能性更高，而"高质量教育可能性降低"，因为学校实践会使学生更容易退学，这会间接推动学生进入该流水线。[43] 一篇学术评论则关注作为该计划的证据基础的研究综述，并发现"一套令人担忧的模式"，包括过度简化的解决方案、有缺陷的逻辑、缺乏经过同行评审的研究，以及"误用或误解的研究证据"。该文章作者称其为"党派"文章，"以结论开头"并"找到支持它的证据"。[44] 尽管人们对蓝图和奥巴马政府推动全面再授权的关注度很高，但其前景却很渺茫。共和党控制众议院意味着政治气氛对于重新授权是不利的。[45]

豁免计划

鉴于在寻求《中小学教育法案》重新授权方面遇到的困难以及利用行政权力来执行其教育政策所取得的成功，奥巴马政府在2011年6月公布了其豁免计划的大致内容。随后，在当年8月，邓肯部长宣布他将单方面推翻《不让一个孩子掉队法案》的核心要求，即到2014年100%的学生达到精通数学和阅读的要求。邓肯告诉记者，他这么做是因为国会未能采取行动改写《不让一个孩子掉队法案》，他称之为"慢行火车事故"。[46]

看来必须采取一些措施来对《不让一个孩子掉队法案》进行调整。许多教育者希望有较大的调整来遏制对标准和高风险考试改革的狂热。到2010年，全国约有38%的公立学校未达到考试成绩目标，而邓肯部长预测，这一数字将在2011年上升至80%，因为法案规定的年度成绩增长非常不现实。虽然持怀疑态度的人反驳邓肯的预言过于夸张，但"大量学校未能达到适当年度进步率评定系统的标准"。例如，在佛罗里达州，89%的学校未达到联邦考试目标。[47]

在与记者的电话会议中，邓肯和奥巴马的国内政策委员会主任美乐蒂·巴恩斯（Melody Barnes）表示，教育部将发布指导方针，邀请各州申请加入一项豁免计划。豁免申请获得批准的前提是，各州需要证明他们正在采用更高的标准,以便学生做好毕业后"进入大学和职场的准备";他们通过实施基于学生考试成绩的教师评估系统来提高教师能力;为表现最差的学校实施转变计划;采用了新的学校责任制度。豁免计划的要求与"力争上游"拨款竞争中的要求非常相似。[48]尽管豁免计划并不是一种竞争,但它确实成为奥巴马政府影响各州遵守政策建议的另一个手段。

截至本文撰写时,已有34个州和哥伦比亚特区获得批准可以灵活实施《中小学教育法案》,"让各州自己制订的计划来替代2001年的《不让一个孩子掉队法案》的具体要求,旨在改进对所有学生的教育成果、缩小成绩差距、提高公平性以及提高教学质量"。教育部共审查了44个州、哥伦比亚特区、波多黎各和印第安教育局(BIE)的豁免请求。[49]截至2013年1月,11个州的《中小学教育法案》灵活豁免请求在接受审查,包括印第安教育局和波多黎各。[50]

豁免计划的同级评审员名单为了解奥巴马/邓肯教育指挥部的导向提供了一些线索,评审员包括教育信托基金会的创始人兼总裁凯迪·黑克(Kati Haycock),教育信托基金会基础教育政策发展部主任达莉亚·L.霍尔(Daria L. Hall),来自几个州的教育部门、研究机构和大学选定的管理人员和政策顾问,以及以标准为基础的改革运动的其他参与者,例如来自特拉华州和田纳西州的主要代表,而这两个州均在第一轮竞争中获批了"力争上游"基金。在某些具体情况下,评审员的头衔能传达清晰的政策导向,比如"研究科学家……增值研究中心",增值是一种数字衡量手段,用于确定通过标准化考试成绩衡量出来的教师对学生成长贡献,并且高度依赖于通过一场考试衡量教育是否成功的有效性。[51]到2012年,在采用考试成绩进行教师评级的地方,这已成为激烈争论的主题,尽管对其有效性存在广泛担忧,但仍然还是公开发布了。[52]在洛杉矶,一名教师在他的考试成绩出现在《洛杉矶时报》后自杀了。[53]

回应

豁免计划引发了一系列回应。一位评论家质疑其"法律权威性"。还有人称之为"秘密开展的第三轮力争上游项目""对行政权力过分放大的解读"和"一个令人担忧的先例",他认为当前的豁免计划在2014—2015年到期后,下届政府将使用豁免权强制实施其推崇的改革。由于国会在重新授权方面陷入僵局,其他人则认为豁免计划是最佳选择。[54]

在宣布获得豁免的州时,奥巴马宣称:"等待国会针对《不让一个孩子掉队》法案进行变革的时间已经太长了,我的政府赋予各州设定更高、更公正的标准的机会,用来换取更大的灵活性。"邓肯宣扬改革是"由各州来制订计划"。虽然政府方面有这些言论上的表态,但要获得豁免,各州必须制订出经教育部批准的改革计划,计划中需包括采用"大学和职业准备"标准(即共同核心)、利用学生考试来评估教师和校长的新系统,以及制订针对低绩效学校的积极干预计划。[55]

豁免计划令保守派评论员十分愤怒。一位权威人士感叹,各州为了"华盛顿不负责任的官僚批准的另一套规则",放弃了国会支持的联邦规则,他们用"临时救济"换来了"新的长期手铐"。[56]另一位人士认为该政策"在渴望获得救济的各州面前炫耀其豁免计划",以换取"国家标准和考试"的实施,将其定性为"联邦政府对教育的又一次越界"。[57]从本质上讲,奥巴马通过使用豁免计划来曲线支持针对两个核心科目创建国家标准和考试,以及其他科目采取辅助运动,使得商业界多年来一直秉持的目标取得实际进展。与"力争上游"一样,豁免计划是在利用资金和执行力来推动一个有分歧的计划。[58]

权威专家、历史学家、法律学者、教育工作者和公民对奥巴马表现了截然不同的立场。历史学家詹姆斯·克洛彭伯格(James Kloppenberg)认为奥巴马是一位"真正的知识分子"和"哲学家总统",在"实用主义"的指导下,进行"开明的尝试"。[59]其他人认为他在践行"现代民主的实用主义传统"[60],但认为他的教育计划在很大程度上是对其前任政策的延续和完善。[61]也有人认为奥巴马担任总统职务的"核心动力"是创建一个"更积极的政府",使用联邦制来"服务进步的政策"。[62]

左派评论家认为奥巴马是一个"悲剧性的失败者",他没有履行进步主义变革的承诺,而右派则认为他是"一个可怕的成功者","改变"了联邦政府的角色,"毁了经济"。并促使联邦对教育的干预达到了一个新的、不受欢迎的水平。许多保守派人士称他为"社会主义者",并用"激进"、"社会主义"和"极权主义"等词来形容奥巴马的理念。[63] 虽然一些权威人士对联邦角色的空前扩张感到遗憾,但其他人则认为他的方法反映了一个占统治地位的精英的影响力,并不会起什么作用。[64]

共同核心的起源

责任制改革的下一阶段行动统一于共同标准的概念,对20世纪90年代未成功推动的国家标准进行了修改。关于国家如何从逐州改革转向关注共同标准的故事很有意思,也很令人担忧。意料之中的,这次仍是一个商业和政府合作的故事,极大地受到财富和权力的影响。然而,这一次教育工作者的主导性群体基本上都表示支持。奥巴马的教育改革方法深受广泛的商业和政府团体联盟的影响,这些团体一直引导着教育改革,并支持"全国性"方法,其中包括商业圆桌组织、学校改革商业联盟、经济发展委员会、国家教育和经济中心,它们在全国州长协会和州首席教育官员理事会的盟友,以及它们的附属组织和项目,如达成公司和美国文凭项目(ADP)。共同标准的核心得到了美国商业界主要游说团体的支持,包括美国商会、全国制造商协会等。

2007年,一个名为"美国劳动力技能新委员会"(NCSAW)的蓝丝带组织发布的一篇报告显示了总体改革方向是支持新的"世界级标准"的,该委员会由马克·塔克领导,他是系统教育改革的资深架构师兼国家经济和教育中心主席。基于其为期两年的研究和二十年的政策立场,该委员会提出了一个十点计划,旨在为学生做好成为21世纪合格劳动力的准备,委员会认为经济全球化和教育的国际趋势意味着美国从高中毕业准备上大学和步入职场的人口比例是不足的。意味着我们的经济竞争对手正在超越我们,在"获得更多的教育机会"的同时,"他们的年轻人也在接受更好的教育"。对学生的数学、科学和文化成绩的比较研究发现,美国已经从中间位置跌落到最底层。该委员会在2007年写道:

> 核心问题是我们的教育和培训系统是服务于其他时代的，以前，大多数工人只需要接受初级教育。仅通过修补该系统，我们无法达到我们必须达到的目标……只有通过改变系统本身才能达到我们的目的。[65]

委员会的十点计划包括一个始于十年级末的全员考试系统，用以确定学生应该去社区大学、技术学校、还是留在高中，继续为要求更高的大专院校做准备。这一系统有些类似欧洲采用的系统。十点计划还包括其他重大的系统性变化，例如提高薪酬和从大学毕业生的前三分之一中招聘教师，以壮大教学力量；为所有人提供高质量的学前教育；为弱势学生提供资源和支持以助他们取得成功，以及不仅限于学科学习，而是以创造力、创新和其他关键品质为重点的新标准和评估方法。它还呼吁建立一套高绩效管理模式，该模式下，学校由独立承包商运营，也有许多学校由教师所有和管理；建立强大而广泛的数据系统；实行"广泛的绩效奖励"；家长和学生可以在所有合同学校中进行选择；实行高质量且普及的幼儿教育。[66] 其中一些建议被纳入奥巴马的学校改革计划，特别是那些以提升标准和评估、扩大选择，以及扩大大学录取为中心的计划。

该委员会的报告被选为《时代》杂志的封面，虽然有很多批评的声音，但也得到了很多媒体的关注。[67] 还获得安妮·E. 凯西基金会、比尔和梅林达盖茨基金会、威廉与佛洛拉·休利特基金会以及卢米纳教育基金会的资助。到这时，一个支持系统性学校改革的联合指挥部正在形成，这个指挥部由商业和政府精英，以及一些学术和社区领导者和团体联合组成。

达成公司和美国文凭项目

学校改革的主要商业架构师是由达成公司赞助的美国文凭项目（ADP）和美国文凭项目网络（ADPN），其建议大部分被奥巴马政府采纳。达成公司是在1996年的帕里赛兹峰会上创立的一个"实体"，负责指导标准的制定和实施过程。美国文凭项目网络对美国基础教育学校设定的中心目标是

"做好大学和就业准备",这是奥巴马在其教育计划中大肆宣扬的主题,并体现在他的大部分相关政策及举措上。美国文凭项目网络是在2005年针对高中教育的达成峰会上创建的,它建立在系统改革发展的基础之上。2005年的全国教育峰会在华盛顿特区举行,出席者包括45位州长、来自全国一些大型企业的首席执行官以及来自基础教育和高等教育学校的教育界领导人。

2005年峰会由达成公司和全国州长协会赞助,得到了保德信金融集团、华盛顿互惠银行、州立农业保险公司、英特尔基金会和IBM公司的支持。同时,它还得到了比尔和梅林达盖茨基金会的额外支持。参与峰会的领导人"面对的是令人震惊的统计数据",数据是有关美国学生在"竞争日益激烈的全球经济"中所做的准备,包括令人担忧的高中毕业率、大学辅导计划以及日益增多的新兴职业所需的教育和技能。峰会结束时,达成公司和拥有全国三分之一以上学生的13个州的州长表示,他们要建立一个旨在通过"采用更高标准、更严格的课程和更难的考试"来改善高中教育的联盟。他们启动了美国文凭项目网络,承诺要缩小期望差距并制定"大学和就业准备政策"。[68] 在峰会结束时,六个基金会提供了2300万美元的资金来帮助各州提升高中教育,其中最大额的1500万美元资助来自盖茨基金会。[69]

在峰会上,州长和教育官员表示他们将"提高高中标准",以达到"成功所必备的技能和知识"要求;"恢复高中文凭的价值",这一点要通过要求所有学生学习"更严格的课程",以便他们为大学和职场做好准备来实现;并且"定期对学生进行考试",来评估他们的进步是否符合更严格的州标准。[70] 美国文凭项目网络计划的四个"支柱"包括:

- 将高中英语和数学的学术内容标准和大学及职业的需求统一起来;
- 建立毕业标准,要求所有学生完成大学和就业准备课程;
- 开发以州为基础的高中评估系统,使其专注于大学和职业准备预期;

● 建立全面的责任制和报告系统，促进所有学生做好大学和职业准备。[71]

推动做好大学和职业准备以及提高对所有学生的期望"刺激了"《美国共同教育大纲》（CCSS）计划。在撰写本文时，由于公司、社区和公众支持的结合，以及来自联邦的更大压力，45 个州已采用《美国共同教育大纲》，其他州也已修订或制定了自己的大学和职业准备标准。[72] 这是商业驱动型改革的最新焦点，由一个联合指挥部领导，该指挥部由达成公司、商业圆桌组织、全国州长协会、美国文凭项目网络和比尔·盖茨以及"亿万富翁俱乐部"与政府联合组成。引导商业驱动型系统改革的一般假设仍然存在，但这次企业和政府领导人在制定和实施修订措施时，设法赢得了至关重要的教育工作者群体的大量支持。教育工作者的参与、新的考试的承诺、可获得的补助金以及获利的潜力无疑吸引了许多参与者。

在美国文凭项目网络之前，启动于 2001 年的美国文凭项目是一个由达成公司、教育信托基金、托马斯·B. 福特汉姆基金会和国家商业联合会（NAB）赞助的联合项目。如一份政策报告所述：

> 达成公司、教育信托基金和托马斯·B. 福特汉姆基金会启动了美国文凭项目，通过将高中毕业标准与工作和大学的标准相结合，帮助各州恢复文凭的价值。为此，美国文凭项目超越了以往的仅反映专家对学生所需学习知识的共识的标准，更为关注与准备上大学、工作和公民身份的基本要求直接相关的预期。[73]

以下是达成公司所描述的美国文凭项目进行的基准考试过程：

> 美国文凭项目委托杰出的经济学家审查劳动力市场认为的最有前途的工作——那些可以支付足够的工资以支持小家庭并具有真正的职业发展潜力的工作——以确定在这些工作中取得成功所需的学术知识和技能。美国文凭项目随后走访了从制造业到金融服务业等 22 个行业

的高管，询问他们认为员工的哪些技能对这些工作岗位最有用。在这些对话之后，美国文凭项目与合作州的两年和四年的高等教育领导者密切合作，确定了在英语、数学、科学和人文的入门级学分课程中取得成功所必备的英语和数学知识和技能。由此产生的美国文凭项目基准前所未有地真实反映了这些雇主和高等教育学院认为新员工和学习学分课程的新生获得成功所需要的知识和技能。[74]

美国文凭项目的基准于2004年发布并由美国文凭项目出版，名为《是否做好准备：创造有说服力的高中文凭》，它是"原美国文凭项目的最终报告"，并成为《美国共同教育大纲》的前身。美国文凭项目是一个"多年的研究项目"，基于"就业数据的统计分析"和"涉及300多名教职工的广泛研究"，这些教职工来自促成美国文凭项目基准制定的高等院校和高中，项目基准的制定"结束了"数学、英语语法和写作方面的"高中毕业预期"。[75]美国文凭项目的支持来自其合作伙伴达成公司、教育信托基金和托马斯·B.福特汉姆基金会，这些都是系统改革运动的主要参与者。[76]根据该报告，美国文凭项目的目标是"确定高中毕业后取得成功所需的技能和知识"。报告的作者"发现，所有学生，无论准备上大学还是从事有意义的职业，都需要同样严谨的学术基础。"以更新更严格的标准为中心，他们"确定了一系列可以增加学生学习机会并学习这些必需知识和技能的政策"。[77]

美国文凭项目和美国文凭项目网络代表了第二波系统性改革，将标准运动垂直扩展到K—16年级，使其满足高等教育的需求，最终目的是"为连贯的K—16系统争取支持者和政策"。从一般意义上讲，它与18世纪90年代统一大学和学校教育的改革没有什么不同。美国文凭项目最初与印第安纳州、肯塔基州、马萨诸塞州、内华达州和得克萨斯州等几个州的小财团合作。到2006年，美国文凭项目网络已经发展成为"由26个州组成的联盟，致力于将基础教育的课程、标准、评估和责任制政策与大学和工作的需求统一起来"。[78]商业团体长期以来一直致力于将教育定位为国家经济竞争力和全球领导力的关键因素，与国家安全密切相关，以上活动中的绝大部分也属于商业团体这一长期努力的一部分。

美国文凭项目工作技能调查和基准制定过程看起来与 20 世纪 40 年代被称为"生活适应教育"的联邦政府计划惊人地相似,当时的"生活适应教育"课程都是与具体的生活和工作技能关联的,这些只能被描述为对社会效率的狂热追求。后续对课程文件和一些学校课程的修改导致媒体措辞严厉的报道,并导致之后对进步主义教育改革的诋毁,当时正是 20 世纪 50 年代批评泛滥期间。最明显的区别在于美国文凭项目的重点主要放在经济领域和与工作相关的技能上,而不是更广泛的生活适应。另一个较大区别是美国文凭项目活动是在责任制时代启动的,且得到了"亿万富翁俱乐部"以及一些学校改革合伙人的支持,包括盖茨、布罗德、沃尔顿和莫特,这一活动给予了特定的个人及其关联机构在学校改革中的主导地位,虽然其中许多人对教育或其复杂的历史缺乏第一手信息。

触及第三轨问题

2006 年 6 月,在北卡罗来纳州罗利举行的会议上聚集了一个小团体,前北卡罗来纳州州长小詹姆斯·B. 亨特(James B. Hunt., Jr.)组织讨论了制定国家标准的可能性,这标志着共同标准"第三轨"推动的开始。紧接着,2006 年 9 月在华盛顿举行了一次由亨特主持的闭门会议,会议召集了阿斯彭研究所、教育信托基金和托马斯·B. 福特汉姆研究所等国家教育政策组织的领导人。[79] 各州表现的差异、学生"熟练程度"的巨大差别,以及《不让一个孩子掉队法案》的"非预期后果"为共同标准和考试的改革提供了很大的推动力。国际对比的证据表明,高效能的国家对学生表现和国家标准有共同的基准。事实证明,亨特是共同标准的一个有说服力的倡导者,他认为共同标准"对提振经济至关重要",并表示他的担忧来自于"参与全球经济"。[80]

亨特与亨特教育领导和政策研究所的委员会成员共同合作来制定国家标准,这些成员包括黛安·拉维奇、凯迪·黑克和印第安纳州州长米奇·丹尼尔斯(Mitch Daniels)。在很多州,基于标准的教育(SBE)"没有起到应有的作用",只注重施加"压力",几乎没有给予"教师指导和支持"。[81] 根据国家研究委员会（NRC）的调查结果，2008年6月，亨特研究所制定了一个建立共同标准的战略。他们的报告《什么是基础教育的共同标准？》中说道："如果国家要制定一套严谨的共同标准，可以借鉴国家研究委员会（NRC）最近的研究和审议。制定更好的政策的最好时间正是现在。"[82] 事实上其他团体同时也在讨论共同标准的想法，并且讨论已经持续了一段时间，这意味着各州广泛支持共同标准的可能性很大。随着新的改进的评估方法的实施，亨特研究所也加入越来越强烈的呼吁各州的共同标准相互之间能具有可比性的行列。

2009年1月，全国州长协会和州首席教育官员理事会（CCSSO）参加了华盛顿特区举行的一个论坛，正式确定了制定《美国共同教育大纲》（CCSS）的行动。行动正式合作伙伴包括达成公司、优秀教育联盟、亨特研究所、全国教育委员会协会（NASBE）和商业圆桌组织。2009年4月，为了评估各州对共同标准的支持程度，全国州长协会和州首席教育官员理事会在芝加哥机场的希尔顿酒店召开了一次会议，发现"支持者占绝大多数"。[83] 会议组织者随后起草了有关参与"制定和采用共同核心州立标准"以及共同评估的《协议备忘录》。2009年6月，除了四个州——阿拉斯加州、密苏里州、南卡罗来纳州和得克萨斯州，其他州都签署了协议，到8月份，已有48个州同意参与进来。[84]

在共同标准看似迅速发展的背后是比尔和梅琳达盖茨基金会对《美国共同教育大纲》超过2亿美元的支持和全国性的政治支持。一份报告认为，"比尔·盖茨是事实上的组织者"，他将资金分散到各个领域，同时争取左翼和右翼团体对《美国共同教育大纲》计划的支持，这其中许多团体多年来一直在争吵，包括美国教师联合会、全国教育协会、美国商会、美国立法交流委员会和福特汉姆研究所。盖茨的资金也流向了州和地方团体，帮助他们建立共识。此外，奥巴马政府"也有来自盖茨基金会的前职员和合作机构"。[85]

共同核心标准计划于2009年6月1日正式发布。一年后的2010年6月2日，数学和英语标准发布。数学标准要求学生解释他们如何得到答案并学习解决问题的多种方法。英语标准要求学生用证据支持口头和书面论证，并强调不能虚构证据。《美国共同教育大纲》不是课程设置，而是强调技能，至于教学内容、材料及教学，则由各州、各学区和教师来具体实施。[86]

2010年，迫于联邦政府的压力，包括"力争上游"竞争性拨款的激励措施，承诺遵守《美国共同教育大纲》的州数量上升至45个，其余大多数州选择制定自己的标准，以达到新的和更高的预期。至此，这场于2001年开始的运动由最初的五个州的小范围团体扩展到2005年的达成峰会的13个州。到2006年范围再次扩大，26个加入了美国文凭项目网络的州都参与进来。随着《美国共同教育大纲》和力争上游激励措施的实施，在2009年和2010年范围再次扩大，最终46个州做出了参与承诺。相比较20世纪90年代试图制定国家标准尝试的最终命运，这是一个显著的进步。

伴随着与《美国共同教育大纲》相关的运动，教育私有化努力也还在继续。这项努力在布什和奥巴马政府期间得到了最大的支持，这期间拓展了许多委办学校，并通过美国立法交流委员会等团体在各州的努力——学券制尝试，用公共资金创建新的私立委办学校，以及线上私立学校——逐步实现学校私有化。美国立法交流委员会倡议的法案允许学校放宽对教师和管理人员的资质要求，拒绝接受残疾或有特殊需求的学生，避免签订集体协商合同，并尝试采取绩效工资制度。美国立法交流委员会及其既有钱又有影响力的支持者的一个典型手段就是与州议员在度假胜地秘密会面，例如2012年在佛罗里达州阿米莉亚岛的丽思卡尔顿酒店举行的会议。该会议不对新闻界和公众开放，对外宣传是一个关于学校改革问题的会议，讨论的主题包括"委办学校入学的困难性、责任制和透明度、优秀教师标准、公开招生、学券、税收抵免和混合学习选择"。[87]

全国对教育改革的持续关注也在一定程度上得益于独立电影制片人在2010年期间对此给予的关注，他们描绘了当前的学校状况，并提出了一些观点、注意事项和简单的解决方案。电影《卡特尔》（Cartel）记录了新泽西州教育系统的"失败"，并将其归责于教师工会、薪酬过高的管理人员和赞助人——根据影片，只有学券制和委办学校才能打破这个系统的失败局面。[88]电影《彩票》（Lottery）跟踪了四个有孩子的家庭，他们都想让孩子进入哈莱姆成功学院，这个学院由伊娃·莫斯科维茨（Eva Moskowitz）创立并经营，被称为哈莱姆最好的委办学校之一。这部电影最令人担忧的是，入学是凭借"纯运气"，未能被录取的学生不得不进入附近破败的公办学校。[89]

《等待超人》（Waiting for Superman）是这其中票房最高的一部电影，说的是有前途的学生如何被学校教育系统限制了成长和潜力。超人提出了对国家学校的广泛起诉，教师工会被视为罪魁祸首，委办学校被认为能拯救一切。这部电影因其对委办学校的简单描述，对米歇尔·莱伊（Michelle Rhee）等改革者的英雄化以及工会的邪恶化而受到批评。一位评论家评论说，"通过支持抨击教师、破坏工会以及倡导包含基于考试的'责任制'和要求严格的私有化委办学校的企业化改革议程，这部电影在公共教育的篝火上又加了一把火。"[90]

电影《徒劳之争》（Race to Nowhere）提出了另一种观点。这部电影描绘了年轻人被推到了边缘，教育工作者担心应试教学正在破坏教育。[91]它主要关注儿童、家庭和教师因政策支持教育"竞赛及其非预期后果"所遭受的压力。[92]以上这些电影中的每一部都提及了关于系统化学校改革的重要问题，但很少有人真正了解改革运动的性质或其对教师和儿童的影响，但《徒劳之争》是一个例外。

社会学科战争再起

在奥巴马的第一任期内，涉及社会学科教学的两大争议引起媒体的广泛关注。大体上来看，得克萨斯州和亚利桑那州的争议都是州和地方有关更大范围的文化战争的争论。第一个发生在得克萨斯州的争论成为全国和全世界人眼中的笑柄和奇葩，公众、媒体和代表争议双方的学者们都想知道得克萨斯州人到底想干什么。第二个争议则以图森为中心，表达了对审查、言论自由和学校教育政治化的深切关注。在这两个争议中，多元文化主义和教育目的的深层差别在全国观众面前上演。

得克萨斯州的闹剧

2010年5月，得克萨斯州教育委员会（SBOE）无视大学历史教授和其他学科专家、课程专家和教师的请求，批准了一系列有争议的课程标准，这些标准对以前由一个专家小组开发的标准进行了保守的调整。这些标准将决定得克萨斯州480万公立学校的学生在未来十年内将学习哪些历史人物和事件，以及哪些社会科学概念。在一个吸引了全国乃至全世界的媒体报道的故事中，人们普遍担心这一决定会影响该学科在其他州的教授方式。[93]

这个故事始于2008年，当时得克萨斯州教育委员会选择了审查委员会来修订和更新每个学科领域的州课程标准，这个过程每十年进行一次。审查委员会由四到九名成员组成，其中包括教师、地区行政人员和大学教授。委员会还任命了六位"专家审查员"，其中几位是部长。"专家审查员"的报告于2009年7月公布，也就是7月31日社会学科审查委员会发布新课标初稿前几周。十一年级美国历史委员会接受了大多数审查员的建议，有些建议未受到关注。一场文化战争开始在得克萨斯州爆发，引发战争的是媒体报道列出了支持和不支持人员的名单，并使用了一些审查人员的煽动性语言。委员会和媒体的讨论转向了平衡问题，而不再关注细微差别、背景、历史推理或批判性思维。只要提到的名字可以达到令文化战争中对立的双方满意的平衡，这个过程就可以向前推进。2009年秋季，委员会邀请公众对审议委员会7月份发布的初案发表评论，并宣布将在2010年1月、3月和5月的每次会议上进行公开听证，并接受书面审查意见。

《得克萨斯州教育法》赋予得克萨斯州教育委员会对于课程标准的"法定权威"，这意味着在三次公开听证会之后，这些标准将具有法律效力。委员会于2010年1月份批准了对拟议标准的大约一百项修订，3月份批准了另外一百项修订，5月份批准了其他一些的修订。审查委员会或"专家"审查员均不得对任何修正案进行进一步审查。[94]3月份的会议对标准的修改引起了媒体的最大反响，记者、历史学家、教育家和深夜喜剧演员就"删掉"托马斯·杰斐逊、用"自由企业制"替换"资本主义"以及未能照顾到阿拉莫的拉美裔人发表了各种评论。

2010年3月会议后的媒体报道称，经过"三天混乱的会议"后，批准通过了遵循"历史和经济学教科书更加保守；强调美国资本主义的优越性；质疑开国元勋对于纯粹世俗政府的承诺；以更积极的态度提出共和党的政治哲学"的社会学科课标。当选的委员会基于按照党派立场获得的10:5投票，初步批准了这些标准，委员会中的所有共和党人都投了赞成票。由于得克萨斯州是最大的教科书买家之一，许多人认为投票会对得克萨斯州产生影响。全国历史教育委员会主席弗里茨·菲舍尔（Fritz Fischer）说："根据标准修改的书籍成为畅销书，因此在接下来的两年里，它们最终将进入其他课堂。""这不是一个党派问题，而是一个很好的历史问题。"[95]

然而，在数字时代，像得州和加州这样的大州所采纳的政策的影响力可能在一定程度上有所减弱，因为根据某一州标准定制书籍更容易。此外，正如一位经验丰富的观察者所说，他"并不认为"将教科书出售给全国市场可以获利。尽管如此，由于教师有明显依赖教科书的倾向，而强调学科标准和高利害考试也会进一步强化这种依赖，很多人认为这些变化可能会对得州以外的地方也产生重大影响。[96]

关于社会学科标准的冲突反映了2009年关于科学标准的一场争议，争议一方是委员会中质疑达尔文的进化论和全球变暖科学的保守派，另一方是少数民主党人和温和的共和党人，他们努力争取保留对待这些话题的主流方式。[97]唐·麦克拉罗伊（Don McLeroy）是一名牙医，也是保守派的领导人，他说，"我们正在争取平衡。历史已经被扭曲。学术界向左偏得太厉害了。"一些委员会成员试图将更多的拉丁裔人物树立为榜样，但都失败了，致使一名委员会成员玛丽·海伦·博拉（Mary Helen Berla）评论说："他们不能假装这是一个白人的美国，西班牙裔美国人不存在。他们做得有点过了，他们不是专家，也不是历史学家。""他们正在重写历史，不仅是得克萨斯州的，还有美国和世界的历史。"

保守派成员反驳说，他们在试图纠正自由主义偏见，他们对诸如政教分离以及美国革命的世俗性质等概念进行了调整。保守派加入一条修改意见，借此引入了"20世纪80年代和90年代保守复兴的人或团体，包括菲利斯·施拉弗利（Phyllis Schlafly）、《与美国的契约》、传统基金会、道德多数派和全国步枪协会"。麦克拉罗伊提出对民权运动进行修正，以确保学生不仅学习马丁·路德·金博士的非暴力哲学，也学习黑豹组织的暴力哲学。他还增加了一条有关国会支持共和党对民权立法的修改意见，他说："共和党人应该为此获得赞扬。我认为这会让一些学生感到惊讶。"另一位保守派成员布拉德利先生建议修改要求学生研究大社会立法、平权运动和第九章会产生的"非预期后果"，该修改意见获得了批准。经过讨论，还提出了更多地关注里根总统的修正案，以及将联邦总统杰斐逊·戴维斯的就职演说和亚伯拉罕·林肯总统的就职演说一起研究的修改意见，两者都获得批准。

经济学方面对课程标准的修改是，将自由市场经济理论的支持者米尔顿·弗里德曼（Milton Friedman）和弗里德里希·冯·哈耶克（Friedrich von Hayek）加入通常研究的经济学家名单中。他们还在整个标准中用"自由企业制"取代了"资本主义"这个词，反映了由全国制造商协会领导的20世纪30年代宣传活动所推动的措辞变化。"让我们面对现实，资本主义确实有负面含义，"保守派成员特里利奥说，"你知道的，有人说'资本主义猪！'"社会学方面，保守派成员芭芭拉·嘉吉（Barbara Cargill）在关于青少年自杀、约会暴力、吸毒和饮食失调的章节中提出了一项修正意见，要求教导"个人对自己的生活选择责任的重要性"。"社会学的话题往往会将一切归咎于社会，"嘉吉说。另一位保守派成员设法将托马斯·杰斐逊从一系列在18世纪末、19世纪初发起革命的历史人物中剔除。杰斐逊并不受委员会中保守派基督徒的待见，因为是他创造了"政教分离"这个表述。[98] 历史学家说，开国元勋对于宗教态度各有不同，其中有些就像杰斐逊一样坚持世俗政府。[99]

在2010年5月份的会议上，得克萨斯州教育委员会（SBOE）在马拉松式的投票会议期间批准了一百多项修正案。委员会通过9∶5的党派立场投票批准了对标准的修改，其中许多修改给由历史和社会研究专家小组编写的课程提案加上了"保守主义的色彩"。截至表决时，有超过两万人在文件网上公示的30天期间内提交了意见。在5月份会议期间提出反对意见的证人有全美有色人种协会主席本杰明·T. 杰乐斯（Benjamin T. Jealous）、前美国教育部长罗德·佩吉（Rod Paige）和前教育部副部长黛安·拉维奇。在佩吉的证词中，她要求委员会推迟投票，并说道："我们允许了意识形态来推动并确定我们在得克萨斯州的课程标准。"[100]

对新课程标准最严厉的批评来自委员会任命的原审查小组九名成员中的六名，他们发表了一份两页的声明，表达了他们对其他的提案被"修改"的"集体厌恶"，这些修改"扭曲"了他们的工作。声明说："我们认为，得克萨斯州教育委员会的偏见和毫无根据的修正案削弱了我们建立强大、平衡和多样化标准的努力。"对"不考虑标准历史解释"而做出的修订，"得克萨斯人应该感到愤怒"。[101] 美国历史协会还在 2010 年 5 月会议前几天向委员会提交了一封信，要求委员会重新考虑其对标准的修订，推迟投票，并进行"进一步审查"。[102]

在媒体关注结束后，这场争议得到的既有赞扬、谴责，也有评判。菲利斯·施拉弗利的名字加入进来用以强化20世纪80年代和90年代保守派复兴，这一做法在鹰派论坛举办的一场颁奖典礼上得到了赞扬。2010 年 12 月，民权团体联盟向联邦法院提起诉讼，指控委员会的最终成果存在歧视。2011 年 2 月，福特汉姆学院将得克萨斯州历史标准评为 D 级，将其描述为"对历史的政治歪曲"。[103] 由于争议和媒体的狂热，对标准的现实影响是延长了标准持续的时间。文化战争"平衡"的解决方式主要是增加更多的词汇、名字和短语来安抚各个选区选民。这造成了标准发展不均衡，并且发展更为保守。与审查制度相关的最重要的问题可能是，标准成了一长串名单，而不是在描绘学生将以批判性思维"阅读、思考、解决问题、沟通"的未来图景。一位评论员在 2010 年 5 月的会议上向委员会提出自己的担忧，他认为标准中关于社会研究技能的部分，如问题解决、分析和决策等，过于简短且不充分，并且基础教育的每个年级都逐字重复。委员会成员驳回了这些说法，并说："我们将其留给了上课的老师。"[104]

随着时间的推移，这件事情受到了来自各个方面的大量评论和关注。黛安·拉维奇谴责这一标准强制推行爱国主义，在鼓励无知；历史学家乔纳森·齐默尔曼在批评了标准的同时，呼吁更多地关注平衡和多样化观点。[105]后来，一个学者小组将这一事件称为试图破坏和消除多元文化主义的活动。另外一个学者小组中有很多人参与了标准制定，该学者小组认为标准试图解释优质奖学金和良好教学原则。[106]还有一个未讨论的事实是，教科书一直以来都美化了我们国家的历史，呈现给我们的历史是美国公司版本的、经过"雕刻和打磨"的，以免引起不快，而目的是为出版商带来利润。[107]关于谁会从典型的教科书、标准的程式化教学、对我们的国家故事无意义的论述，以及由此造成的诸多困难或令人担忧的问题中受益，基本排除在讨论话题之外。

图森之争

2012年1月，在亚利桑那州酝酿了一段时间的关于社会学科教学的另一场冲突在全国范围内爆发，图森联合学区（TUSD）投票决定暂停其墨西哥裔美国人研究（MAS）课程，以避免州资金损失超过1400万美元。这一争议源于2006年4月，当时一位演讲嘉宾德洛丽丝·许尔塔（Dolores Huerta）受邀在"凯萨·查维斯周"到图森磁铁高中发表演讲，许尔塔提出的一个观点是，"共和党人讨厌拉丁美洲人。"[108]学校在其网站上发表了一份有关该演讲的声明，这一事件引起了该州的学校负责人汤姆·霍恩（Tom Horne）的注意。几个星期后，共和党人玛格丽特·加西亚–杜根（Margaret Garcia-Dugan）和该州的教育副主管来到学校，在部分学生面前做了发言。加西亚–杜根谈到了考虑"问题的两个方面，然后做出自己的决定并避免因循守旧"的重要性。想要向发言者提问的学生被霍恩告知要写下问题并且他会挑选出要回答的问题。许多学生觉得他们正在接受审查，并被限制发言。部分学生展示了他们的"亲拉丁裔"T恤，"你可以让我保持沉默，但我的精神不会沉默"，"203号提案是反拉丁美洲人的"，"只准说英语是反拉丁裔的做法"。也有的学生不置可否或者举棋不定。抗议的学生随后"在加西亚–杜根停止讲话后走出了会场"。[109]

在图森磁铁高中事件发生之后，图森联合学区与州之间进行了多次交流，最终推动了一项州法案的通过，该法案旨在挑战亚利桑那州立法机关于2010年春天通过的图森民族研究计划，当时霍恩是州负责人。由霍恩制定的措施于2010年5月由州长扬·布鲁尔（Jan Brewer）签署成为法律，当时民众对州打击非法移民的反应非常激烈。通过的这项法案禁止主要为特定民族群体开设的课程，或者会"挑起对某一种族或阶层人士怨恨"的课程。2011年1月，在州法案生效后不久，当选为州检察长的霍恩正式宣布图森地区的墨西哥裔美国人研究计划违法。他给了该区60天的调整时间。大约一年后，在教师和其他人的抗议努力以及法院对此事的争论之后，图森联合学区委员会于2012年1月投票决定暂停图森民族研究计划，以避免损失超过1400万美元的州援助金。[110] 该计划的批评者由州立学校主管约翰·哈本赫尔（John Huppenthal）领导，他曾协助起草过州法案，并推动了法案的通过，他说，用种族术语构建历史事件"以创造一种团结感"是在鼓励"受害人情节"。而计划倡导者说，墨西哥裔美国人研究（MAS）课程教授美国文化遗产中被忽视的主题，侧重于拉丁裔视角的文学、历史和社会正义，并指出这些课程激励了许多拉丁裔学生取得了成功。

在一次采访中，当被问及该法律的起源和基本理念时，哈本赫尔表示，将其追溯到2006年那次事件"过于简单化了"，该法律"也是基于从图森墨西哥裔美国人研究班流出的信息"。当被要求说一下在图森计划中他最关注的那部分内容时，他引用了图森墨西哥裔美国人研究计划一些领导人撰写的一篇期刊文章，这样回答道：

> 他们说他们将利用哲学家保罗·弗莱雷（Paulo Freirean）的观点对课程进行去种族化，保罗·弗莱雷是《被迫害者的教育学》的作者，他在该书中谈到，被迫害这个词出自《共产党宣言》。他谈到建立一个马克思主义的结构，在这个结构中，人类的整个历史就是被压迫者和压迫者之间的斗争……因此，课程的去种族化是为了灌输一种意识，即受压迫者是西班牙裔的孩子们，压迫者是白人高加索人种……要告诉孩子们整个套路——他们无法领先，他们是这个国家的受害者，在这个国家里，巴拉克·奥巴马是总统，这个国家蔑视我们的认知。[111]

尽管可能损失了数百万美元的州援助金,图森委员会的一名成员仍投票支持该计划,他是阿德丽塔·格里贾尔瓦(Adelita Grijalva),他在接受采访时表示,对该计划的初步区域审计认为它符合获得援助法律规定。对于这些课程造成的"受害人情绪",以及在墨西哥裔美国学生之中激起的对白人同伴和整个社会的不满,她是这样回答的:

> 相反,我觉得这些课程教会我们的学生去克服任何障碍以及任何形式的压迫。课程讨论了墨西哥裔美国人在我们历史中的经历。学生在课程结束时基本上都相信他们不仅可以改变他们的生活,而且可以改变世界……我在想如何能不偏不倚地教导我们历史的某些部分。我的意思是,你如何告诉我们的学生这样一个事实,曾经我们的一本绘本上总会有一张图片,上面写着"墨西哥人和狗不得入内",但现在基本上看不到了……不幸的是,我们国家正朝着重写历史的方向发展,想要完全消除或淡化我们不想记住的那部分。[112]

从课堂教学中剔除并束之高阁的七本书中,包括"重新思考学校教育"杂志的《重新思考哥伦布》,保罗·弗莱雷的《被迫害者的教育学》和墨西哥裔美国人的几部历史。[113]在图森联合学区委员会投票决定按照法律剔除上述书籍之后,老师们和其他很多人都感到十分愤怒、沮丧和困惑。一位墨西哥裔美国人研究课程老师认为,法律的执行意味着在图森教室中形成了一种压迫文化。柯提斯·阿库斯达(Curtis Acosta)老师写道:

> 我可以告诉你的是,图森联合学区已经下令任何从墨西哥裔美国人研究的角度讲授的内容都是非法的,必须立即消除。当然,他们还没有界定这意味着什么,但发生在我1月10日之前发出的一篇文章写作要求上的事多少能说明一些问题。[114]

这些段落体现了地方官员对其修改老师作业的无辜解释——只因为他们认为老师的要求"被发现有太明显的墨西哥美国研究的观点导向"。阿库斯达在一封信中表示，这些文章被宣布为"非法且不合规"。其中引用了剧作家兼文学大家路易斯·瓦尔迪兹（Luis Valdez）一段简短的话："奇卡诺剧作家路易斯·瓦尔迪兹曾经说过，他的艺术作品要'激发观众的社会行动、阐明社会问题的具体要点、讽刺反对派、展示或提示解决方案、表达人们的感受。'"这一段话被放在学生写作要求之前，学生们需要根据瓦尔迪兹的这段话来评论阿娜·卡斯蒂洛（Ana Castillo）的一篇小说。这一写作提示未被修订。[115]

图森计划停止后的一个学期，许多学生和老师仍然对这一决定感到伤心，他们表示该课程让他们产生了力量感。然而，促使霍恩和哈本赫尔推动法律形成的是这些课程的强硬，加上教师质量问题和批判教育学的滑坡。虽然看起来可能性不大，但他们还是和洛蕾塔·亨尼卡特（Loretta Hunnicutt）结成盟友。亨尼卡特是一位来自图森的自由派民主党人，她参与学校改革工作已经有30年了。"我出来为这些课程辩护，"她说，"因此我陷入了目前的境地。"在与老师和家长交谈之后，她开始重新思考自己的观点，并说课程已经变得非常政治化，很少强调文化或历史。"不幸的是，它渗透到课堂上的每一个具体课程中……即使有真正尽职尽责的老师，本质上也不得不变得政治化。"关于墨西哥裔美国人研究的争议，始于亚利桑那州立法机构推出的旨在遏制非法移民的参议院1070号法案，这是一部基于美国立法交流委员会模型的立法。拉丁裔社区觉得他们被包围了。[116]对很多人来说，这两大主要争议都表明，学校的社会学科充满了令人担忧的意识形态偏见，这也是该领域长期存在的问题，如果不完全抛弃它，那就需要改革。

一场旷日持久的斗争

得克萨斯州和亚利桑那州的争议表明，社会学科仍然极具争议，即使它在学校的地位已下降。与此同时，社会学科中的各种意识形态阵营继续为何为该领域的最佳前景而斗争。传统历史和进步主义社会学科的倡导者之间也偶尔展开斗争。例如，迈克尔·诺克斯·贝兰（Michael Knox

Beran）于2012年在曼哈顿研究所的《城市杂志》上发表的一篇文章中呼吁学校"废除"社会学科，认为它是一个"伪学科"，充满了"已经过时的"意识形态偏见。他怀念发展学校教育的黄金时期，那时候学校利用"文化资源"培养每个孩子的个人潜能。他哀叹社会学科"试图对他进行改造以适应社会群体的平庸"。为了支持自己的观点，贝兰提到了一连串进步社会研究倡导者，包括哈罗德·拉格、乔治·康茨（George Counts）和保罗·汉纳（Paul Hanna），以及最近的理论家，他批判他们试图将年轻人的思想塑造成集体主义思想。此外，他批评现代基础社会学科教科书"内容太欠缺，无法让孩子了解他们的文化中推崇的个人自由和能动性的理想"，而是以牺牲"发展个人力量"为代价来促进"孩子的社会化"。贝兰得出结论认为，尽管社会学科包含着社会理想，但它提供的"心灵成长方法"是平庸的，会助长"进一步的枯燥乏味"，应予以废除。[117]

这一蹒跚前进的领域的一个显著变化是资金通过政治化基金会、智库和利益集团在言论和实践方面的工作，持续发挥影响。他们尝试用更传统的学术方法取代进步主义的社会学科，一些团体开始定期审查历史和社会学科标准。传统基金会、福特汉姆研究所和基础教育委员会逐州评估各州的历史标准，每次评估计划都在试图进一步推行他们理想的社会学科版本——强调传统的历史和地理，并旨在使这个领域远离范围更广的进步主义的社会学科版本。[118]

另外一个变化是，已在十年内获得10亿美元资金资助的美国历史教学拨款计划，2011年获得的拨款从1.19亿降至4600万美元，而2012年拨款已经不包括在预算内。[119] 政府计划将其替换为人文学科拨款计划，该计划将历史教育作为一个更广泛计划的一部分，旨在达到"能有效教学、有效学习的全面教育"，与《中小学教育法案》重新授权相关联。政府没有在其2013年预算案中提出重新恢复美国历史教学拨款计划的请求，强调各州需要的是"责任制和灵活性"，而不是某项拨款。[120] 本书撰写时，《中小学教育法案》重新授权深陷僵局，历史教学拨款并未提供任何拨款。虽然历史教学拨款计划可能有助于改善历史教学，至少是部分改善，但其总体影响受到了许多人的质疑，包括一个评估研究和历史教育领域的领导人物，他暗示这是 10 亿美元的无效投资。然而，该计划确实为新保守派和其他人正在进行的努力提供了支持，他们希望在国家课程框架中以历史为核心结构，取代广泛的社会学科和公民教育方法，在实践中，这主要是在较低层面展开的。

对美国历史教学拨款计划进行的最严厉的批评之一来自教育部发起的一项评估研究，研究结果于 2011 年发表，该研究同时认定了该计划积极和消极的方面，但结论是案例研究"未发现美国历史教学拨款实践与结果之间存在联系"。虽然评估人员发现计划实践与"质量专业发展的原则相一致"，但他们还是称，计划拨款通常缺乏学校管理者的"积极支持"，并且"在学校层面没有很好地整合"。简而言之，虽然教师的自我报告表明，该计划"对他们的教学质量产生了积极的影响"，包括更多地"使用原始文献"和"能让学生参与历史探究"的更好的课程计划，但受资助人评估"缺乏严格的设计"，"无法运用荟萃分析来评估计划对学生成绩或教学知识的影响。"[121] 资助的终结结束了前一阶段在学校持续开展的新保守主义历史复兴，历史教学者和联合研究人员都从这一阶段中受益，并且在此期间，计划在提升了对历史的关注的同时，巧妙地削弱了社会学科、社会科学和公民学。

同时，公民教育计划仍在开展，其中最突出的应该算是由桑德拉·戴·奥康纳（Sandra Day O'Connor）和其他人领导的"学校的公民使命"。"学校的公民使命"制定了一个名为 iCivics 的计划，这是一个针对中学生的扩展在线计划。iCivics 包括与标准相关的免费课程材料和课程计划，并推动公共服务。奥康纳于 2006 年启动了 iCivics 计划，同年她从美国最高法院法官的职位上退休。公民学曾经是初中年级的常见课程，现在几乎从全国所有学校消失了，随之消失的还有大量的公民研究课程。此外，《不让一个孩子掉队法案》并未强调公民学和社会学科，因此，曾经将社会学科纳入其基础课程的学校往往会减少对该科目的关注。据 iCivics 的支持者称，公民教育包括解释政府结构、美国宪法的含义及其随时间的演变，并鼓励学生参与民主发展。一些批评者害怕这会造成"对传统道德观念的狭隘灌输，这一做法应该受到质疑"，也有人从中感受到"偏向于自由派的激进主义"。[122] 支持者包括公民教育中心、公民学习和公民事业信息及研究中心（CIRCLE），以及其他一些关注改善公民教育的利益集团和基金会。[123]

尽管采取了这些举措，但社会学科教育工作者似乎受到了打击，因为国家改革运动普遍缺乏对该领域的关注而感到沮丧。[124] 在二十年的大部分时间里，社会学科一直是被遗忘的环节，是学校改革讨论中最常被遗漏的科目。更广泛的社会学科领域也受到新保守主义复兴传统历史活动的攻击，并且是持续的攻击，这种攻击足以湮灭复兴该领域的企图。

前社会学科全国委员会主席 C. 弗雷德里克·瑞辛格（C. Frederick Risinger）以社会学科领域的二等地位为主题给奥巴马总统写了一封公开信，他在信中表达了他对越来越重视数学、科学和阅读/语言艺术的担忧，认为第四个领域——社会学科——正在被边缘化，教育部、国家教育部门和《美国共同教育大纲》运动对该领域"缺乏资助且兴趣在降低"。瑞辛格强烈要求进行有效的公民教育，他引用"无法一起工作、辱骂和极端政治两极分化"的说法，认为这是大家越来越不愿意"参与问题讨论"的一部分原因。他引用了一项研究，研究发现在小学六年级课堂里，近32%的学生每周"仅有25分钟时间用于社会学/公民学"的学习，因为没有相关考试。他还提到了最近由社会学科全国委员会和学校公民使团赞助的全国性会议，会议讨论了共同标准的制定，他认为这预示了希望，但警告说，

> 如果我们不向年轻公民传授历史、地理、经济、公民和其他社会学科领域的知识，我们的国家将失去其国家特质……它将失去灵魂。[125]

他呼吁奥巴马任命一个公民教育的总统委员会"彻底审查公民教育在美国学校中的作用"，并"提出改进建议"，以恢复社会学科在12年级之前的教育中作为"核心课程领域之一"的地位。[126]

教育部长阿恩·邓肯在2011年于《社会教育》5/6月刊发表的一篇文章中回应了弗雷德·瑞辛格的请求，尽管只是间接的回答。邓肯承认社会学科教师"忍受着《不让一个孩子掉队法案》的非预期后果"及其"因激

励措施有缺陷"导致的课程范围缩小,遗漏了"对于全面课程至关重要的核心科目,包括社会学科"。他认为为了阅读和数学而将社会学科边缘化是一种"教育上的失职",并认为社会学科应该是核心科目,对维持有见地的民主和具有全球竞争力的劳动力至关重要。邓肯还借此机会宣传奥巴马的《中小学教育法案》重新授权构想,称其"公平、灵活,重点关注处于最大危机中的学校"。他还赞同政府要求进行更好的评估,这种评估应超越"如今平庸的填空考试"。并且他承认在我们的民主社会中难以测试学生"是否变得好奇或是见多识广的参与者"。邓肯称赞了联合学习联盟(CLC)的努力,并鼓励教师与各州合作,将社会学科纳入到他们的责任制度中,"正如总统计划中提议的那样"。[127] 邓肯的文章还附上了五个社会学科全国委员会长期领导者的反思,他们都曾担任过总统。他们都肯定了邓肯对社会学科的赞颂,但指出了矛盾之处并批评了政府政策。其中有两位将"力争上游"计划描述为《不让一个孩子掉队法案》的延伸,正在继续实施课程范围缩小的政策,其他几位则呼吁更广泛地应用已经存在的真实评估。他们一致呼吁实施政策调整,支持邓肯部长的言论。[128]

邓肯和至少一位受访者提到的联合学习联盟是一个由教育相关事宜组织组成的小组,包括社会学科全国委员会、全国英语教师委员会(NCTE)、全国数学教师委员会(NCTM)和全国科学教师组织(NSTA),共由大约25万名某一学科领域的教师、管理人员、教育技术专家等组成。联合学习联盟是在六个小组的执行理事聚集一堂,对"近年来一直受到责任制实施要求影响"的评估改进进行讨论时形成的。[129] 这个联盟表面上是由职业和技术教育协会(ACTE)发起的,它支持更多地使用"真实"和格式化的评估,并赞同以"帮助学生掌握新思想、解决问题、协作并利用他们的想象来解决具有挑战性的问题"为中心的六个"学习原则",并培养"一种探究的习惯"。[130]

该组织在一篇文章中表示,令人深感忧虑的是,关于"新责任制"以及2014年推动制定共同核心标准的压力"可能会引发一股热潮,一股争取建立减少教学和学习时间并使课程和教学同一化的制度的热潮,以保持学校系统的可比性。"文章说,他们希望能从"过度强调考试转变成支持学生学习和学校改进的有效评估实践"。[131] 鉴于标准化考试和责任制对课堂流程和教学产生的破坏性影响,他们的关注点和目标看起来很合理。

希望的事业?

在大多数方面,巴拉克·奥巴马的教育改革政策可以与乔治·W.布什的政策相媲美,比如在考试、分类、纪律和惩罚等方面。布什通过了《不让一个孩子掉队法案》,使得教育部和近几届的政府对各州和学校拥有更大的权力。奥巴马在修补细节的同时,在很大程度上也在延续之前的改革方向。由于从立法层面对《不让一个孩子掉队法案》重新授权的前景渺茫,奥巴马利用资金和竞争压力"推动各州和学区接受政府的教育政策愿景",这仅对于愿意放弃数百万美元联邦资金的州来说是"自愿的"。[132] 这是一个非常出色但却存在严重问题的策略,是在继续不间断地推动自上而下的不让一个孩子掉队计划。[133]

奥巴马将"力争上游"计划定义为一场"竞争",在政治上来说是比较精明的,囊括了整个改革时代倡导成绩导向型、竞争型和商业驱动,产生了一系列积极和消极的影响。对于大多数学校和教师而言,这与之前基本相同——更多自上而下的课程方向、更大的考试成绩的压力、更多的要求要遵守,并继续限制对教学内容和教学方式做出专业判断的自由。对于学生来说,奥巴马政府的议程继续将学校教育重点放在教育的经济目的上,而忽视了其他需求。改革议程继续根据几乎相同的所有基本假设运作:学校垄断失败、使用类似商业的标准和进步评估系统、对学校进行奖励和惩罚、增加教师责任制、支持委办学校。奥巴马政府期间做出的修改包括更加重视州和地区之间的竞争、重视对表现最差的学校的改善;言语上支持州和地区享有更大的灵活性、使用胡萝卜而不是大棒的奖励措施、扩大对委办学校的支持、发展《美国共同教育大纲》以及新一代的"更智能"的考试。

虽然这些转变导致了一些变化,但继续推行根据《不让一个孩子掉队法案》确立的政策和系统改革的运动仍然是其最显著的特征。虽然大部学校现在看来都表现良好，而且政府已经放弃了许多要求严格执行的《不让一个孩子掉队法案》规定，但所有学校仍然要遵守《不让一个孩子掉队法案》对考试的要求。虽然标准和考试似乎正在根据《美国共同教育大纲》计划进行重大修订，这可能会改善其性质并为教师创新提供更大的自由度和灵活性，但这仍要看新要求是会带来真正的改进、持续的合规状况，还是新的反对意见。

奥巴马政府的功劳在于，他们确实解决了《不让一个孩子掉队法案》的几个关键问题，为各州提供了更大的灵活性和更多的资金，以换取继续推进支持共同标准的政府议程、开发新一代考试和扩大委办学校，以及使用考试成绩对教师进行评估。然而，目前尚不清楚这些政策变化是否有助于缓解导致社会学科沦为二等课程的课程范围缩小问题，是否给予了教师必要的自由和支持以发展反思性和互动性强的教学方法。尽管言论上说要解决关于社会学科在学校的关注度下降的担忧，但现实几乎没有变化。《美国共同教育大纲》计划主要侧重于数学、英语语法和写作，对历史只是进行了有限的整合。对于大多数学生来说，尽管奥巴马计划有意修复《不让一个孩子掉队法案》，但其政策意味着继续推行以考试为导向的竞争性学校氛围，而按照这样的学校氛围，在可预见的未来，教育仍然是为了社会效率服务，仍会过度关注考试准备，按考试成绩对学生进行分类并给他们贴上标签。

《美国共同教育大纲》运动正在建立起对数学、英语语法和写作进行考试的虚拟国家课程，表现在由一些州组成的很小但重要的团体正在制定共同核心，如社会学科的标准和评估。[134] 截至本书撰写时，对共同核心标准和评估对社会学科或整个学校的影响做出判断还为时尚早。虽然许多教育工作者希望它能够带来改善，促进有意义的学习，但也有人持怀疑态度并担心这会导致课程范围缩小和进一步地私有化[135]。尽管有改进的可能，但仍需要认识到的重要一点是，虽然共同标准运动可能带来一些改进和更大的灵活性，但该运动与其所属的较大范围运动是基于相同的假设之上的。

相比其他失败的运动，为什么这一建立国家标准的运动取得了成功？有几个可能的原因。支持者认为这是因为运动是在各州进行的，尽管它起源于国家利益集团和商业影响力。《美国共同教育大纲》运动还涉及一些关键的教育组织，使其看起来更像是协作的结果；它承诺更加关注探究、批判性思维和有意义的学习；它是由企业和政府团体的强大组合所推动的，最终由联邦政策的力量和激励措施加以推动；它从慈善基金会和政策倡导团体获得了大量的私人资金支持——从盖茨基金会、查尔斯·史蒂文·莫特基金会到福特汉姆研究所和其他团体——并建立了两党支持的共识。《美国共同教育大纲》还使用了灵活性这一措辞，也区别于以前不说明应该教授的具体内容的做法，让州和地区的学科标准去适应《美国共同教育大纲》。它得到了主要教育工作者团体的支持，包括督导和课程开发协会（ASCD）和州首席教育官员理事会，都在开发过程中给予了支持。随后，越来越多的团体加入进来并参与制定其他学科领域的共同标准，如社会学科全国委员会等，支持的力量如滚雪球般越来越大。

许多深思熟虑的教育工作者认为《美国共同教育大纲》是一项有价值的事业，并希望它能够缓解《不让一个孩子掉队法案》的"非预期后果"和责任制改革，例如课程范围缩小、过度的考试准备以及探究和讨论的减少。[136] 但其他人持怀疑态度，有些人将其视为未经证实和未经检验的"胡说八道"，有些则认为这是商业社会正试图通过在各州之间创造可比性和竞争来施加更大的压力，以推动学校改革的另一种方式。[137] 一些批评者认为这是联邦赤裸裸的权力攫取。其他人认为这是向私有化迈进的一大步，为皮尔逊和其他考试和教科书出版商带来了好处。还有一些人对数据收集和隐私问题表示担忧。毫无疑问，《美国共同教育大纲》是迈向国家标准和考试的重要一步。此外，与之前的改革一样，《美国共同教育大纲》体现了将人力资本思想和商业原则应用于学校教育。这是一场未经测试的改革，未经适当的试点研究或现场测试就应用于几乎所有的州。可以理解，这些属性和条件都意味着需要提高警惕。

许多教育工作者可能会同意《美国共同教育大纲》"比其取代的州标准要好得多，因为它专注于分析、理解概念、技能，而不是特定的内容"。[138] 尽管《美国共同教育大纲》使得学校教育可能朝着超越专注训练和练习课程的方向发展，但仍存在许多问题和不确定性。虽然有了一套新的标准和评估体系，但由州财团和企业支持的非政府组织制定的《美国共同教育大纲》的标准和考试驱动型控制是否会与联邦政府的控制大不相同呢？它会带来更大的灵活性，还是以提高成绩、进行"智能化评估"为目标的新一代的脚本化课程？它是否会带来比《不让一个孩子掉队法案》更好的教学和学习？它会激发更多的创新、创造力和课堂思考，还是会强加单调的一致性？它会允许学校更大的知识自由，还是会限制对有争议的问题进行有意义的讨论？如果没有旨在废除使数百万低收入、少数民族和移民青年生活在贫困社区，且在不合格的学校学习的显著不平等的"学习机会"（OTL）标准，《美国共同教育大纲》会带来多大的不同？最后，一直以来对变革有抵抗并倾向于依赖低级教学模式的教师能否学会按新标准进行教学？

在撰写本书时，反抗责任制运动和考试机器的迹象越来越明显，多个州的立法机构在开展阻止《美国共同教育大纲》的运动。[139] 此外，自系统改革开始以来，许多个人教育工作者和一些有组织的团体一直在反对系统改革。尽管《美国共同教育大纲》和系统改革议程面临的挑战似乎越来越大，但教师、家长或学生积极挑战责任制改革运动的情况仍然是孤立和零星。此外，大量教育工作者寄希望于通过支持《美国共同教育大纲》运动，能完善学校的气氛，使其更为合理。最终将如何，《美国共同教育大纲》是否是一个"更好的捕鼠器"，州立法机构的阻力增加是否会导致其失效，这些都是不可预测的。但对许多人来说，实现真正改善的希望之窗可能已经打开了。

注释：

1. Deborah White, "Obama's Education Plan to Reform Schools and Reward Teachers," February 12, 2012, http://usliberals.about.com/od/education/a/ObamaEdPlan_5.html; Barack Obama, "Press Release—In Major Policy Speech, Obama Announces Plan to Provide All Americans with a World-Class Education," November 20, 2007, APP.
2. Obama '08, Barack Obama.com, "Barack Obama's Plan for Lifetime Success Through Education," Obama Campaign Document, http://www.elementarysciencecoalition.org/PreK-12EducationFactSheet.pdf.

第七章 徒劳之争 | 297

3. 同上书，第2页。
4. "Hillary Clinton on Education," Education.com Magazine [online], 2008 http://education.com/magazine/article/Hillary_Clinton/ (accessed February 12, 2013;no longer in service); Connor P. Williams, "In 2016, Democrats Have Good Reason to Run Against Obama's Education Record," *New Republic*, June 3, 2014, http://www.newrepublic.com/article/117989/hillary-clintons-education-policy-other-implications-2016.
5. Justin Quinn, "Arizona Sen. John McCain's Education Platform," undated, http://usconservatives.about.com/od/johnmccainontheissues/a/McCainEducation.html.
6. Gregg Toppo, "Where They Stand: McCain, Obama Split on Education," *USAT*, October 14, 2008; Quinn, "McCain's Platform."
7. Toppo, "Where They Stand."
8. Patrick J. McGuinn, *No Child Left Behind and the Transformation of Federal Education Policy, 1965–2005* (Lawrence: University of Kansas Press, 2006).
9. "The American Recovery and Reinvestment Act of 2009: Saving and Creating Jobs and Reforming Education," http://www2.ed.gov/policy/gen/leg/recovery/imple mentation.html.
10. Nanette Asimov, "Stanford Professor Leads Obama Transition Team," *SFC*, November 22, 2008.
11. Sam Dillon, "Education Standards Likely to See Toughening," *NYT*, April 14, 2009, A12.
12. "The American Recovery and Reinvestment Act of 2009."
13. Dillon, "Standards Toughening."
14. 同上。
15. Erik W. Robelen, "Obama Echoes Bush on Education Ideas," *EW*, April 18–19, 2009, 1.
16. Maria Glod, "Chicago School Reform Could Be a US Model," *WP*, December 30, 2008, http://articles.washingtonpost.com/2008-12-30/news/36790173_1_gay-friendly-high-school-arne-duncan-school-systems.
17. David Hursh, *High-Stakes Testing and the Decline of Teaching and Learning: The Real Crisis in Education* (Lanham, MD: Rowman & Littlefield, 2008), 105.
18. Civic Committee of the Commercial Club of Chicago, *Left Behind: A Report of the Education Committee of the Civic Committee* (Chicago: Commercial Club of Chicago, 2003).
19. Michael Apple, *Educating the "Right" Way: Markets, Standards, God, and Inequality* (New York: Routledge, 2006), 39.
20. Milton Friedman, "Public Schools: Make Them Private," Cato Briefing Paper No. 23, http://www.cato.org/pubs/briefs/bp-023.html; Milton Friedman, "The Role of Government in Education," in Robert A. Solo, Ed., *Economics and the Public Interest*

(Newark, NJ: Rutgers University Press, 1955); Jonah Goldberg, "Public Schools Flunk Every Course," *DC*, June 5, 2007, A-12, and R.M. Eberling, "It's Time to Put Public Education Behind Us," Future of Freedom Foundation Commentaries, cited in Hursh, *High-Stakes Testing*, 87.

21. "President Obama, U.S. Secretary of Education Duncan Announce National Competition to Advance School Reform," Press Release, July 24, 2009, http://www2.ed.gov/news/pressreleases/2009/07/07242009.html.
22. DOE, *Race to the Top Program Executive Summary* (Washington, DC: DOE, November 2009), 2. 250 Race to Nowhere?
23. "President Obama."
24. 同上书，第4页。
25. 同上书，第4—5页。
26. Sam Dillon, "Dangling Money, Obama Pushes Education Shift," *NYT*, August 17, 2009.
27. 同上。
28. 同上。
29. "Race to the Top Phase I Final Results," March 4, 2010, http://www2.ed.gov/programs/racetothetop/phase 1-applications/score-summary.pdf; "Race to the Top Phase II Final Results," August 24, 2010, http://www.siue.edu/ierc/pdf/Race_to_the_Top_Phase_2_Results.pdf.
30. "Press Release—Governor Perry: Texas Knows Best How to Educate Our Students; Texas will not apply for Federal Race to the Top Funding." February 13, 2010, http://governor.state.tx.us/news/press-release/14146/.
31. Diane Ravitch, "The Big Idea: It's Bad Education Policy," *LAT,* March 14, 2010.
32. Kevin Hart, "Critics See East Coast, Urban Biases in Race to the Top Awards," *NEAT*, August 26, 2010.
33. Frederick M. Hess, "National Review: Race to the Top Limps to a Finish," *NPR*, August 31, 2010.
34. Patrick McGuinn, "Stimulating Reform: Race to the Top, Competitive Grants and the Obama Education Agenda," *EP* 26, no. 1 (2012): 136–159.
35. Onosko, "Race to the Top Leaves Children and Future Citizens Behind," *DE* 19, no. 2 (2011): 1–3.
36. Alyson Klein, "Obama Uses Funding, Executive Muscle to Make Often-Divisive Agenda a Reality," *EW* 31, no. 35 (June 26–28, 2012), 1.
37. Sam Dillon, "Administration Outlines Proposed Changes to 'No Child' Law," *NYT*, February 1, 2010.
38. DOE, *A Blueprint for Reform: The Reauthorization of the Elementary and Secondary*

Education Act (Washington, DC: U.S. DOE, 2010), 1.
39. 同上书，第6页。
40. Sam Dillon, "Obama Calls for Major Change in Education Law," *NYT*, March 13, 2010.
41. Lindsey Burke, "ESEA Reauthorization Blueprint: Another Federal Overreach," *FHF*, March 15, 2010, http://blog.heritage.org/2010/03/15/esea-reauthorization-blueprint-another-federal-overreach/.
42. Fordham Foundation, http://www.edexcellence.net/blog-types/flypaper.
43. Juvenile Law Center, "Federal Policy, ESEA Reauthorization, and the School-to-Prison Pipeline," March 2011, http://www.jlc.org/resources/publications/federal-policy-esea-reauthorization-and-school-prison-pipeline.
44. Casey D. Cobb, "A Review of *The Obama Education Blueprint: Researchers Examine the Evidence* by William Mathis and Kevin Welner," *DE* 19, no. 1 (2011), 30; William J. Mathis and Kevin G. Welner, Eds. *The Obama Education Blueprint: Researchers Examine the Evidence* (Charlotte, NC: Information Age, 2010).
45. Barbara Michelman, "The Never-Ending Story of ESEA Reauthorization," *PP* 18, no. 1 (Spring 2012): 3.
46. Sam Dillon, "Overriding a Key Education Law," *NYT*, August 8, 2011.
47. 同上。
48. 同上。
49. ED.gov, "ESEA Flexibility" February 14, 2013, http://www2.ed.gov/policy/elsec/guid/esea-flexibility/index.html.
50. ED.gov, "States with ESEA Flexibility Request under Review (including BIE and PR)," updated January 11, 2013, http://www2.ed.gov/policy/elsec/guid/esea-flexibility/ index.html.
51. "U.S. Department of Education ESEA Flexibility Peer Reviewers," December 2011–October 2012, http://www2.ed.gov/policy/elsec/guid/esea-flexibility/index.html.
52. Alexandra Zavas and Tony Barboza, "Teacher's Suicide Shocks School," *LAT*, September 28, 2010.
53. 同上。
54. Michelman, "ESEA Reauthorization," 3; Jenna S. Talbot and Rachel V. Gibson, "Don't Hold Your Breath: Waivers and ESEA Reauthorization," February 8, 2013, *WA*, http://www.whiteboardadvisors.com/news/don't-hold-your-breath.
55. Sean Cavanaugh, "Ten States Get NCLB Waivers, New Mexico Has to Wait," *EW*, February 9, 2012.
56. Rory Cooper, "Morning Bell: Obama Circumvents Congress on Education Policy," *FHF*, September 26, 2011, http://blog.heritage.org/2011/09/26/morning-bell-obama-

circumvents-congress-on-education-policy/.
57. Lindsay Burke, quoted in Cooper, "Obama Circumvents Congress."
58. Klein, "Obama Uses Funding, Muscle."
59. Patricia Cohen, "In Writings of Obama, a Philosophy Is Unearthed," *NYT,* October 27, 2010; James T. Kloppenberg, *Reading Obama: Dreams, Hope, and the American Political Tradition* (Princeton, NJ: Princeton University Press, 2011).
60. Rogers M. Smith, "The Constitutional Philosophy of Barack Obama: Democratic Pragmatism and Religious Commitment," *SSQ* 93, no. 5 (December 2012): 1251.
61. Eric Robelen, "Obama Echoes Bush on Education Ideas," *EW* 28, no. 8 (April 8, 2009): 1, 18–19.
62. Gillian E. Metzger, "Federalism Under Obama," *WMLR* 53 (2011): 569, 591–592, 597.
63. Norman J. Ornstein, "Obama: A Pragmatic Moderate Faces the Socialist Smear," *WP,* April 14, 2010, A19.
64. 参见艾普尔、吉鲁、韦恩·吴、威廉·艾尔斯、拉维奇以及达令–哈蒙德的著作。
65. New Commission on the Skills of the American Workforce, *Tough Choices or Tough Times* (Washington, DC: National Center on Education and the Economy, 2007), 8
66. 同上书，第9—20页。
67. 参见拉维奇等人的著作。
68. Achieve Inc. and NGA, *2005 National Education Summit on High Schools* (Washington, DC: Achieve and National Governors Association, 2005).
69. Robert Pear, "Governors of 13 States Plan to Raise Standards in High Schools," *NYT,* February 28, 2005.
70. 同上。
71. Achieve Inc., *Closing the Expectations Gap: 50-State Progress Report on the Alignment of High School Policies with the Demands of College and Careers* (Washington, DC: Achieve Inc. and the ADPN, 2011), 7.
72. 同上。
73. Achieve Inc., *Achieve's Comparison of the American Diploma Project (ADP) English Benchmarks with the Rhode Island High School Grade-Span Expectations (GSEs) for Reading, Writing, and Oral Communication for Grades 9–10, 11–12* (Washington, DC: Achieve Inc., 2006).
74. 同上。
75. ADP, *Ready or Not: Achieving a High School Diploma That Counts* (Washington, DC: Achieve Inc., 2004).
76. 同上。
77. 同上书，第7页。

78. 美国文凭项目，根据一份学区报告，借鉴了教育信托基金会和达成公司的资源，网址http://www.sandhills.edu/ academic-departments/english/teaching/adp.html.
79. Robert Rothman, *Something in Common: The Common Core Standards and the Next Chapter in American Education* (Cambridge, MA: Harvard Education Press, 2011), 53. 罗斯曼是系统改革运动的参与者，也是卓越教育联盟的高级研究员。他认为，对国家标准的支持长期以来一直被视为教育政策的"第三轨"，就像地铁上的第三条铁轨一样，碰触即死亡——已经不再那么危险。
80. 同上书，第55—56页。
81. National Research Council, *Common Standards for K–12 Education? Considering the Evidence: Summary of a Workshop Series* (Washington, DC: National Academies Press, 2008), 70–71.
82. Rothman, *Something in Common*, 57.
83. 同上。
84. 同上书，第62—63页。
85. Lindsay Layton, "How Bill Gates Pulled Off the Swift Common Core Revolution," *WP*, June 7, 2014.
86. CCSS Initiative, *Common Core State Standards for English Language Arts and Literacy in History/Social Studies, Science, and Technical Subjects*, http://www.corestandards.org.
87. Dustin Beilke, "ALEC Education 'Academy' Launches on Island Resort," PRWatch.org, February 2, 2012, http://www.prwatch.org/news/2012/02/11272/alec-education-academy-launches-island-resort.
88. Mark Phillips, "Education Docs: No Child Left Behind," *GCD*, June 22, 2010.
89. 同上。
90. Stacy Teicher Khadaroo, " 'Waiting for "Superman" ': A Simplistic View of Education Reform," *CSM*, September 24, 2010.
91. *Race to Nowhere*, http://www.racetonowhere.com.
92. Ronald W. Evans, Panel Discussion, *Race to Nowhere* screening, San Diego, California, 2010.
93. Katherine Mangan, "Ignoring Experts' Pleas, Texas Board Approves Controversial Curriculum Standards," *CHE*, May 23, 2010.
94. Keith A. Erekson, Ed., *Politics and the History Curriculum: The Struggle Over Standards in Texas and the Nation* (New York: Palgrave Macmillan, 2012).
95. Michael Birnbaum, "Historians Speak Out Against Proposed Texas Textbook Changes," *WP*, March 18, 2010.
96. Gilbert T. Sewall, "Are Texas's Social Studies Standards Really So Bad?" *WP*, September 16, 2010.

97. James C. McKinley, Jr., "Texas Conservatives Win Curriculum Change," *NYT*, March 12, 2010; Michael Birnbaum, "Historians Speak Out"; Mangan, "Ignoring Experts."
98. McKinley, "Texas Conservatives Win Change."
99. Birnbaum, "Historians Speak Out."
100. Editor, "Texas School Board Approves Controversial Textbook Changes," *Need to Know on PBS*, May 23, 2010.
101. Mangan, "Ignoring Experts."
102. AHA, "AHA to the Members, Current and Elected, of the Texas State Board of Education," May 18, 2010, http://www.historians.org/press/2010_05_18_Texas_State_Board_of_Education.html.
103. Keith A. Erekson, "Social Studies Circus: Moving Beyond the 'Culture War' Model," in Erekson, *Politics and the History Curriculum*, draft, 33, n. 17.
104. 同上书, 第29页, n. 21.
105. Diane Ravitch, " 'T' is for 'Texas Textbooks,' " *DB*, March 14, 2010; Jonathan Zimmerman, "History, By the Book," *LAT*, March 17, 2010.
106. Sundiata K. Cha-Jua, "Obama, the Rise of the Hard Right, Arizona and Texas and the Attack on Racialized Communities Studies," *BS* 40, no. 4 (Winter 2010), 2–6; Erekson, *Politics and the History Curriculum*.
107. Frances Fitzgerald, *America Revised: History Schoolbooks in the Twentieth Century* (New York: Vintage Books, 1980); James E. Loewen, *Lies My Teacher Told Me: Everything Your American History Textbook Got Wrong* (New York: New Press, 1995).
108. Spiff, "Marxist Agitator Dolores Huerta Speaks at Tucson High School, 'Republicans Hate Latinos,' " *Free Republic*, April 6, 2006, http://www.freerepublic.com/focus/f-news/1610739/posts; Eric Sagara, "'Hate-Speak' at School Draws Scrutiny," *TC*, Race to Nowhere? 253 April 13, 2006, http://tucsoncitizen.com/morgue/2006/04/13/9256-hate-speak-atschool- draws-scrutiny/; Eric Sagara, "'Equal-Time' Talk Fuels Protest," *TC*, May 13, 2006, http://tucsoncitizen.com/morgue/2006/05/13/12461-equal-time-talk-fuels-protest/.
109. Sagara, "Equal-Time."
110. Stephen Cesar, "Tucson Students Confront Loss of Their Chicano Studies Class," *LAT*, January 11, 2012, http://articles.latimes.com/2012/jan/11/nation/ la-na-ethnic-studies-20120112.
111. Michael Martin, "Mexican American Studies: Bad Ban or Bad Class?" January 18, 2012, *NPR*.
112. Michael Martin, "Ethnic Studies: Teaching Resentment or Pride?," *NPR*, January 19, 2012.

113. Roque Planas, "7 Mexican American Studies Books Banned From Tucson, Arizona Classrooms," *HP*, October 5, 2012.
114. Curtis Acosta, "To my friends and all our supporters," reprinted in "Banning Critical Teaching in Arizona: A Letter From Curtis Acosta," January 23, 2012, *RSB*, http://rethinkingschoolsblog.wordpress.com/2012/01/23/banning.
115. 同上。
116. Al Letson, "A Year Without Mexican-American Studies in Tucson," *NPRW*, June 24, 2012; Lee Fang, *The Machine: A Field Guide to the Resurgent Right* (New York: New Press, 2013), 213–214.
117. Michael Knox Beran, "Abolish Social Studies," *CJ*, Autumn 2012.
118. 参见保守派团体对州标准的调查, Box 12, Fordham Papers.
119. Erik W. Robelen, "Federal History-Grant Program Takes Budget Hit for Fiscal 2011," *EW* 30, no. 28 (April 20, 2011), 22.
120. Staff, "President Obama's Proposed FY '13 Budget Request to Congress," National Coalition for History, Blog Archive, February 15, 2012, http://historycoalition.org/2012/02/15/president-obamas-proposed-fy-13-budget-request-to-congress/.
121. DOE, *Teaching American History Evaluation: Final Report* (Washington, DC: DOE, 2011), xi.
122. Howard Blume, "Building the Case for Civics Lessons," *LAT*, December 27, 2011, AA1, AA4.
123. See Donovan R. Walling, "The Return of Civic Education," *PDK* 89, no. 4 (2007): 285–289.
124. Mark Previte, chair of NCSS Issues Centered Education Community, personal communication.
125. C. Frederick Risinger, "An Open Letter to President Barack Obama from C. Frederick Risinger, August 26, 2010," *SE* 74, no. 2 (November/December, 2010): 338–339.
126. 同上书，第339页。
127. Arne Duncan, "The Social Studies Are Essential to a Well-Rounded Education," *SE* 73, no. 3 (May/June 2011): 124–125; 参见Connected Learning Coalition: A Foundation for Transforming K–12 Education, https://www.acteonline.org/clc/#.VA4rBYUxLMA.
128. Steve Goldberg, Syd Golston, Michel M. Yell, Gayle Thieman, and Peggy Altoff, "The Essential Role of Social Studies: Reflections on Secretary Arne Duncan's Article," *SE* 73, no. 3 (May/June 2011): 126–130.
129. CLC, "Connected Learning Foundation: Transforming K–12 Education," Transcript, August 27, 2012.
130. "About Us," Connected Learning Coalition, https://www.acteonline.org/clc/#.

VA4rBYUxLMA; CLC Transcript, August 27, 2012.
131. CLC "Assessment: A Fundamental Component of Learning," policy paper, (Washington, DC: Connected Learning Coalition, November, 2011).
132. Klein, "Obama Uses Funding, Muscle"; McGuinn, "Stimulating Reform."
133. Onosko, "Race to the Top Leaves Children Behind."
134. NCSS, *Social Studies for the Next Generation: Purposes, Practices, and Implications of the College, Career, and Civic Life (C3) Framework for Social Studies State Standards* (Silver Spring, MD: NCSS, 2013).
135. S. G. Grant, Kathy Swan, and John Lee, "Lurching Toward Coherence: An Episodic History of Curriculum and Standards Development in Social Studies," paper presented at the annual meeting of the American Educational Research Association, Vancouver, British Columbia, April, 2012. 参见NCSS, *Social Studies for the Next Generation: Purposes, Practices, and Implications of the College, Career, and Civic Life (C3) Framework for Social Studies State Standards* (Silver Spring, MD: NCSS, 2013).
136. Grant, Swan, and Lee, "Lurching Toward Coherence."
137. 请参见Diane Ravitch, "Why I Oppose Common Core Standards," *WP*, February 26, 2013; Alan Singer, "Is Pearson Education in Serious Financial Trouble?" *HP*, April 25, 2014.
138. Ronald A. Wolk, "Common Core vs. Common Sense," *EW*, December 5, 2012.
139. Teresa Watanabe, "Standardized Testing Becomes the Great Divide in Schools Policy," *LAT*, March 3, 2013;印第安纳州、南卡罗来纳州和俄克拉荷马州已退出《美国共同教育大纲》，选择开发替代方案。

结论：社会学科落后了

21世纪的学校改革深受已故前人思想的影响，这些已故前人包括亚当·斯密和米尔顿·弗里德曼、T.H.贝尔和罗纳德·里根、大卫·卡恩斯和桑迪亚实验室、威廉·钱德勒·巴格利和迈克尔·J.杰米亚克维奇，以及约翰·杜威和哈罗德·拉格。我在本书开篇就描述了社会学科的教学，将高级别的反思式社会学科教学与由教师讲授、教科书和低级课堂实践主导的传统社会学科课堂教学进行了对比。虽然弗兰克·瑞恩对典型社会学科课堂的描述及其与动态"新社会学科"课堂的对比是在1973年写的，但其至今仍有影响力。[1] 更近一些，米耶拉·莱文森（Miera Levinson）描述了通过"加速"课程学习来保证课程能覆盖州标准化考试的内容，这很好地说明了在不让一个孩子掉队的极端责任制下该领域的状况：一场教材学习竞赛，几乎没有时间对探究或问题投入深入关注。[2]

这种困境是社会学科领域和更大意义上的公民教育面临的一些关键长期问题之一。第二个主要困境是课程的政治影响。关于学校教育的争论在某种程度上是对美国未来愿景的争论。这是相互竞争的利益集团之间的斗争，他们对什么是有价值的社会有不同的定义。[3] 而社会学科可能比任何其他学科领域更加受到两极化利益集团之间激烈争斗的影响和限制。

近年来，我们看到在教育方面发生了两个重大转变，这两个转变对社会学科教学产生了重要且在很大程度上算是不利的影响。第一个转变是商业对学校的影响力越来越大。商业游说团体支持竞争式的教育模式，即利用商业理念改善学校教育。这一模式的基本要素体现在以下几个关键假设：公立学校垄断失败，但可以通过将自由市场商业原则应用于整个系统来解决这一问题；将学校当作企业来对待，学校就可以得到改善；需要制定标准、衡量结果，并使系统中的每个人都肩负起责任；学生之间、教师之间和学校之间的竞争将有利于教育的改善；公立学校自由进行私有化选择、试行学券制将有助于解决公立学校的问题。

第二个重大转变是占统治地位的教育哲学的一个并不广为人知的转变。尽管对"创新"有言论上的支持，但改革者首要强调的是提高课程要求——以使学校教育更为严格——并提高标准。这一转变的背后是一种本质主义的教育哲学，它强调内容的重要性，而对教学问题并不关注。尽管与商业驱动的责任制的宽泛纲要相比，改革背后的教育哲学更难识别一些，但关于卓越和责任制改革的言论一直是极端反进步主义的，它支持更为保守的赞成教育本质主义和有效的学校研究的方法。黛安·拉维奇和切斯特·芬这两位改革的主要知识层面架构师的工作特别强调这一点。此外，他们所倡导的本质主义与学校责任制的发展、实行更严格的要求以及以标准化考试为中心的教育评估相一致。因此，虽然学生在必修课程上花费的时间更多，但改革支持的教学方法更加强调传统的以教师为中心的方法，进行深入探究的时间减少，涉及讨论和批判性思维的民主实践也更少。虽然《美国共同教育大纲》在一定程度上转移了关注点，增加了更深入、更具有灵活性和更多以探究为导向的可能性，但其影响仍不确定。此外，改革通过考试和惩罚措施保留了责任制的上层结构。

社会学科的改革强调植根于大学的一些传统课程，如历史、地理和经济学，这导致了一个包含广泛的、跨学科领域的社会学科的衰落甚至消亡。社会学科的广泛和跨学科性体现在融合多个学科的课程，重视问题和公民教育，允许学生和教师进行内容选择并有时间和空间进行深入探究。同时，改革也意味着将课程与学生的兴趣建立联系的时间减少，有意义的学习机会减少，强调社会化而非反社会化。在针对教育目的到底是为了社会控制还是实现知识自由而进行的更大斗争中，如今学校所处的境况可以用"效率狂欢"来描述。虽然有些人指出课程数量增加了、要求更为严格了，而且实现了更高毕业率，想以此证明由此可以更好地为大学和职业做准备，但这一转变伴随着教师和学生自主权和知识自由的丧失，而这些是有意义学习的关键要素。这很令人遗憾。[4]

教育成为一种竞争,强调内容而非过程,这都是改革运动失衡的迹象。被视为竞争的教育过程忽视目的并降低了目标。在目前的学校改革中,对竞争的强调已经过度了。教育不是交易,也不是游戏,而是一个成长和文化适应的过程,是一个发现快乐和渴求更多知识和更深理解的过程。有的学生能很好地应对竞争,但并不是所有人都如此。正如杰罗姆·布鲁纳(Jerome Bruner)在1960年所说的,"反叛者""不适应环境的人"和"大器晚成的人"经常被忽视,他们很容易被只注重竞争的制度所抛弃。[5]

因为注重内容,很少关注学生的学习方式,会导致课堂教学缺乏一致性、内容割裂。改革在教学方向上反对进步主义,忽略了学习和成长这些基本问题,以及对教育过程很关键的其他一些问题。它也忽视孩子的需要和兴趣,不关注动机问题。进步主义的教育改革者认为童年是有价值的。教育改革者需要同时关注过程和内容。您想为您的孩子选择哪种课堂?你想要的是只注重记忆的无聊课堂,还是一个充满活力、能将学习转化为令人兴奋和引人入胜的智力刺激之旅的课堂?

在本书中,我已经找到了以下几个关键问题的答案:为什么要向责任制和更传统的教学转变?这一转变起源于哪里?它对社会学科和公民教育的课堂实践有什么影响?理解责任制改革时代的关键是了解它的背景。所有为教育而相互斗争长达一个世纪的利益集团目前仍然存在,但近年来的主要趋势是由几个关键群体决定的。责任制改革是由商业团体与政府和新保守派教育者合作制定和推动的。[6]要确定诸多改革的愿景中具体是哪个,背景是一个关键的决定因素。引发责任制改革的背景是,有人认为学校在走向失败,如果国家要在国际经济舞台上进行有效竞争,学校必须得到改进。

美国是资本主义社会,在经济和军事力量方面都是世界领导者。同时,美国也是长期以来由白人、盎格鲁-撒克逊人和新教徒占统治地位的一个社会。在这个社会中,学校和媒体呈现的关于我们历史的主流观点是,美国例外主义,也就是说,我们的国家与其他国家不同,具有更高的目标,即建立一个真正民主的社会,其中利他主义的动机最值得称赞。然而,这种例外主义的面纱背后是一个由竞争、顽固的个人主义和日益增长的社会孤立主导的社会。[7]我们的文化是以成就为导向的，其中权力、财富和收入相结合形成权力金字塔，社会精英占据着金字塔的主导地位。[8]作为反映我们国家经济实力一个方面，我们的军事力量在世界上也占据领导地位。虽然我们在言论上支持继续深化民主的目标，但我们的许多行动都支持新殖民主义，而我们的国家是一个帝国。在强大民主社会的正面形象背后是各种矛盾，我们所处的社会并存着两个美国，一个是富人的美国，另一个是穷人的美国。尽管大多数美国人觉得这些矛盾很恼人，但他们还是理所当然地接受了这些矛盾。

存在于我们社会的种种价值观往往是相互矛盾的。我们重视经济增长，但担心其对环境的影响。我们歌颂财富，但又表达对穷人的关注。最近的学校改革所处的大背景是企业寻求更大的权力，寻求对政策施加更大影响、对工人进行更强控制。[9]鲍威尔备忘录、商业圆桌组织的成立、数十年的影响力扩张，以及利用学校教育来创造工人型公民，这些都是企业在美国人生活中发挥着日益强大的统治地位的有力证据。[10]在我们生活的社会，什么是更大的利益主要由企业领导人的计划来定义。在这个社会中，技术越来越多地被用于将教育变成可销售的商品，由设计和开发教育资料的公司控制。[11]谁能从这种状况中受益？经济精英和中产阶级受益最多，而代价是工人的低收入。[12]正如哈罗德·拉格在1941年写的那样，这仍然是"我与我们"的战争。[13]

概述

学校责任制改革源于多利益群体思想的汇集，包括商业、政府、保守派和新保守派政治家和教育者，以及宗教右翼主义者。这些群体共同领导了支持责任制改革这一主流共识的发展，这一共识中充斥着公立学校垄断失败和商业原则可以作为解决方案这些谬见。他们制定了一套一维的人力资本的学校教育体系，其教学方法以标准和考试为框架，是一场排斥诸如民主公民教育、深层提问、知识自由以及与其相关的人类潜能等其他教育方式的系统性改革。

长期以来，美国的学校教育对效率狂热推崇，倡导对教育进行科学管理的人曾试图以此来改善社会。20世纪70年代的几场运动曾促使人们呼吁改变和改善学校，其中包括一些新效率主义运动，如最低能力考试、回归本源运动、对20世纪60年代运动的保守反应，以及一系列关于学校教什么以及应该怎么教的学术自由之战。这些运动，加上对美国在国际经济竞争中的表现的担忧，以及对大学入学考试成绩下降的担忧，引发了学校改革的呼声。

批评者认为在学校占主导地位的是杜威的教育理念，这些理念导致了学生知识和技能的缺乏。在里根政府期间，《国家风险报告》和其他一些报告敲响了警钟，呼吁提高标准，回归以"新本源"为核心的、传统的教学方法。商业集团要求更有效地开发人力资本，呼吁提高标准并建立起评估系统。新保守主义教育者和利益集团大肆宣扬本质主义的教育观，以传统学科和经典为重点。对社会学科而言，这意味着强调传统的历史和地理。最终，商业团体、政府、新保守派教育者和系统教育改革者联合起来建立起全国性的共识，其中心思想是认为学校垄断失败，而解决方案是制定标准、评估成果，以及让学生、教师、管理者和学校负责，同时也需要支持公立学校的选择、开办委办学校以及开展其他私有化的活动。商业圆桌组织还制订了一项改善学校教育的十年计划。

从1986年开始，政府和企业领导人举行了一系列峰会，通过实施更高的标准和责任制，共同致力于提高学校的成就。乔治·布什的当选和1989年召开的夏洛茨维尔峰会标志着一个关键的转折点，此后国家开始着手实施严厉的责任制改革措施。在克林顿政府期间，针对基于结果的教育、美国历史的国家标准以及关于国家考试的提案引发了一系列争议，这些争议导致联邦立法的延迟和对以州为单位的系统化改革的重视。到20世纪90年代末，由于商业团体不断游说以及联邦政府施压，大多数州采取了系统化学校改革措施，包括全州内容标准和成绩考试。

2000年的大选标志着对教育的关注达到了较高的程度，促使了《不让一个孩子掉队法案》的通过，并得到了两党的大力支持，该法案要求对三至八年级的语言艺术和数学进行标准化考试，这使得系统改革成为正式的联邦政府政策，虽然改革还是继续由各州实施。由于担心实施缺乏灵活性，奥巴马当政期间对法案进行了修订，包括利用行政激励措施促使各州加入共同核心标准的运动。

在学校和课堂，按照《不让一个孩子掉队法案》进行的系统改革意味着更严格、更统一的课程，以及更大程度地采用传统的、以教师为中心的教学实践，这一教学实践的核心是教科书、基本技能、教师授课和背诵；意味着削弱进步主义或民主式教育，如开放式论坛讨论、学生项目、建立联系、深入理解概念、课程整合、合作学习、批判性思维和分析推理；意味着教学变得更传统，而不是更进步。改革伴随着教师自主权下降和更多的照本宣科讲课方式，很容易消耗教学和学习的"快乐"。

社会学科全国委员会进行的成绩单研究显示，更多的毕业生正在完成"具有挑战性"或"严格"的课程，毕业生的平均卡内基总学分从1982年的21.58分提高到2009年的27.15分。在社会学科领域，学生们完成了更多的课程，从1982年的3.16个增加到2009年的4.19个，可以看出学生完成的总课程数量也会有类似增长。然而，并没有什么证据表明课程数量增加对学生成绩产生了很大影响。十二年级全国教育进步评估分数没有任何改善，这引起了对成绩提高真实性的怀疑。此外，学校改革运动和传统历史的复兴导致了社会学科内容的变化、世界历史内容的急剧增加以及经济学和其他一些社会科学课程的显著增长。而更进步的社会学科课程数量大幅下降，如全球研究、公民学和社会问题等课程。

在责任制发展历史上，责任制改革对课堂教学产生了重大影响，导致大多数学校及大多数州都更加强调传统的、以教师为中心的教学方法，尽管在一些委办学校存在大量的可变性因素和例外情况。改革减少了进步主义的、以儿童为中心的、注重互动性和兴趣培养的实践。因此，改革的净效应是学校教育标准规则的具体实施，以及更加强调标准、考试、教科书、照本宣科的课程和步骤指导的低级的课堂实践。

改革者指出改革带来的积极效果包括：关于教育情况有了更多数据；媒体开始关注学校改革；考试成绩反映了学校和教师的素质；更多的课程数量也印证了改革带来的提升。消极的方面则包括对数据的不当使用，这些使用在很大程度上是多余的；制造了由恐惧、限制和约束主导的惩罚性氛围；教师发挥创造力的空间越来越小，这一点很关键，因为创造力是优秀教学的核心；教师和学生的自主权降低；对学生动机的关注太少；很少关注儿童的需求和兴趣，即使有也只是由成人定义的需求和兴趣；学生的选择很少——都是规定的课程。不幸的是，这些改革措施中的许多都是有意设计的，目的是消除所有进步主义教育学的痕迹。在《不让一个孩子掉队法案》时代，这些措施基本都取得了成功。

一种解释

正如我们所看到的，学校责任制改革史上呈现出来的事实反映了一种工业时代的学校教育模式。如威廉姆·斯帕蒂所说，改革的思维方式是，如果暂时没有起到作用，那就重复更长时间、尝试更大难度，这会伴随更多的后果，包括大量羞耻和羞辱。[14] 竞争和市场驱动的方法主导着学校改革，该方法强调赢家和输家以及由此导致的社会分层。这让劳动力（教师和行政人员）和许多学生感到疏离和压抑。这种学校改革制度对自我形象造成了影响，对有些人影响是积极的，但对许多其他人是消极的。而且，它对社区形成破坏性。在某种程度上，日益增多的学校枪击事件似乎与社区的解体、与日俱增的对于个人独处的强调以及社会和学校系统越来越多地鼓吹顽固个人主义有关。[15]

是什么激励着改革者？大多数责任制改革者关于学校的经验有限，缺乏教育专业人士所具备的知识。他们专注于系统改革，采用以"让学校变成企业"为目的的改革方法，以他们自己的想象来构建制度。基于资本主义和工业时代模式的工厂模型已经成为一个强大的工厂模型体系，这其中，贪婪和野心是驱动力，金钱、地位和控制成为最重要的因素，这些虽勉强以关心和缩小成绩差距的言论来隐藏，但并没有带来任何实质改变。改革者推行一维的人力资本的学校教育体系，他们强化并支持学校教育中最糟糕的方面——作为由成绩和顽固个人主义驱动的非人性化机构，将儿童进行阶层分类并实施精英教育。他们设计了一套有利于记忆和控制的课程，没有留出任何质疑的空间。从历史上看，这些非人性化的方面是学校最令人担忧的一些特征，受到了20世纪60年代和70年代的新一代批评者的批评和谴责，如乔纳森·科佐尔（Jonathan Kozol）、赫伯·科尔（Herb Kohl）、波兹曼（Postman）和温加特纳（Weingartner）等。[16]学校责任制改革基本是反民主和反社区的，着眼点是发展人力资本培养企业工人。此外，正如凯西·埃梅里（Kathy Emery）所指出的，自上而下的商业驱动型改革减少了社区对制定教育目标和教育实践的参与。[17]

以下几个重要因素导致了这些变化，包括回归本源和新保守主义言论、媒体对国际比较中考试成绩下降的过分关注、由富人和资金雄厚的公司支持的强大商业游说，以及支持责任制改革和向更传统教育形式转变的利益集团和保守派基金会的联盟。[18]最终的结果是钟摆向右摆动，本质主义的教育实践得以复兴，进步主义的、跨学科、以孩子为中心和以问题为中心的学习方法甚少使用。随着《美国共同教育大纲》的出现，以上情况可能正在发生变化，开始更多地使用以探究为导向的教学方法，强调"深入思考"、"整合学习"和"建立联系"，尽管这种新方向的影响和可持续性仍然不确定。

对改革的看法

将这场改革与其他改革进行比较可能具有借鉴意义。以前的改革仍会对教育工作者的言论和做法产生一些影响——尽管它们在很大程度上被搁置了。进步主义教育改革源于约翰·杜威的理念，以及教育应该将学科和传统学校学习与孩子的需要和利益相平衡的观念。秉持杜威主义的教育学进步人士，如哈罗德·拉格和詹姆斯·H. 基尔帕特里克强调积极学习、探究、质疑，学校应该是一个雏形社会。[19]20世纪60年代以探究为导向的改革在教学上与此是相似的，因为它也强调主动学习和质疑，尽管主要是在一个以学科为基础的框架内。杰罗姆·布鲁纳和其他人强调发现学习、好奇心和探究，并将学生的动机作为学习的关键因素。[20]与之前的改革相比，目前的责任制改革看起来很浅薄。

倡导者大肆宣传增加学生成绩方面的数据的好处。"现在我们有数据了"成了他们常说的一句话。问题是，其实我们几十年来一直有类似的数据。此外，在州考试中收集的大部分数据被滥用，基于考试分数是教学质量的准确反映，以及责任制和奖惩制度将改善成绩等假设，数据被用来作为奖励和惩罚学校和教师的依据。另一个经常被提到的积极影响是，我们的社会更关注教育成绩和质量问题了。"不让一个孩子掉队"，听起来挺不错，然而，改革几乎没有改变根深蒂固的学校资金和运作方式，仍是基于一个地区的相对富裕程度，为该地社区的孩子提供比其他社区更高质量的教育服务。

许多批评者认为，即使按照责任制改革本身的标准，改革也失败了。[21]它导致了"一刀切"的教育方法，并专注于学习内容的获取。它还导致了对传统的、基于本质主义理念和有问题的使用研究、以教师为中心的教学方法的支持。此外，改革发生在经济和社会分层日益加剧的背景下，这种背景导致教育资源和医疗方面的不平衡，而改革者基本上忽视了这种情况。而且，改革一直都存在很多分歧，大多数教育工作者持一个观点，大多数商人持相反的观点。同时，改革还导致了广泛的欺骗行为。

批评者指责改革的核心假设存在严重错误。他们指出，支撑改革的假设是，学校是企业，可以通过自上而下的指挥模式进行改革。批评者认为，改革者假设性地认为所有学校都失败了，所有学校都需要进行系统改革。改革者以简单粗放的方式将自由市场商业原则的概念应用于学校教育，认为这将有效地改革学校教育制度。但是学校并不是企业。虽然学校可能具有一些类似企业的特征和功能，但许多人认为，学校的目的应该集中于在民主社会中开发人类潜能。根据系统化改革的言论和实际情况，改革在很大程度上掩盖了民主教育的历史目标，重点强调教育是为未来工作做准备。

批评者认为，学生是有智生命，不应该因军事化的学术–工业综合体的利润和人员需求而被粗暴操纵。批评者认为，美国的学校教育是一个越来越不人道的体制，在这个体制中，对于那些拒绝的人来说，几乎没有其他选择。[22]孩子不是小零件或产品。在人性的事实面前，将学校类比为商业的理念最终是要坍塌的。孩子有自己的意志和个性、热情和兴趣，还有创造的冲动和好奇心。最好的教育应该重视挖掘孩子的需求和利益，充分发掘孩子的潜力。这是主张进步主义理念的前一代教育者的准则。本质主义学习方法的问题在于，因为关注内容，它在很大程度上忽略了孩子的需求和兴趣。虽然共同核心标准要求更加重视学习过程，但其影响和结果还不确定。

教育和民主

从责任制改革的历史来看，如果它的目标是改进教学和学习，那改革并没有起到什么作用，而如果目标是阻碍自由、施加管理、控制、分类和训练，改革确实起到了作用。朱尔斯·亨利（Jules Henry）曾写过，学校是为了"在文化方面训练孩子"而存在的。他认为典型的社会学科教学是在"训练愚蠢的人"，在这个教学模式下，儿童要学习关于他们的国家和世界的伟大故事，而很少被要求学会应对困难重重的现实。[23] 只有这些文化目的能得到具体实施，继续进行责任制改革才有意义。或者，换用更有力的措辞，我想引用杰克·巴恩斯（Jack Barnes）在2000年大选前夕，教育改革的言论正值顶峰时所写到的：

> 我们在学校教授的大部分其他内容，尤其是所谓的社会科学和相关的"学科"，都是我们需要忘却的。公民学课程、社会学科课程，这些都使我们更加困惑……

（布什和戈尔）都赞成激烈竞争无处不在的基本假设：教育就是确保你们的孩子在一生的竞争对抗中，每次都能有最好的表现。

> 阶级社会教育的目的不是进行教育，而是为了让"受过教育的人"意识到他们将与其他一生都需要工作的人不同……学校不是学习机构，而是社会控制机构，旨在巩固并发扬既定社会秩序中的阶级关系和特权。[24]

从批判的角度来看，资本主义社会中学校教育的主要潜在目标是培养顺从的工人，以巩固并发扬阶级关系、精英特权和既定的社会秩序。[25]

如果我们的目标是改善民主教育，那么责任制改革并没有发挥作用。美国的民主正岌岌可危。[26]民主教育与由企业控制的学校教育和美国生活这一背景并不协调。为了保证改善可能性的存在，我们需要重振进步主义的、采用民主教育形式的社会学科和公民学学习，强调探究、问题、互动学习和质疑。如果《美国共同教育大纲》和之后的修改将课堂教学转向这个方向，我们可能会受益，尽管现在还为时过早，无法确定。

因为我们所推崇的人和所追求的事业，国家的面貌在一点一点地发生变化。我们采取的教育方法至关重要。教育方法包含一种信息——我称之为形式的内容，能够教授给学生何为重要价值。传统方法倾向于传达的一个基本事实是，教师、书籍、学校或老板就是权威，要遵从他们，不能质疑他们。对于当时的老师和学生来说，服从即秩序。[27]然而，过去那些呼吁替代方法的改革者们认为教师、书籍、学校、老板和知识本身都是社会建构的，它们是人类的创造，本质上是有缺陷的。与教育方法的问题直接相关的是我们对知识和认知本质、认识论以及我们对人类本性的最深刻理解。

在改革的过程中，责任制改革破坏了公民教育和民主教育，了解责任制改革的背景是理解为什么会发生这种情况的关键之一。改革的核心点是以教育的经济架构为支配性焦点、以人力资本的发展为核心首要目标。自责任制改革开始以来，资本主义、商业驱动的框架一直是其主导性的潜在特征。责任制改革与美国社会中权力金字塔的持续发展相对应，在这个金字塔中，金钱和权力慢慢转变为最重要的东西。

责任制改革对保守派和新保守派团体、富人以及他们的思想都产生了更大的影响。它反映了企业在美国社会和全球日益增长的影响力，造成这种影响力的部分原因是路易斯·鲍威尔的备忘录以及20世纪70年代企业领导人决定的通过组建商业圆桌组织、传统基金会、美国立法交流委员会和类似团体来反对工会和自由利益集团，并争取更有利的政策。在这种背景下，教育是一个舞台，在这个舞台上，商业团体得以成功组建起来并开始施加广泛和强大的影响力。要消除改革造成的破坏后果，对这些现实情形更多的认识和了解是很重要的一步。

注释：

1. Frank L. Ryan, "Implementing the Hidden Curriculum of the Social Studies," *SE* 37, no. 7 (November 1973).
2. Meira Levinson, *No Citizen Left Behind* (Cambridge, MA: Harvard University Press, 2012), 250–253.
3. Herbert M. Kliebard, *Struggle for the American Curriculum, 1893–1958* (Boston: Routledge and Keegan Paul, 1986); Ronald W. Evans, *The Social Studies Wars: What Should We Teach the Children?* (New York: Teachers College, 2004).
4. See Nancy C. Patterson, "What's Stopping You? Classroom Censorship for Better or Worse," *SE* 74, no. 6 (Nov/Dec 2010): 326; Jack L. Nelson, "The Need for Courage in American Schools: Cases and Causes," *SE* 74, no. 6 (Nov/Dec 2010): 298.
5. Jerome S. Bruner, *The Process of Education* (Cambridge, MA: Harvard University Press,1960).
6. Kevin Kumashiro, *The Seduction of Common Sense: How the Right Has Framed the Debate on America's Schools* (New York: Teachers College Press, 2008).
7. Geoffrey Mohan, "Social Isolation Increases Risk of Early Death, Study Finds," *LAT*, March 26, 2013, A9.
8. G. William Domhoff, "Wealth, Income, and Power," http://www2.ucsc.edu/whorulesamerica/power/wealth.html (2006, updated 2013); Oxfam, *Working for the Few: Political Capture and Economic Inequality* (Oxford, UK: Oxfam International, 2014).
9. Alana Semuels, "How the Relationship Between Employers and Workers Changed," *LAT* , April 7, 2013, A1.
10. Lewis F. Powell to Eugene B. Snydor, "Confidential Memorandum: Attack on American Free Enterprise System," August 23, 1971, 1, 11, 25–26, Powell Papers.
11. Alex Molnar, *Giving Kids the Bu$iness: The Commercialization of America's Schools* (Boulder, CO: Westview Press, 1996); Jonathan Kozol, *Shame of the Nation: The Restoration of Apartheid Schooling in America* (New York: Crown, 2005).
12. Jacob S. Hacker and Paul Pierson, *Winner-Take-All Politics: How Washington Made the Rich Richer—And Turned Its Back on the Middle Class* (New York: Simon and Schuster, 2010).
13. Harold O. Rugg, *That Men May Understand: An American in the Long Armistice* (New York: Ginn, 1941).

14. William G. Spady, "The Paradigm Trap," *Education Week*, January 10, 2007.
15. Robert Putnam, "Bowling Alone: America's Declining Social Capital," *JD* 6, no. 1 (1995): 65–78.
16. Ronald W. Evans, *The Tragedy of American School Reform: How Curriculum Politics and Entrenched Dilemmas Have Diverted Us from Democracy* (New York: Palgrave Macmillan, 2011), 37–44.
17. Kathy Emery, "The Business Roundtable and Systemic Reform: How Corporate-Engineered High-Stakes Testing Has Eliminated Community Participation in Developing Educational Goals and Policies" (Doctoral Dissertation, University of California, Davis, 2002); Kathy Emery and Susan O'Hanian, *Why Is Corporate America Bashing Our Public Schools?* (Portsmouth, NH: Heinemann, 2004).
18. Lee Fang, *The Machine: A Field Guide to the Resurgent Right* (New York: New Press, 2013); Kim Phillips-Fein, *Invisible Hands: The Making of the Conservative Movement from the New Deal to Reagan* (New York: W.W. Norton, 2009).
19. Evans, *Social Studies Wars*; C. Gregg Jorgensen, *John Dewey and the Dawn of Social Studies* (Charlotte, NC: Information Age, 2012); Ronald W. Evans, *This Happened in America: Harold Rugg and the Censure of Social Studies* (Charlotte, NC: Information Age, 2007).区分教育学上的进步主义者和行政上的进步主义者非常重要，他们中的许多人都促进了一些类似的以社会效率为导向的改革，可以被认为是系统性学校改革者的先驱。参见David Tyack, *The One Best System: A History of American Urban Education* (Cambridge, MA: Harvard, 1974).
20. Peter F. Dow, *Schoolhouse Politics: Lessons from the Sputnik Era* (Cambridge, MA: Harvard,1991).
21. Kenneth J. Saltman, "What (Might) Happen When Teachers and Other Academics Connect Reason to Power and Power to Resistance?" Rouge Forum Conference, April 2012, Vancouver, BC; Kenneth J. Saltman, *The Failure of Corporate School Reform* (New York: Paradigm Publishing, 2012).
22. Sandy Banks, "Troubled Youth Deserve More Effective Discipline Than Suspension," *LAT*, May 17, 2013.
23. Jules Henry, *Culture Against Man* (New York: Random House, 1963), 283–284, 320–321.
24. Jack Barnes, *The Working Class and the Transformation of Learning: The Fraud of Education Reform Under Capitalism* (New York: Pathfinder Press, 2000), 21, 24, 26, in Box 43, Pathfinder Papers.
25. 有关学校改革的教训，请参见David Tyack and Larry Cuban, *Tinkering Toward Utopia: A Century of Public School Reform* (Cambridge, MA: Harvard University Press, 1995); 另参见W.詹姆斯·波帕姆、戴安·拉维奇、莎伦·贝德，以及大卫·赫什

近期的作品。
26. Jeffrey Gates, *Democracy at Risk: Rescuing Main Street from Wall Street* (Cambridge, MA: Perseus, 2000).
27. Paulo Freire, *Pedagogy of the Oppressed* (New York: Continuum, 1970); Hayden White, *Tropics of Discourse: Essays in Cultural Criticism* (Baltimore: Johns Hopkins, 1978).

缩略词表

组织、机构、委员会等

AYP (Adequate Yearly Progress)：适当年度进步率
AASA (American Association of School Administrators)：美国学校管理协会
ADP (American Diploma Project)：美国文凭项目
ADPN (American Diploma Project Network)：美国文凭项目网络
AERA (American Educational Research Association)：美国教育研究协会
AEI (American Enterprise Institute)：美国企业研究所
AFT (American Federation of Teachers)：美国教师联合会
AHA (American Historical Association)：美国历史学会
ALEC (American Legislative Exchange Council)：美国立法交流委员会
ACTE (Association for Career and Technical Education)：职业和技术教育协会
ASCD (Association for Supervision and Curriculum Development)：督导与课程开发协会
BCER (Business Coalition for Education Reform)：教育改革商业联盟
BCEE (Business Coalition for Excellence in Education)：卓越教育商业联盟
BHEF (Business-Higher Education Forum)：商业高等教育论坛
BRT (Business Roundtable)：商业圆桌组织
CIRCLE (Center for Information and Research on Civic Learning and Engagement, The)：公民学习和公民事业信息及研究中心
CED (Committee for Economic Development)：经济发展委员会
CCSS (Common Core State Standards)：共同核心州立标准
CLC (Connected Learning Coalition)：联合学习联盟
CCSSO (Council of Chief State School Officers)：州首席教育官员理事会
CBE (Council on Basic Education)：基础教育委员会
DLC (Democratic Leadership Council)：民主党领导委员会
DOE [Department of Education (United States)]：(美国)教育部
ECS (Education Commission of the States)：国家教育委员会

ECIA (Educational Consolidation and Improvement Act)：教育巩固和改善法案
EEN (Educational Excellence Network)：卓越教育网
ETS (Educational Testing Service)：教育考试服务中心
ESEA (Elementary and Secondary Education Act)：中小学教育法案
EXPECT (Excellence for Parents, Children, and Teachers)：父母、儿童与教师卓越组织
IASA (Improving America's Schools Act)：改革美国学校法
LAE (Life Adjustment Education)：生活适应教育
MACOS (Man: A Course of Study)：人类研究课程
MAS (Mexican American Studies)：墨西哥裔美国人研究
NACERI (National Advisory Council on Educational Research and Improvement)：全国教育研究和改进咨询委员会
NAB (National Alliance of Business)：国家商业联合会
NAEP (National Assessment of Educational Progress)：全国教育进步评估
NAESP (National Association of Elementary School Principals)：全国小学校长协会
NAM (National Association of Manufacturers)：全国制造商协会
NASBE (National Association of State Boards of Education)：全国教育委员会协会
NCES (National Center for Education Statistics)：国家教育统计中心
NCHS (National Center for History in the Schools)：全国学校历史教学研究中心
NCEE (National Center on Education and the Economy)：国家教育和经济中心
NCE (National Commission on Excellence in Education)：国家卓越教育委员会
NCHE (National Council for History Education)：国家历史教育委员会
NCSS (National Council for the Social Studies)：社会学科全国委员会
NCTE (National Council of Teachers of English)：全国英语教师委员会
NCTM (National Council of Teachers of Mathematics)：全国数学教师委员会
NCEST (National Council on Education Standards and Testing)：美国教育标准与考试委员会
NDEA (National Defense Education Act)：国防教育条例
NEA (National Education Association)：全国教育协会
NEGP (National Education Goals Panel)：国家教育目标小组
NESIC (National Education Standards and Improvement Council)：国家教育标准与改进委员会
NEH (National Endowment for the Humanities)：国家人文科学基金会
NGA (National Governors Association)：全国州长协会
NIE (National Institute of Education)：国家教育研究院
NRC (National Research Council)：国家研究委员会
NSBA (National School Boards Association)：全国学校董事会协会
NSF (National Science Foundation)：国家科学基金会

NSTA (National Science Teachers Association)：全国科学教师组织
NCSAW (New Commission on Skills of the American Workforce)：美国劳动力技能新委员会
NYSED (New York State Education Department)：纽约州教育局
NCLB (No Child Left Behind)：不让一个孩子掉队法案
OERI (Office of Educational Research and Improvement)：教育研究和改进办公室
OMB (Office of Management and Budget)：管理和预算办公室
OTL (Opportunity to Learn)：学习机会委员会
OAH (Organization of American Historians)：美国历史学家组织
OBE (Outcome-Based Education)：结果导向教育
PTA (Parent Teachers Association)：全国家长教师协会
PIE (Partnerships in Education)：教育伙伴关系
POD (Problems of Democracy)：民主问题
PPI (Progressive Policy Institute)：进步政策研究所
RTT (Race to the Top)：力争上游计划
SAT (Scholastic Aptitude Test)：学业能力倾向测试
STEM (Science, Technology, Engineering and Mathematics)：科学、技术、工程和数学
SBE (Standards-Based Education)：基于标准的教育
SBOE [State Board of Education (Texas)]：州教育委员会（得克萨斯州）
SOU (State of the Union Address)：国情咨文
TAH (Teaching American History Project)：教授美国历史项目
TIMSS (Trends in International Mathematics and Science Study)：国际数学和科学研究趋势
TUSD (Tucson Unified School District)：图森统一学区
USOE (United States Office of Education)：美国教育办公室

杂志、期刊、媒体来源

AER (American Economic Review)：美国经济评论
AERJ (American Educational Research Journal)：美国教育研究期刊
AE (American Educator)：美国教育家
AP (American Prospect, The)：美国前景
ASCH (American Scholar, The)：美国学者
AS (American Spectator)：美国观察周
AM (Atlantic Monthly)：大西洋月刊
BS (Black Scholar, The)：黑人学者
BG (Boston Globe)：波士顿环球报

BPEP (Brookings Papers on Educational Policy)：布鲁金斯教育政策论文
CHG (Change: The Magazine of Higher Learning)：改变：高等教育杂志
CT (Chicago Tribune)：芝加哥论坛报
CSM (Christian Science Monitor)：基督教科学箴言报
CHE (Chronicle of Higher Education)：高等教育纪事报
CJ (City Journal)：城市日报
CH (Clearing House, The)：清算所
CQW (Congressional Quarterly Weekly)：国会周报
CR (Congressional Record)：国会议事录
CUFA Newsletter (College and University Faculty Assembly, NCSS)：CUFA 通讯（社会学科全国委员会学院和大学全体教职工大会）
CIE (Current Issues in Education)：当前教育问题
CI (Curriculum Inquiry)：课程探究
DB(Daily Beast, The)：每日野兽
DE (Democracy and Education)：民主和教育
DC (Democrat and Chronicle)：民主纪事报
DN (Detroit News)：底特律新闻
EER (Economics of Education Review)：教育经济学评述
EPAA (Education Policy Analysis Archives)：教育政策分析档案
ERV (Education Review)：教育评论
EW (Education Week)：教育周
EF (Educational Forum)：教育论坛
EL (Educational Leadership)：教育领导力
EP (Educational Policy)：教育政策
ER (Educational Researcher)：教育研究者
EST (Elementary School Teacher)：小学教师
FT (Fortune)：财富
FHF (Foundry, The: Heritage Foundation)：传统基金会
GM (Governing Magazine)：管理杂志
GCD (Green Cine Daily)：格林赛恩日报
HA (Harper's)：哈泼斯杂志
HER (Harvard Education Review)：哈佛教育评论
HNN (History News Network)：历史新闻网
HP (Huffington Post)：赫芬顿邮报
IN (Independent)：独立报
IJSE (International Journal of Social Education)：国际社会教育杂志
IST (Issues in Science and Technology)：科学技术问题

JAH (Journal of American History)：美国历史杂志
JCS (Journal of Curriculum Studies)：课程研究杂志
JD (Journal of Democracy)：民主杂志
JEE (Journal of Economic Education)：经济教育杂志
JER (Journal of Educational Research)：教育研究杂志
JPE (Journal of Political Economics)：政治经济杂志
LAT (Los Angeles Times)：洛杉矶时报
MR (Monthly Review)：每月评论
NAT (Nation, The)：民族
NPR (National Public Radio)：全国公共广播电台
NPRW (National Public Radio Weekend Edition)：全国公共广播电台周末版
NR (National Review)：全国评论
NEAT (NEA Today)：今日全美教育
ND (New Democrat)：新民主党人
NRP (New Republic)：新共和国周刊
NYR (New York Review)：纽约书评
NYT (New York Times)：纽约时报
NYTM (New York Times Magazine)：纽约时报杂志
NW (Newsweek)：新闻周刊
PJE (Peabody Journal of Education)：皮博迪教育研究杂志
PDK (Phi Delta Kappan)：卡潘杂志
PS (Pink Sheet, The)：粉单市场
PP (Policy Priorities)：政策优先项
POQ (Public Opinion Quarterly)：舆论季刊
PB (Publius)：联邦制度杂志
REE (Race, Ethnicity, and Education)：种族、民族和教育
RSB (Rethinking Schools Blog)：重新思考学校博客
RRE (Review of Research in Education)：教育研究述评
RC (Roll Call)：点名日报
SFC (San Francisco Chronicle)：旧金山纪事报
SA (School Administrator)：学校管理者
SHLJ (Seton Hall Legislative Journal)：塞顿霍尔立法杂志
SE (Social Education)：社会教育
SP (Social Policy)：社会政策
SSQ (Social Science Quarterly)：社会科学季刊
SSR (Social Studies Review)：社会学科评论
SCBJ (South Carolina Business Journal)：南卡罗来纳州商业杂志

TEQ (Teacher Education Quarterly)：教师教育季刊
TCR (Teachers College Record)：师范学院纪事
TQ (Technos Quarterly)：技术季刊
TSS (The Social Studies)：社会学科
TRSE (Theory and Research in Social Education)：社会教育论与研究
TM (Time)：时代周刊
TC (Tucson Citizen)：图森公民报
USAT (USA Today)：今日美国
WSJ (Wall Street Journal)：华尔街日报
WP (Washington Post)：华盛顿邮报
WT (Washington Times)：华盛顿时报
WS (Weekly Standard, The)：标准周刊
WA (Whiteboard Advisors)：白板顾问
WMLR (William and Mary Law Review)：威廉和玛丽法律评论

图书在版编目(CIP)数据

学校教育：责任制改革对公民教育和民主管理的伤害 /（美）罗纳德·W.埃文斯著；张伟平译. — 北京：商务印书馆，2023
ISBN 978-7-100-19667-3

Ⅰ. ①学… Ⅱ. ①罗… ②张… Ⅲ. ①学校教育－责任制－研究－美国 Ⅳ. ①G571.2

中国版本图书馆CIP数据核字（2022）第070309号

权利保留，侵权必究。

学校教育：责任制改革对公民教育和民主管理的伤害
〔美〕罗纳德·W.埃文斯 著
张伟平 译

商 务 印 书 馆 出 版
（北京王府井大街36号 邮政编码100710）
商 务 印 书 馆 发 行
艺堂印刷（天津）有限公司印刷
ISBN 978-7-100-19667-3

2023年1月第1版　　　　开本787×1092　1/16
2023年1月第1次印刷　　印张21
定价：95.00元